礼仪面对面丛书

行政礼仪

金正昆 著

中国人民大学出版社
· 北京 ·

前言

在谈到人与人之间的正式交往与相互关系的处理时，中国古代典籍《礼记》曾给出一项基本规则：“以礼节之。”据我理解，它的含义是：必须用“礼”来具体约束人际交往以及人与人之间的关系，即所谓“约之以礼”。

就一般意义而言，所谓“礼”，是一种道德规范。孔子曰：“礼者，敬人也。”孟子则道：“有礼者敬人。”由此可见，“礼”的基本要求，就是以尊敬自己、尊敬他人，来具体协调人际交往与人际关系。所谓“仪”，则指的是“礼”的具体表现形式，即具有可操作性质的、“礼”的规范化做法。简言之，礼仪即一系列律己、敬人的规范化的具体表现形式。

在现代社会中，人们不仅讲究礼仪、运用礼仪，而且在不同的场合、不同的位置上还被要求遵守各不相同的礼仪规范。在正常情况下，越是正规的场合，地位越是重要的人士，越需要讲究礼仪。孟子坦言：“礼，门也。”荀子曾明确指出：“礼者，养也。”孔子亦曾强调：“礼也者，理也”，“不学礼，无以立”。他们的这些真知灼见，已成为越来越多当代中国人的共识。

在初次交往、公务交往、涉外交往等较为正式的场合，每一位现代人都必须知礼、行礼、守礼。唯有如此，才能够内强个人素质，外塑组织形象，增进人际交往，优化人际关系。

为了便于广大读者更好地、更全面地、更系统地学习和运用礼仪，在中国人民大学出版社领导的支持下，在出版社郭晓明先生的鼓励下，我编写了这套由《职场礼仪》、《接待礼仪》、《交际礼仪》、《行政礼仪》、《国际礼仪》等组成的“礼仪面对面丛书”。本丛书的基本特点有三：

其一，对象性。本丛书各册均以特定的人群为对象，并注重其特定的使用范围。

其二，实用性。本丛书坚持“行之有效”与“学以致用”，注重其相关内容安排上的可操作性。

其三，时效性。“古调虽自爱，今人多不弹。”本丛书力求与时俱进，关注新问题，重视新热点，并努力解决新问题。

就具体内容而言，本丛书的各个分册各有其不同的侧重点：

《职场礼仪》，主要面向各行各业的办公室职员。它所介绍的，主要是职员在其工作岗位上所应遵守的礼仪规范。

《接待礼仪》，主要面向从事接待工作的各类人士。它所介绍的，主要是接待人员在具体从事接待工作时所应遵守的礼仪规范。

《交际礼仪》，主要面向一般性的交际应酬的参加者。它所介绍的，主要是各种各样的交际应酬的参加者所应遵守的礼仪规范。

《行政礼仪》，主要面向各类行政人员以及与其打交道者。它所介绍的，主要是公务交往的礼仪规范。

《国际礼仪》，主要面向各类涉外人员。它所介绍的，是当代中国人在其国内外涉外活动中所须掌握的礼仪规范。

应当说明的是，本丛书的编写兼顾“古为今用”与“洋为中用”。既重视对中国传统礼仪精华的继承，又重视对外国礼仪尤其是通行于世的国际礼仪的借鉴。令本丛书的阅读与使用真正地有助于广大读者，乃是编写者最大之心愿与努力之目标。

目录

第一章　会面的礼仪

第一节　称呼 …… 1
第二节　介绍 …… 11
第三节　行礼 …… 22
第四节　交谈 …… 31
第五节　举止 …… 39
第六节　仪表 …… 45

第二章　聚会的礼仪

第一节　会议 …… 53
第二节　仪式 …… 63
第三节　拜访 …… 80
第四节　运动 …… 92

第三章　交往的礼仪

第一节　公文 …… 103
第二节　电话 …… 113
第三节　书信 …… 124

第四节　网络…………………………………………………… 138
第五节　名片…………………………………………………… 145
第六节　演讲…………………………………………………… 158
第七节　馈赠…………………………………………………… 166

第四章　出行的礼仪

第一节　徒步…………………………………………………… 182
第二节　行车…………………………………………………… 189
第三节　乘机…………………………………………………… 206
第四节　媒体…………………………………………………… 213
第五节　外事…………………………………………………… 220

第五章　餐饮的礼仪

第一节　中餐…………………………………………………… 237
第二节　西餐…………………………………………………… 261
第三节　自助…………………………………………………… 278
第四节　饮茶…………………………………………………… 284
第五节　咖啡…………………………………………………… 292

后　记………………………………………………………… 299

第一章 会面的礼仪

公务活动，自有一定之规可循。而在公务活动之初，最需要注意的就是会面的礼仪规范。初次与人交往，首先要保持正确的态度，积极参加并及时总结经验；同时要掌握基本的会面礼仪，并且在实践中正确地加以运用。做到了这两条，在公务活动中通常就可以应付自如，表现得体。

第一节 称 呼

称呼，指的是人们在日常交往中所采用的称谓语。在公务活动中，选择正确、适当的称呼，反映着自身的教养、对对方尊敬的程度，甚至还体现着双方关系发展所达到的程度和社会的风尚，因此绝不能疏忽大意、随便乱用。

根据礼仪规范，选择正确、适当的称呼，有三点务必注意：其一，要合乎常规。其二，要照顾习惯。其三，要入乡随俗。与此同时，还应对生活中的称呼、工作中的称呼、国际交往中的称呼、称呼的禁忌等细心掌握，认真区别。

一、生活中的称呼

在日常生活中，称呼应当亲切、自然、准确、合理，切不可肆意为之。

1. 对亲属的称呼

人们对亲属的称呼，往往有常规与特例之分。

一是常规。亲属，即与本人直接或间接有着血缘关系者。在日常生活中，对亲属的称呼业已约定俗成，人所共知。例如，父亲的父亲应称为“祖父”，父亲的祖父应称为“曾祖父”，姑、舅之子应称为“表兄”、“表弟”，叔、伯之子应称为“堂兄”、“堂弟”，大家对此都不会搞错。

对亲属的称呼，有时讲究亲切，并不一定非常标准。例如，儿媳对公公、婆婆，女婿对岳父、岳母，皆可以“爸爸”、“妈妈”相称。这样做，主要意在表示自己与对方完全已是一家人。

二是特例。面对外人，对亲属可根据不同情况采取谦称或敬称。对本人的亲属，应采用谦称。称辈分或年龄高于自己的亲属，可在其称呼前加“家”字，如“家父”。称辈分或年龄低于自己的亲属，可在其称呼前加“舍”字，如“舍弟”。称自己的子女，则可在其称呼前加“小”字，如“小婿”。

对他人的亲属，应采用敬称。对其长辈，宜在称呼之前加“尊”字，如“尊兄”。对其平辈或晚辈，宜在称呼之前加“贤”字，如“贤侄”。若在其亲属的称呼前加“令”字，一般可不分辈分与长幼，如“令堂”、“令郎”。

对待比自己辈分低、年纪小的亲属，可以直呼其名，使用其爱称、小名，或是在其名字之前加上“小”字相称，如“娜娜”、“小刚”等。但对比自己辈分高、年纪大的亲属，则不宜如此。

2. 对朋友、熟人的称呼

对朋友、熟人的称呼，既要亲切、友好，又要不失敬意。以下几种皆可采用。

一是敬称。对任何朋友、熟人，都可以人称代词相称。对长辈、平辈，可称其为“您”；对待晚辈，则可称为“你”。以“您 ”称呼他人，是为了表示自己的恭敬之意。

对于有身份者、年纪长者，可以“先生”相称。其前还可以冠以姓氏，如“王先生”。

对文艺界、教育界人士，以及有成就者、有身份者，均可称之为“老师”。在其前，也可加上姓氏，如“赵老师”。

对德高望重的年长者、资深者，可称之为“公”或“老”。其具体做法是：将姓氏冠于“公”之前，如“沈公”。将姓氏冠于“老”之前，如“程老”。若被尊称者名字为双音，则还可将其双名中的头一个字加在“老”之前，如可称马叙伦先生为“叙老”。

二是姓名类称呼。平辈的朋友、熟人，均可彼此之间以姓名相称。例如：“梁飞虎”、“杨一奇”。长辈对晚辈也可以这么做，但晚辈对长辈却不可如此这般。

为了表示亲切，可以在被称呼者的姓前分别加上“老”、“大”或“小”字相称，而免称其名。例如：对年长于己者，可称“老刘”、“大孙”；对年幼于己者，可称“小高”。

对同性的朋友、熟人，若关系极为亲密，可以不称其姓，而直呼其名，如“爱英”、“家伟”。对于异性，则要根据具体情况来区分。如家人、恋人或配偶可以称“徐嫣然”为“嫣然”，而关系一般的异性朋友则不宜如此称呼。

三是亲密性称呼。对邻居、至交，有时可采用“大妈”、“大叔”、“阿姨”等类似血缘关系的称呼，这种称呼，会令人感到信任、亲切。

在这类称呼前，也可以加上姓氏。例如：“翟大哥”、“马大姐”等。

3. 对普通人的称呼

在现实生活中，对一面之交、关系普通的交往对象，可酌情采取下列方法称呼。

一是以“同志”相称。

二是以“先生”、“女士”、“小姐”、“夫人”、“太太”相称。

三是以其职务、职称相称。

四是入乡随俗，采用对方所能理解并接受的称呼相称。

二、工作中的称呼

在工作岗位上，人们彼此之间的称呼是有其特殊性的。它的总的要求，是要庄重、正式、规范。

1. 职务性称呼

在工作中，以交往对象的职务相称，以示身份有别、敬意有加，这是一种最常见的称呼方法。

以职务相称，具体来说又分为三种情况。

一是仅称职务。例如：“局长”、“经理”，等等。

二是在职务之前加上姓氏。例如：“李总理”、“谢处长”，等等。

三是在职务之前加上姓名，它仅适用极其正式的场合。例如：“习近平主席”、“王毅部长”，等等。

2. 职称性称呼

对于具有技术职称者，尤其是具有高级、中级职称者，可以在工作中直接以其职称相称。

以职称相称，也有下列三种情况较为常见。

一是仅称职称。例如：“教授”、“工程师”，等等。

二是职称前加上姓氏。例如：“周律师”、“白研究员”。有时，这种称呼也可加以约定俗成的简化，例如：可将“李工程师”简称为“李工”。但使用此类简称应以不发生误会、歧义为限。

三是职称前加上姓名。它适用于十分正式的场合。例如：“洪宏教授”、“庞英龙主任医师”，等等。

3. 学衔性称呼

在工作中，以学衔作为称呼，可增加被称呼者的权威性，有助于增强现场的学术气氛。

称呼学衔，通常有以下四种具体情况。

一是仅称学衔。例如："博士"。

二是在学衔前加上姓氏。例如："唐博士"。

三是在学衔前加上姓名。例如："唐朝阳博士"。

四是将学衔具体化，说明其所属学科，并在其后加上姓名。例如："哲学博士任德"，"法学硕士郑菊"，"文学学士张诗语"，等等。此种称呼最为正式。

4. 行业性称呼

在工作中，有时可按行业进行称呼。它具体又分为以下两种情况。

一是称呼职业。称呼职业，即直接以被称呼者的职业作为称呼。例如：将教师称为"老师"，将教练员称为"教练"，将警察称为"警官"，将医师称为"医生"或"大夫"，等等。

在一般情况下，在此类称呼前均可加上姓氏或姓名。

二是称呼"小姐"、"女士"、"先生"。对商界、服务业从业人员，一般约定俗成地按性别的不同可分别称之为"小姐"、"女士"或"先生"。其中，"小姐"与"女士"二者的区别在于：未婚者称"小姐"、已婚者或不明确其婚否者则称"女士"。在公司、银行、外企、宾馆、商店、餐馆、歌厅、酒吧以及交通行业，此种称呼极其通行。在此种称呼前，可加姓氏或姓名。

5. 姓名类称呼

在工作岗位上称呼姓名，一般限于同事、熟人之间。其具体方法有下述三种。

一是直呼姓名。

二是只呼其姓，不称其名。但要在它前面加上"老"、"大"、"小"。

三是只称其名，不呼其姓。它通常限于同性之间，尤其是上级称呼下级、长辈称呼晚辈之时。在亲友、同学、邻里之间，也可使用这种称呼。

三、国际交往中的称呼

在国际交往中，称呼的问题因为国情、民族、宗教、文化背景的不同而显得千差万别，因此值得认真地进行区别对待。

在国际交往中，对待称呼问题，有两点必须切记：其一，要掌握一般性规律，即国际上通行的做法。其二，要留心国别差异，并加以区分对待。

1. 一般性的规律

在国际交往中，称呼方面的普遍性规律具体如下。

一是对任何成年人，均可以将男子称为“先生”，将女子称为“小姐”、“夫人”或“女士”。

对于女子，已婚者应称为“夫人”，戴结婚戒指者也可称为“夫人”。对未婚者及不了解其婚否者，可称为“小姐”。对不了解其婚否者，亦可称为“女士”。

上述称呼，均可冠以姓名、职务、职称、学衔或军衔。例如：“麦克先生”、“波拉小姐”、“市长先生”、“少校先生”，等等。

二是在商务交往中，一般应以“先生”、“小姐”、“女士”称呼交往对象。

在国际商务交往中，一般不称呼交往对象的行政职务，这一点与中国极为不同。

“夫人”这一称呼，亦较少采用于商务活动之中。

三是在政务交往中，常见的称呼除“先生”、“小姐”、“女士”外，还有两种方法：其一是称其职务；其二是对地位较高者称“阁下”。

在称呼职务或“阁下”时，还可以加上“先生”这一称呼。其组成顺序为：先职务，次“先生”，最后“阁下”；或为职务在先，“先生”在后。例如，“总理先生阁下”、“大使阁下”、“市长先生”，等等。在美国、德国、墨西哥等国，则无称“阁下”之习。

四是对军界人士，可以其军衔相称。

称军衔不称职务，是国外对军界人士称呼最通用的做法。在进行称呼时，具体有四种方法：

其一，只称军衔，如“将军”、“上校”、“中士”。

其二，军衔之后加上“先生”，如“上尉先生”、“上校先生”。

其三，先姓名后军衔，如“朱可夫元帅”、“麦克阿瑟将军”。

其四，先姓名、次军衔、后“先生”，如“罗斯上校先生”、“开尔文下士先生”。

五是对宗教界人士，一般可称呼其神职。

称呼神职时，具体做法有三类：一是仅称神职，如“牧师”。二是称姓名加神职，如“洛斯神父”。三是神职加“先生”，如“传教士先生”。

六是对君主制国家的王公贵族，称呼上应尊重对方的习惯。

对国王、皇后，通常应称“陛下”。对王子、公主、亲王等，应称之为“殿下”。对有封号、爵位者，则应以其封号、爵位相称。如“爵士”、“公爵”、“大公”等。

有时，可在国王、女王、皇后、王子、公主、亲王等头衔之前加上姓名相称。例如：“西哈努克国王”、“莫尼列公主”、“拉那烈王子”，等等。

对有爵位者，可称“阁下”，也可称“先生”。

七是对教授、法官、律师、医生、博士，因其社会地位较高，颇受尊重，故可直接以此作为称呼。

称呼的具体做法有四种：

其一，直接称“教授”、“法官”、“律师”、“医生”、“博士”。

其二，在其前加上姓名，如“亨利教授”。

其三，在其后加上“先生”，如“律师先生”。

其四，在其前加姓名，在其后加“先生”，如“泰勒博士先生”。

八是对社会主义国家或兄弟党的人士，可称之为“同志”。

除此之外，对方若称我方为“同志”，我方即可对对方以“同志”

相称。不过，对“同志”这种称呼，在对外交往中切勿乱用。

2. 国别性的差异

以下介绍一些主要国家姓名称呼方面的特点。

一是英美等国。在英国、美国、加拿大、澳大利亚、新西兰等讲英语的国家里，人们的姓名一般由两个部分构成：通常名字在前，姓氏在后。例如，在“乔治·布什”这一姓名之中，“乔治”是名字，“布什”才是姓氏。

在英美诸国，女子结婚前一般都有自己的姓名。但在结婚之后，通常姓名由本名与夫姓组成。例如：“希拉里·克林顿”这一姓名中，“希拉里”为其本名，“克林顿”则为其夫姓。

有些英美人士的姓名前会冠以“小”字，例如：“小乔恩·约翰逊”。这个“小”字，与其年龄无关，而是表明他沿用了父名或父辈之名。

跟英美人士交往，一般应称其姓氏，并加上“先生”、“小姐”、“女士”或“夫人”。例如：“布什先生”。在十分正式的场合，则应称呼其姓名全称，并加上“先生”、“小姐 ”、“女士”或“夫人”。例如：“雷蒙德·格林先生”。

对于关系密切的人士，往往可直接称呼其名，不称其姓，而且可以不论辈分。例如：“卡尔”、“戴维”、“菲比”，等等。在家人与亲友之间，还可称呼爱称。例如：“凯特”、“吉尔”，等等。但与人初次交往时，却不可这样称呼。

二是俄罗斯。俄罗斯人的姓名由三个部分构成。首为本名，次为父名，末为姓氏。例如，在列宁的原名“弗拉基米尔·伊里奇·乌里扬诺夫”这一姓名中，“弗拉基米尔”为本名，“伊里奇”为父名，“乌里扬诺夫”为姓氏。

俄罗斯妇女的姓名同样也由三个部分组成，本名与父名通常一成不变，但其姓氏结婚前后却有所变化：婚前使用父姓，婚后则使用夫姓。对于姓名为“尼娜·伊万诺夫娜·乌里扬诺娃”的女士而言，其姓氏

“乌里扬诺娃”与其婚否便关系甚大。

在俄罗斯，人们口头称呼中一般只采用姓氏或本名。例如：对“米哈伊尔·谢尔盖耶维奇·戈尔巴乔夫”，可以只称“戈尔巴乔夫”或“米哈伊尔”。在特意表示客气与尊敬时，可同时称其本名与父名，如称前者为“米哈伊尔·谢尔盖耶维奇”，这是一种尊称。对于长者表达敬意时，方可仅称其父名，如称前者为“谢尔盖耶维奇”。

俄罗斯人在与亲友、家人交往时，习惯使用由对方本名化来的爱称。例如：可称“伊万”为“万尼亚”。

在俄罗斯，“先生”、“小姐”、“女士”、“夫人”亦可与姓名或姓氏连在一起使用。

三是日本。日本人的姓名均用汉字书写，而且姓名的排列与中国人的做法也一样，即姓氏在前，名字居后。所不同的是，日本人的姓名往往字数较多，且多为四个字组成。其读音，与汉字也大相径庭。

为了避免差错，与日本人交往时，一定要了解在其姓名之中，哪一部分为姓，哪一部分为名。在进行书写时，最好将其姓与名隔开一格来书写。例如：“竹下　登”、“小泽　一郎”、“二阶堂　进”、“桥本　龙太郎”，等等。

日本妇女婚前使用父姓，婚后使用夫姓，本名则一直不变。

在日本，人们进行日常交往时，往往只称其姓。仅在正式场合，才使用全称。

称呼日本人时，“先生”、“小姐”、“女士”、“夫人”皆可采用。一般可与其姓氏，或全称合并使用。例如：“工藤先生”、“村上春树先生”，等等。

四、称呼的禁忌

在公务活动中使用称呼时，一定要回避以下几种错误的做法。其共同的特征，是失敬于人。

1. 错误性称呼

使用错误性称呼，主要原因在于粗心大意，用心不专。常见的错误性称呼有两种：

一是误读。误读，一般表现为念错被称呼者的姓名。如“郇”、“查”、“盖”这些姓氏就极易读错。要避免犯此错误，就一定要做好先期准备，必要时不耻下问，虚心请教。

二是误会。误会，主要指对被称呼的年纪、辈分、婚否以及与其他人的关系作出了错误判断。例如：将未婚女性称为“夫人”，就属于误会。

2. 过时性称呼

有些称呼，具有一定的时效性，一旦时过境迁，若再采用，难免会贻笑大方。例如，法国大革命时期人民彼此之间互称“公民”。在中国古代，对官员称为“老爷”、“大人”。若将它们全盘照搬进现代生活里，就会显得不伦不类。

3. 不通行的称呼

有些称呼，具有一定的地域性，例如，北京人爱称人为“师傅”，山东人爱称人为“伙计”，中国人把配偶、孩子经常称为“爱人”、“小鬼”。但是，在南方人听来，“师傅”等于“出家人”，“伙计”肯定是“打工仔”。而外国人将“爱人”理解为搞“婚外恋”的“第三者”，将“小鬼”理解为“鬼怪”、“精灵”，可见更是南辕北辙，误会太大了。

4. 不恰当的行业称呼

学生喜欢互称“同学”，军人经常互称“战友”，工人可以称为“师傅”，和尚可以称为“出家人”，这本无可厚非。但以此去称呼“界外”人士，并不表示亲近，没准还会不被对方领情，反而产生被贬低的感觉。

5. 庸俗低级的称呼

在公务活动中，有些称呼在正式场合切勿使用。“兄弟”、“朋友”、“死党”、“铁哥们儿”等一类的称呼，就显得庸俗低级，档次不高。它们听起来令人肉麻，而且带有明显的黑社会的风格。逢人便称“老板”，也显得不伦不类。

6. 绰号

对于关系一般者，切勿自作主张给对方起绰号，更不能随意以道听途说来的对方的绰号去称呼对方。至于一些对对方具有侮辱性质的绰号，如“北佬”、“阿乡”、“鬼妹”、“罗锅”、“四眼”、“青蛙”、“菜鸟”、“恐龙”、“傻大个儿”、“大脸妹”、“北极熊”、“黑哥们”、“麻秆儿”等，更不应该使用。此外还要注意，不要随便拿别人的姓名开玩笑。要尊重别人，必须首先学会去尊重他的姓名。每一名正常人，都极为看重本人的姓名，而不容他人对此进行任何形式的轻贱。在公务活动中，一定要牢记这一点。

第二节 介　绍

在日常生活和工作中，人们需要与其他的人进行必要的沟通，以寻求理解、帮助和支持。介绍，是公务活动中与他人进行沟通、增进了解、建立联系的一种最基本、最常规的方式。它是经过自己主动沟通或者通过第三者从中沟通，从而使交往双方相互认识、建立联系的一种社交方法。换言之，介绍是人与人之间进行相互沟通的出发点。

在交际场合，如能正确地进行介绍，不仅可以扩大自己的交际圈，广交朋友，而且有助于自己进行必要的自我展示、自我宣传，并且替自己在公务活动中消除误会，减少麻烦。

根据介绍者，即何人进行介绍的不同，介绍可以分为介绍自我、介绍他人、介绍集体三大类型。

一、介绍自我

介绍自我，亦称自我介绍。简言之，它是在必要的交际场合，由自己担任介绍的主角，自己将自己介绍给其他人，以使对方认识自己。

根据行政礼仪的具体规范，进行自我介绍时，应注意自我介绍的时机、自我介绍的内容、自我介绍的分寸诸方面的问题。

1. 自我介绍的时机

应当何时进行自我介绍？这个问题比较复杂，它涉及时间、地点、当事人、旁观者、现场气氛等多种因素。不过一般认为，在下述时机，如有可能，有必要进行适当的自我介绍。

一是与不相识者相处时。

二是有不相识者表现出对结识自己感兴趣时。

三是有不相识者请求自己进行自我介绍时。

四是与身边的陌生人共处时。

五是打算介入陌生人组成的交际圈时。

六是有求于人，而对方对自己不甚了解或一无所知时。

七是交往对象因为健忘而记不清自己，或担心这种情况有可能出现时。

八是在出差、旅行途中，与他人不期而遇，并且有必要与之建立临时接触时。

九是初次前往他人居所、办公室，进行登门拜访时。

十是拜访熟人遇到不相识者挡驾，或是对方不在，而需要请不相识者代为转告时。

十一是初次利用大众传媒，如报纸、期刊、广播、电视、网络等，向社会公众进行自我推介、自我宣传时。

十二是利用社交媒介，如信函、电话、电报、传真、电子信函，与其他不相识者进行联络时。

十三是前往陌生单位，进行业务联系时。

十四是因业务需要，在公共场合进行业务推广时。

十五是应聘求职或求学面试时。

凡此种种，又可以归纳为三种情况：一是本人希望结识他人；二是他人希望结识本人；三是本人认为有必要令他人了解或认识本人。

2. 自我介绍的内容

鉴于需要进行自我介绍的时机多有不同，进行自我介绍时的表述方法便有所不同。自我介绍的内容，指的是自我介绍时所表述的主体部分，即在自我介绍时表述的具体形式。

确定自我介绍的具体内容，应兼顾实际需要、所处场景，并应具有鲜明的针对性，切勿一概而论。

依照自我介绍时所表述内容的不同，自我介绍可能分为下述五种具体形式。

一是应酬式。应酬式的自我介绍，适用于某些公共场合和一般性的社交场合，如旅行途中、宴会厅里、舞场之上、通电话时。它的对象，主要是进行一般性接触的交往对象。对介绍者而言，对方属于泛泛之交，或者早已熟悉，进行自我介绍只不过是为了确认身份而已，故此种自我介绍内容要少而精。

应酬式的自我介绍内容最为简洁，往往只包括姓名一项即可。例如：

“您好！我的名字叫黄丽。”

“我是蔡小武。”

二是公务式。公务式的自我介绍，主要适用于工作之中。它是以工作为自我介绍的中心，因工作而交际，因工作而交友。

公务式自我介绍的内容，应当包括本人姓名、供职的单位及部门、担负的职务或从事的具体工作三项。它们是公务式自我介绍内容的三要素，通常缺一不可。其中，第一项姓名，应当一口报出，不可有姓无名，或有名无姓。第二项供职的单位及部门，有可能最好全部报出，具体工作部门有时也可以暂不报出。第三项担负的职务或从事的具体工作，有职务最好报出职务，职务较低或者无职务，则可报出目前所从事的具体工作。例如：

“你好！我叫于晓婷，是青岛市政府外办的礼宾处处长。”

“我名叫周卫东，现在在新民培训机构教西班牙语。”

三是交流式。交流式的自我介绍，主要适用于社交活动中，它是一种刻意寻求与交往对象进一步交流与沟通，希望对方认识自己、了解自己、与自己建立联系的自我介绍。有时，它也叫社交式自我介绍或沟通式自我介绍。

交流式自我介绍的内容，大体应当包括介绍者的姓名、工作、籍贯、学历、兴趣以及与交往对象的某些熟人的关系等。它们不一定非要面面俱到，而应依照具体情况而定。例如：

“我叫刘颖，现在在菲尔公司当人事总监，我和您太太是大学同学。”

四是礼仪式。礼仪式的自我介绍，适用于讲座、报告、演出、庆典、仪式等一些正规而隆重的场合。它是一种意在表示对交往对象友好、敬意的自我介绍。

礼仪式自我介绍的内容，亦包含姓名、单位、职务等项，但是还应多加入一些适宜的谦辞、敬语，以示自己礼待交往对象。例如：

“各位来宾好！我叫方运来，是大通公司的总经理。现在，由我代表本公司热烈欢迎大家光临我们的开业仪式，谢谢大家的支持。”

五是问答式。问答式的自我介绍，一般适用于应试、应聘和公务活动。在普通交际应酬场合，它也时有所见。

问答式自我介绍的内容，讲究问什么答什么，有问必答。例如：

某甲问：“这位小姐，你好！不知你应该怎么称呼？”某乙答：“先生您好！我叫韩梅梅。”

3. 自我介绍的分寸

自我介绍之时，必须对下述几方面的问题予以正视，方能使自我介绍进行得恰到好处，不失分寸。

一是时间。在进行自我介绍时要求关注时间，这有双重含义。

其一，进行自我介绍一定要力求简洁，尽可能地节省时间。虽说各种形式的自我介绍所用的时间长度不可笼统地等量齐观，但总的原则，还是所用时间越短越好，以半分钟左右为佳，如无特殊情况最好不要长于一分钟。

为了节省时间，在进行自我介绍前，还可以递上本人的名片、介绍信加以辅助。若使用了名片、介绍信，则其上所列有的内容应尽量不予重复。

其二，自我介绍应在适当的时间进行，而不应在不适当的时间进行。进行自我介绍的适当时间，具体指的一是对方有兴趣时，二是对方有空闲时，三是对方情绪好时，四是对方干扰少时，五是对方有此要求时。

进行自我介绍的不适当时间，是指对方无兴趣、无要求、工作忙、干扰大、心情坏、休息用餐或正忙于私人交往之时。

二是态度。进行自我介绍，态度务必要自然、友善、随和。届时，应显得落落大方，笑容可掬。既不要小里小气，畏首畏尾，瞻前顾后；又不要虚张声势，轻浮夸张，矫揉造作。

在进行自我介绍时，要充满信心和勇气。千万不要妄自菲薄，心怀怯意，临场发挥失常。在进行自我介绍时，一定要敢于正视对方的双眼，显得胸有成竹，不慌不忙。这样做，将有助于自我放松，并使对方对自己产生好感。

在自我介绍的过程之中，语气要自然，语速要正常，语音要清晰，这对自我介绍的成功将大有好处。届时应当力戒语气生硬冷漠、语速过快或过慢、语音含糊不清，这些都是缺少经验、缺乏自信的表现。

三是真实。进行自我介绍时所表述的各项内容，一定要实事求是，真实可信。没有必要过分谦虚，一味贬低自己去讨好别人，但也不可自吹自擂，吹嘘弄假，夸大其词，在自我介绍时大掺水分，否则定会得不偿失。

二、介绍他人

介绍他人，又称第三者介绍，它是经第三者为彼此不相识的双方引见、介绍的一种介绍方式。

在介绍他人时，为他人作介绍的第三者系介绍者，而所介绍的双方则是被介绍者。

介绍他人，通常都是双向的，即将被介绍者双方各自均作一番介绍。有时，也可进行单向的他人介绍，即只将被介绍者中的某一方介绍给另一方。其前提是前者了解后者，而后者不了解前者。

1. 介绍者

在介绍他人中，介绍者的确定是有一定之规的。通常，具有下列身份者，理应在介绍他人中充当介绍者。

一是社交活动中的东道主。

二是交际场合的长者。

三是家庭聚会中的女主人。

四是公务活动中的专职人员，如公关人员、礼宾人员、文秘人员、办公室工作人员、接待人员。

五是正式活动中的地位、身份较高者，或主要负责人员。

六是熟悉被介绍者双方者。

七是应被介绍者一方，或双方要求者。

八是在交际应酬中，被指定的介绍者。

决定为他人作介绍，要审时度势，熟悉双方的情况。如有可能，在为他人作介绍之前，最好先征求一下双方的意见，以免为原本相识者或关系恶劣者去作介绍。

2. 介绍的时机

遇到下述情况，通常有必要进行他人介绍。

一是在家中，接待彼此不相识的客人。

二是在办公地点，接待彼此不相识的来访者。

三是与家人外出，路遇家人不相识的同事或朋友。

四是陪同亲友，前去拜会不相识者。

五是本人的接待对象遇见了其不相识的人士，而对方又跟自己打了招呼。

六是陪同上级、长者、来宾时，遇见了其不相识者，而对方又跟自己打了招呼。

七是打算推介某人加入某一交际圈。

八是受到为他人进行介绍的邀请。

3. 介绍的顺序

在为他人作介绍时，先介绍谁，后介绍谁，向来是一个十分敏感的礼仪问题。根据规范，处理这一问题，必须遵守“尊者优先了解情况”的规则。它的含义是：在为他人作介绍前，先要确定双方地位的尊卑，然后先介绍位卑者，后介绍位尊者。这样做，可以使位尊者优先了解位卑者的情况，以便见机行事，在交际应酬中掌握主动权，所以应确保位尊之人拥有“优先知情权”。这一规则，有时又称“后来居上”规则。它指的是后被介绍者，应较之先被介绍者地位为上。二者从不同角度，阐明了同一问题。

根据这些规则，为他人进行介绍时的顺序大致有如下几种情况。

一是介绍年长者与年幼者认识时，应先介绍年幼者，后介绍年长者。

二是介绍长辈与晚辈认识时，应先介绍晚辈，后介绍长辈。

三是介绍老师与学生认识时，应先介绍学生，后介绍老师。

四是介绍女士与男士认识时，应先介绍男士，后介绍女士。

五是介绍已婚者与未婚者认识时，应先介绍未婚者，后介绍已婚者。

六是介绍同事、朋友与家人认识时，应先介绍家人，后介绍同事、朋友。

七是介绍来宾与主人认识时，应先介绍主人，后介绍来宾。

八是介绍社交场合的先至者与后来者认识时，应先介绍后来者，后介绍先至者。

九是介绍上级与下级认识时，应先介绍下级，后介绍上级。

十是介绍职位、身份高者与职位、身份低者认识时，应先介绍职位、身份低者，后介绍职位、身份高者。

4. 介绍的内容

在为他人进行介绍时，介绍者对介绍具体内容应当字斟句酌，慎之又慎。倘若对此掉以轻心，词不达意，敷衍了事，很容易给被介绍者留下不良印象。

根据实际需要的不同，为他人进行介绍时的具体内容也会有所不同。通常，有以下六种形式可供借鉴。

一是标准式。它适用于正式场合，内容以双方的姓名、单位、职务等为主。例如：

“我来给两位介绍一下。这位是长城公司公关部主任蒋怡先生，这位是南海集团总经理林小溪小姐。”

二是简介式。它适用于一般的社交场合，其内容往往只有双方姓名一项，甚至可以只提到双方姓氏为止。接下来，则要由被介绍者见机行事。例如：

“我来介绍一下，这位是小易，这位是大吴，你们彼此认识一下吧。”

三是强调式。它适用于各种交际场合，其内容除被介绍者的姓名外，往往还会刻意强调一下其中某位被介绍者的特殊关系，以便引起另一位被介绍者的重视。例如：

“这位是海天公司的销售经理吕浩然先生。这位是黎菲菲，她在市药监局工作，是我的侄女，请吕经理多多关照。”

四是引见式。它适用于普通的社交场合。进行这种介绍时，介绍者所要做的，就是将被介绍者双方引导到一起，而不需要表达任何具有实质性的内容。例如：

“两位认识一下如何？大家其实都是校友，只不过以前不认识，现在请你们自报家门吧。”

五是推荐式。它适用于比较正规的场合，多是介绍者有备而来，有意要将某人举荐给某人，因此在内容方面，通常会对前者的优点加以重点介绍。例如：

“这位是靳云龙先生，这位是我们公司的张博总经理。靳先生是一位管理方面的专业人士，他还是一位经济学博士。张总，我想您一定乐于认识他吧?!”

六是礼仪式。它适用于正式场合，是一种最为正规的他人介绍。其内容略同于标准式，但语气、表达、称呼上都更为礼貌、谦恭。例如：

“郝小姐，你好！请允许我把深圳工贸集团的销售部经理董见广先生介绍给你。董先生，这位就是苏州力达公司的业务部经理郝欣欣小姐。”

5. 介绍的应对

在进行他人介绍时，介绍者与被介绍者都要注意自己的表达、态度与反应。此即所谓他人介绍的应对问题。

介绍者为被介绍者作介绍之前，不仅要尽量征求一下被介绍者双方的意见，而且在开始介绍时还应再打一下招呼，切勿上去开口即讲，以免显得突兀，让被介绍者措手不及。

被介绍者在介绍者询问是否有意认识某人时，一般不应加以拒绝或扭扭捏捏，而应欣然表示接受。实在不愿意时，则应说明缘由。

当介绍者走上前来，开始为被介绍者进行介绍时，被介绍者双方均应起身站立，面含微笑，大大方方地目视介绍者或对方，神态庄重、专注。

当介绍者介绍完毕后，被介绍者双方应依照合乎礼仪的顺序进行握手，并且彼此问候对方。此时的常用语有“你好”，“很高兴认识你”，“久仰大名”，“认识你非常荣幸”，“幸会，幸会”，等等。必要时，还可作进一步的自我介绍。

不要在此时此刻有意拿腔拿调，或是心不在焉。更不要奴颜婢膝，低三下四，阿谀奉承，成心讨好对方。

三、介绍集体

介绍集体，系他人介绍的一种特殊形式，它是指介绍者在为他人介绍时，被介绍者其中一方或者双方不止一人，甚至是许多人。由此可见，集体介绍大体可分成两种：其一，为一人和多人作介绍；其二，为多人和多人作介绍。

介绍集体时，应主要关注其时机、顺序与内容三方面的问题。

1. 介绍的时机

遇到如下几种具体情况，应当进行集体介绍。

一是大型的公务活动，参加者不止一方，而且各方不止一人。

二是涉外交往活动，参加活动的宾主双方皆不止一人。

三是规模较大的社交聚会，有多方参加，各方均不止一人。

四是家庭性私人交往，主人的家人与来访者双方均不止一人。

五是正式的大型宴会，主方人员与来宾均不止一人。

六是婚礼、生日晚会，当事人与来宾双方均不止一人。

七是举行会议，应邀前来的与会者不止一人。

八是演讲、报告、比赛，参加者不止一人。

九是会见、会谈，各方参加者不止一人。

十是接待参观、访问者，来宾不止一人。

2. 介绍的顺序

若有可能，进行集体介绍的顺序，应比照他人介绍的顺序进行。若实难参照，则可酌情参考下述顺序。应当强调的一点是，越是正式、大型的交际活动，对集体介绍的顺序就越是不可马虎。

一是“少数服从多数”。它的含义是：当被介绍者双方地位、身份大致相似，或者难以确定时，应当使人数较少的一方礼让人数较多的一方，一个人礼让多数人，先介绍人数较少的一方或个人，后介绍人数较多的一方或多数人。

二是强调地位、身份。若被介绍者双方地位、身份之间存在明显差异，特别是当这些差异表现为年龄、性别、婚否、师生以及职务有别时，则地位、身份为尊的一方即使人数较少，甚至仅为一人，仍然应被置于尊贵的位置，最后加以介绍，而应先介绍另一方人员。

三是单向介绍。在演讲、报告、比赛、会议、会见时，往往只需要将主角介绍给广大参加者，而没有必要一一介绍广大参加者，因为这种可能性实际上并不存在。

四是人数较多一方的介绍。若需要介绍的一方不止一人，可采取笼统的方法进行介绍，例如，可以说：“这是我的家人”，“他们都是我的同事”，等等。但是最好还是要对其一一进行介绍。进行此种介绍时，可比照他人介绍时位次尊卑的顺序，由尊而卑，如先长后幼、先女后男等。不过，这一顺序的标尺一定要正规、单一，且为众人所认可。

五是人数较多双方的介绍。若被介绍双方皆不止一人，则可依照礼规，先介绍位卑的一方，后介绍位尊的一方。在介绍各方人员时，均需由尊而卑，依次进行。

六是人数较多各方的介绍。有时，被介绍的会不止两方，此时需要对被介绍的各方进行位次排列。排列的具体方法为：一是以其负责人身份为准；二是以其单位规模为准；三是以单位名称的英文字母或汉语拼音字母顺序为准；四是以抵达时间的先后顺序为准；五是以座次顺序为准；六是以距介绍者的远近为准。进行多方介绍，应由尊而卑。如时间允许，应在介绍各方时以由尊而卑的顺序，一一介绍其各个成员。若时间不允许，则不必介绍其具体成员。

3. 介绍的内容

集体介绍的内容，与介绍他人的内容基本上无异，不过要求更认真、更准确、更清晰。有以下两点，应尤为注意。

一是不使用易生歧义的简称。例如，不要简称“人大”、“消协”，而应详言是“中国人民大学”、“消费者协会”，还是“上海市人大常委会”、“保护消费者协会”。至少，要在首次介绍时使用准确的全称，然后方可采用简称。

二是不借机开玩笑、捉弄人。进行介绍时，要庄重、亲切，切勿随意拿被介绍者开玩笑，或是成心出对方的洋相。例如，在介绍时这样讲：“这位是大名鼎鼎的朱志刚先生，大家看，朱先生肥不肥？”这就很不文明。

第三节 行 礼

在公务活动中，相识者之间与不相识者之间往往都需要在适当的时刻向交往对象行礼，以示自己对于对方的尊重、友好、关心与敬意。此种礼仪，即所谓行礼，亦称会面礼节，也就是人们会面时约定俗成互行的礼仪。有时，它又称相见礼节。

在不同的历史时期、不同的文化背景之下，人们所采用的会面礼节往往千差万别。其常见者，有握手礼、点头礼、举手礼、致意礼、脱帽礼、拥抱礼、亲吻礼、鞠躬礼、合十礼、吻手礼、吻足礼、碰鼻礼、拱手礼、叩头礼、跪拜礼、屈膝礼等。当今在中国乃至世界各国最为通行的会面礼节，就是人们在日常生活中经常采用的握手礼。

一、握手

在一般情况下，握手礼简称握手。学习握手礼，应掌握的重要问题有行礼的时机、伸手的次序、相握的方式、握手的禁忌等。

1. 行礼的时机

何时宜行握手礼？这是一个非常复杂而微妙的问题，它通常取决于交往双方的关系、现场的气氛，以及当事人个人的心情等多种因素，所以不好一概而论。不过一个人若是希望在其公务活动中令自己显得彬彬有礼，是非常有必要掌握何时应与交往对象互行握手礼的，否则即为失礼。

一是握手的场合。在以下这些具体场合，人们往往需要彼此握手。

其一，遇到较长时间未曾谋面的熟人，应与其握手，以示为久别重逢而万分欣喜。

其二，在比较正式的场合同相识之人道别，应与之握手，以示自己的惜别之意和希望对方珍重之心。

其三，在家中、办公室里以及其他一切以本人作为东道主的交际场合，迎接或送别来访者之时，应与对方握手，以示欢迎或欢送。

其四，拜访他人之后，在辞行之时，应与对方握手，以示“再会”。

其五，被介绍给不相识者时，应与之握手，以示自己乐于结识对方，并为此深感荣幸。

其六，偶然遇上了同事、同学、朋友、邻居、长辈或上级时，应与之握手，以示高兴与问候。

其七，他人给予了自己一定的支持、鼓励或帮助时，应与之握手，以示衷心感激。

其八，向他人表示恭喜、祝贺之时，如祝贺生日、结婚、生子、晋升、升学、乔迁、事业成功、获得荣誉或嘉奖时，应与之握手，以示贺喜之诚意。

其九，他人向自己表示恭喜、祝贺之时，应与之握手，以示谢意。

其十，向他人表示理解、支持、肯定时，应与之握手，以示真心实意，全心全意。

其十一，应邀参与社交活动，如宴会、舞会之后，应与主人握手，以示谢意。

其十二，在重要的社交活动，如宴会、舞会、沙龙、生日晚会开始前与结束时，主人应与来宾握手，以示欢迎与道别。

其十三，得悉他人患病、失恋、失业、降职、遭受其他挫折或家人过世时，应与之握手，以示慰问。

其十四，他人向自己赠送礼品或颁发奖品时，应与之握手，以示感谢。

其十五，向他人赠送礼品或颁发奖品时，应与之握手，以示郑重其事。

二是不必握手的场合。在下述一些情况下，因种种原因，人们不宜同交往对象握手为礼。

其一，对方手部负伤。

其二，对方手部负重。

其三，对方手中忙于其他事。如打电话、用餐、喝饮料、主持会议、与他人交谈等。

其四，对方与自己距离较远。

其五，对方所处环境不适合握手。例如，在涉外商务谈判中，按惯例，其参加者彼此均不握手。

2. 伸手的次序

在比较正式的场合，行握手礼时最重要的礼仪问题是：握手的双方应当由谁首先伸出手来“发起”握手？倘若对此一无所知，在与他人握手时轻率地抢先伸出手去而得不到对方的回应，那种场景一定是令人非常尴尬的。

一是“尊者决定”的原则。根据礼仪规范，握手时双方伸手的先后次序，应当在遵守“尊者决定”的原则的前提下，具体情况具体对待。

“尊者决定”原则的含义是，在两人握手时，各自应首先确定握手双方彼此身份的尊卑，然后以此而决定伸手的先后。通常应由位尊者首先伸出手来，即尊者先行。位卑者只能在此后予以响应，而绝不可贸然抢先伸手，否则就是违反礼仪的举动。

在握手时，之所以要遵守“尊者决定”的原则，既是为了恰到好处地体现对位尊者的尊重，也是为了维护在握手之后的寒暄应酬中位尊者的自尊。因为握手往往意味着进一步交往的开始，如果位尊者不想与位卑者深交，他大可不必伸手与之相握。

二是具体涉及的情况。具体而言，握手时双方伸手的先后次序大体包括如下几种情况：

其一，年长者与年幼者握手，应由年长者首先伸出手来。

其二，长辈与晚辈握手，应由长辈首先伸出手来。

其三，老师与学生握手，应由老师首先伸出手来。

其四，女士与男士握手，应由女士首先伸出手来。

其五，已婚者与未婚者握手，应由已婚者首先伸出手来。

其六，交际场合的先至者与后来者握手，应由先至者首先伸出手来。

其七，上级与下级握手，应由上级首先伸出手来。

其八，职位、身份高者与职位、身份低者握手，应由职位、身份高者首先伸出手来。

三是某些特殊情况。若是一个人需要与多人握手，则握手时亦应讲究先后次序，由尊而卑地依次进行，即先年长者后年幼者，先长辈后晚辈，先老师后学生，先女士后男士，先已婚者后未婚者，先上级后下级，先职位、身份高者后职位、身份低者。

在公务活动中，握手时伸手的先后次序主要取决于双方的具体职位、身份。而在社交、休闲场合，它则主要取决于双方的具体年纪、性别、婚否。

在接待来访者时，这一问题变得较为特殊一些。当客人抵达时，通常应由主人首先伸出手来与客人相握。而在客人告辞时，则应由客人首先伸出手来与主人相握。前者意在表示“欢迎”，后者则表示“再见”。若这一次序颠倒，则极易让人产生误解。

应当强调的是，上述握手时的先后次序可用以律己，却不必处处苛求于人。若是当自己处于尊者之位，而位卑者抢先伸手要来相握时，最得体的做法还是积极与之配合，立即伸出自己的手去。若过分拘泥于礼仪，对其视若不见，“置之不理”，使其进退两难，当场出丑，则会失礼于对方。

3. 相握的方式

握手的标准方式是：行礼时行至距握手对象约一米处，双腿立正，上身略向前倾，伸出右手，四指并拢，拇指张开与对方相握。握手时，应用力适度，上下稍许晃动三四次，随后松开手来，恢复原状。

具体来说，握手时应加以注意的问题有五。

一是神态。与人握手时，理当神态专注、热情、友好、自然。在正常情况下，与人握手时应面含笑意，目视对方双眼，并且口道问候。

在握手时，切勿显得自己三心二意，敷衍了事，漫不经心，傲慢冷淡。如果在此时迟迟不握他人早已伸出的手，或是一边握手，一边东张西望，目中无人，甚至忙于跟其他人打招呼，都是极不应该的。

二是姿势。向他人行握手礼时，只要有可能，就应起身站立。除非长辈或女士，坐着与人握手是不合适的。

握手之时，双方彼此之间的最佳距离为一米左右，因此握手时双方均应主动向对方靠拢。若双方距离过大，显得像是一方有意讨好或冷落一方。若双方握手时距离过小，手臂难以伸直，也不大好看。

最好的做法是，双方将要相握的右手各向侧下方伸出，伸直相握后形成一个直角。

三是手位。在握手时，手的位置至关重要。常见的具体手位有以下两种：

其一，单手相握。以右手单手与人相握，是最常见的握手方式。不过进而言之，单手与人相握时，手掌垂直于地面最为适当。它称为“平等式握手”，表示自己不卑不亢。

与人握手时掌心向上，表示自己谦恭、谨慎，这一方式叫作“友善式握手”。

与人握手时掌心向下，则表示自己感觉甚佳，自高自大，这一方式叫作“控制式握手”。

其二，双手相握。双手相握，即用右手握住对方右手后，再以左手握住对方右手的手背。这种方式，适用于亲朋故旧之间，可用以表达自己的深厚情谊。

一般而言，此种方式的握手不适用于初识者或异性，因为它有可能被理解为讨好或失态。这一方式，有时亦称“手套式握手”。

双手相握时，左手除握住对方右手手背外，还有人以之握住对方右手手腕、握住对方右手手臂、按住或拥住对方右肩，这些做法若非面对至交，最好不要滥用。

四是力度。握手之时，为了向交往对象表示热情友好，应当稍许用力，大致握力以在两公斤左右为宜。与亲朋故旧握手时，所用的力量可以稍微大一些；而在与异性以及初次相识者握手时，则千万不可用力过猛。

总之，在与人握手时，不可以毫不用力，不然就会使对方感到缺乏热忱与朝气。但也不宜矫枉过正，如果在握手时拼命用力，不将对方整得龇牙咧嘴不肯罢休，则难免有示威或挑衅之嫌。

五是时间。在通常情况下，与他人握手的时间不宜过短或过长。大体来讲，握手的全部时间应控制在三秒钟以内。

握手时两手稍触即分，时间过短，好似在走过场，又像是对对方怀有戒意。而与他人握手时间过久，尤其是拉住异性或初次见面者的手长久不放，则显得有些虚情假意，甚至会有“占便宜”之嫌。

4. 握手的禁忌

在公务活动中，握手虽然司空见惯，看似寻常，但是由于它可被用来传递多种信息，因此在行握手礼时应努力做到合乎规范，并避免违犯下述失礼的禁忌。

其一，不要用左手与他人握手。尤其是在与阿拉伯人、印度人打交道时要牢记此点，因为在他们看来左手是不洁的。

其二，不要在握手时争先恐后。握手时，应当遵守秩序，依次而行。特别要记住，与基督教信徒交往时，要避免两人握手时与另外两人相握的手形成交叉状。这种形状类似十字架，在基督教信徒眼中是很不吉利的。

其三，不要在握手时戴着手套。只有女士在交际场合戴着薄纱手套与人握手才是被允许的。

其四，不要在握手时戴着墨镜。只有患有眼疾或眼部有缺陷者方可例外。

其五，不要在握手时将另外一只手插在衣袋里。

其六，不要在握手时另外一只手依旧拿着东西而不肯放下。例如，仍然拿着香烟、报刊、公文包等。

其七，不要在握手时面无表情。切莫与人握手时不置一词，好像根本无视对方的存在，而纯粹是为了应付。

其八，不要在握手时长篇大论。切莫与人握手时点头哈腰，滥用热情，显得过分客套。过分的客套不会令对方感受到热情，而只会让对方不自在、不舒服。

其九，不要在握手时仅仅握住对方的手指尖。正确的做法，是要握住整个手掌。

其十，不要在握手时只递给对方一截冷冰冰的手指尖。这种握手方式在国外叫作“死鱼式握手”，被公认为失礼的做法。

其十一，不要在握手时把对方的手拉过来、推过去，或者上下左右抖个没完。还需谨记，切勿在握手后拉着对方的手长时间不放。

其十二，不要以肮脏不洁或患有传染性疾病的手与他人相握。

其十三，不要在与人握手之后立即揩拭自己的手掌。那么做好像与对方握一下手就会使自己受到“污染”似的。

其十四，不要拒绝与他人握手。在任何情况下，都不允许这么做。

二、常见的其他会面礼节

在国内外交往中，除握手之外，以下会面礼节也颇为常见。

1. 点头礼

点头礼，又叫颔首礼，它所适用的情况主要有路遇熟人，在会场、剧院、歌厅、舞厅等不宜与人交谈之处，在同一场合碰上已多次见面者，遇上多人而又无法一一问候之时。

行点头礼时，一般应不戴帽子。具体做法是头部向下轻轻一点，同时面带笑容。届时不宜反复点头不止，点头的幅度不宜过大。

2. 举手礼

行举手礼的场合，与行点头礼的场合大致相似，它最适合向距离较远的熟人打招呼。

行举手礼的正确做法是，右臂向前方伸直，右手掌心向着对方，其他四指并齐、拇指叉开，轻轻向左右摆动一两下。不要将手上下摆动，也不要在手部摆动时用手背朝向对方。

3. 脱帽礼

戴着帽子的人，在进入他人居所，路遇熟人，与人交谈、握手或行其他会面礼，进人娱乐场所，升挂国旗，演奏国歌等一些情况下，应自觉主动地摘下自己的帽子，并置于适当之处，这就是所谓的脱帽礼。

女士在交际场合可以不脱帽子。

4. 注目礼

注目礼的具体做法是，起身立正，抬头挺胸，双手自然下垂或贴放于身体两侧，笑容庄重严肃，双目正视于被行礼对象，或随之缓缓移动。

在升国旗、游行检阅、剪彩揭幕、开业挂牌等情况下，适用注目礼。

行注目礼时，不可歪戴帽子、歪穿衣、东斜西靠、嬉皮笑脸、大声喧哗、打打闹闹。

5. 拱手礼

拱手礼，是中国民间传统的会面礼。而今它所适合的情况，主要包括过年时举行团拜活动，向长辈祝寿，向友人恭贺结婚、生子、晋升、乔迁，向亲朋好友表示无比感谢，以及与海外华人初次见面时表示久仰大名。

拱手礼的行礼方式，是起身站立，上身挺直，双手抱拳有节奏地晃动两三下。

6. 鞠躬礼

在国内，鞠躬礼主要适用于向他人表示感谢、领奖、讲演、演员谢幕或参加追悼会活动等。

行鞠躬礼时，应脱帽立正，双目凝视受礼者，然后上身弯腰前倾。男士双手应贴放于身体两侧裤线处，女士的双手则应下垂搭放在腹前。此刻身体下弯的幅度越大，所表示的敬重程度就越大。鞠躬的次数，可视具体情况而定。

在日本、韩国、朝鲜等国，鞠躬礼的运用十分广泛。

7. 合十礼

合十礼，亦称合掌礼，即双手十指相合为礼。其具体做法是，双掌十指在胸前相对合，手指并拢向上，掌尖与鼻尖基本持平，手掌向外侧倾斜，双腿立直站立，上身微欠低头。一般而论，行此礼时，合十的双手举得越高，越体现出对对方的尊重，但原则上不可高于额头。

在东南亚、南亚信奉佛教的国家以及中国的傣族聚居区，合十礼最为通用。

8. 拥抱礼

在西方，特别是欧美国家，拥抱礼是十分常见的见面礼与道别礼。在表示慰问、祝贺、欣喜时，拥抱礼也十分常用。

正规的拥抱礼，讲究两人正面面对站立，各自举起右臂，将右手搭在对方左肩后面；左臂下垂，左手扶住对方左腰后侧；首先各向对方左侧拥抱，然后各向对方右侧拥抱，最后再一次各向对方左侧拥抱，一共拥抱三次。

在中国，除某些少数民族外，拥抱礼不常采用。

9. 亲吻礼

亲吻礼，也是一种西方国家常用的会面礼。有时，它会与拥抱礼同时采用，即双方会面时既拥抱又亲吻。

行亲吻礼时，通常以自己的唇部接触对方的面部。但它忌讳发出亲吻的声音，而且不应将唾液弄到对方脸上。

在行礼时，双方关系不同，亲吻的部位也会有所不同。长辈吻晚辈，应当吻额头；晚辈吻长辈，应当吻下颌或面颊；同辈之间，同性应当贴面颊，异性应当吻面颊。接吻，即互相亲吻嘴唇，仅限于夫妻与恋人之间，而不宜滥用，更不宜当众进行。

10. 吻手礼

吻手礼，主要流行于欧洲国家。其具体做法是，男士行至已婚妇女面前，首先垂首立正致意，然后以右手或双手捧起女士的右手，俯首以自己微闭的嘴唇，去象征性地轻吻一下其手背或是手指。行吻手礼的地点，宜在室内为佳。

吻手礼的受礼者，只能是女性，而且应是已婚女性。被吻手者的手腕及其以上部位，是行礼时的禁区。

第四节 交 谈

公务活动，大抵始自交谈。所谓交谈，是指两个或两个以上的人所进行的对话。它是人们彼此之间交流思想情感、传递信息、进行交际、开展工作、建立友谊、增进了解的最为重要的一种形式。没有交谈，人与人要进行真正的沟通几乎是不可能的。

从总体上讲，交谈是人的知识、阅历、才智、教养和应变能力的综合体现。在中国古代，人们就讲究在公务活动中要对交往对象“听其言，观其行”。这是因为言为心声，只有通过交谈，交往对象彼此之间才能够了解对方，并且被对方了解。所以说，交谈在公务活动中的重要位置，是其他任何形式都难以替代的。

在语言、主题和方式三个方面，会面礼仪对交谈有着一系列详尽的规范。

一、交谈的语言

在语言方面，交谈的总要求是：文明、礼貌、准确。语言是组织交谈的载体，交谈者对它理当高度重视，精心斟酌，这是不言而喻的。

1. 语言文明

作为有文化、有知识、有教养的现代人，在交谈中一定要使用文明优雅的语言。下述语言，绝对不宜在交谈之中采用。

一是粗话。有人为了显示自己为人粗犷，出言必粗。把爹妈叫“老头儿”、“老太太”，把女孩子叫“小妞”，把名人叫“大腕”，把吃饭叫“撮一顿”。讲这种话，是很失身份的。

二是脏话。讲脏话，即口带脏字，讲起话来骂骂咧咧，出口成“脏”。讲脏话的人，非但不文明，而且属于自我贬低，十分低级无聊。

三是黑话。黑话，即流行于黑社会的行话。讲黑话的人，往往自以为见过世面，可以此唬人，实际上却显得匪气十足，令人反感厌恶，难以与他人进行真正意义上的沟通和交流。

四是荤话。荤话，即说话者时刻把绯闻、色情、男女关系之事挂在口头，说话“带色”，动辄“贩黄”。爱说荤话者，只不过证明自己品位不高，而且对交谈对象缺乏应有的尊重。

五是怪话。有些人说起话来怪里怪气，或讥讽嘲弄，或怨天尤人，或黑白颠倒，或耸人听闻，成心要以自己的谈吐之“怪”而令人刮目相看，一鸣惊人。这就是所谓说怪话。爱讲怪话的人，往往难以令人产生好感。

六是气话。气话，即说话时闹意气，泄私愤，图报复，发牢骚，指桑骂槐。在交谈中常说气话，不仅无助于沟通，而且还容易伤害人、得罪人。

2. 语言礼貌

在交谈中多使用礼貌用语，是博得他人好感与体谅的最为简单易行的做法。所谓礼貌用语，简称礼貌语，是指约定俗成的表示谦虚恭敬的专门用语。

例如，初次见面，要说“久仰”。许久不见，要说“久违”。客人到来，要说“光临”。等待客人，要说“恭候”。探望别人，要说“拜访”。起身作别，要说“告辞”。中途先走，要说“失陪”。请人勿送，要说“留步”。请人批评，要说“指教”。请人指点，要说“赐教”。请人帮助，要说“劳驾”。托人办事，要说“拜托”。麻烦别人，要说“打扰”。求人谅解，要说“包涵”。

在人际交往中，尤其有必要对下述五句礼貌用语经常加以运用，并且多多益善。

一是"您好"。"您好"，是一句问候的礼貌语。遇到相识者与不相识者，不论深入交谈，还是打个招呼，都应主动向对方先问一声"您好"。若对方先问候了自己，也要以此来回应。在有些地方，人们惯以"你吃饭了没有"、"最近在忙什么"、"身体怎么样"、"一向可好"来打招呼或问候他人，但它们都没有"您好"简洁通行。

二是"请"。"请"，是一句请托的礼貌语。在要求他人做某件事情时，居高临下、颐指气使不合适，低声下气、百般乞求也没有必要。在此情况下，多用上一个"请"字，就可以逢山开路、遇水架桥，赢得主动，得到对方的照应。

三是"谢谢"。"谢谢"，是一句致谢的礼貌语。每逢获得理解、得到帮助、承蒙关照、接受服务、受到礼遇之时，都应当立即向对方道一声"谢谢"。这样做，既是真诚地感激对方，又是对对方的一种积极肯定。

四是"对不起"。"对不起"，是一句道歉的礼貌语。当打扰、妨碍、影响了别人，或是在公务活动中给他人造成不便，甚至给对方造成某种程度的损失、伤害时，务必要及时向对方说一声"对不起"。这将有助于大事化小、小事化了，并且有助于修复双方的关系。

五是"再见"。"再见"，是一句道别的礼貌语。在交谈结束、与人作别之际，道上一句"再见"，可以表达惜别之意与恭敬之心。

3. 语言准确

在交谈中，语言必须准确，否则不利于彼此各方之间的沟通。要注意的问题主要有：

一是发音准确。交谈之中，要求发音标准，其含义有三：其一，发音要标准。不能读错音、念错字，让人见笑或误会。其二，发音要清晰。要使人听得一清二楚，而不是口齿不清，含含糊糊。其三，音量过大会令人震耳欲聋，过小则让人听来费劲，都不大合适。

二是语速适中。语速，即讲话的速度。在讲话时，对语速应加以控制，使之保持匀速，快慢适中。交谈中，语速过快、过慢或忽快忽慢，都会影响效果。

三是语气谦和。交谈中，讲话的语气一定要平等待人，亲切谦和。不要端架子、摆派头，以上压下，以大欺小，官气十足，倚老卖老，盛气凌人，随便教训、指责别人。

四是内容简明。交谈时，应力求言简意赅，简单明白，节省时间，少讲废话。不要没话找话，短话长说，啰里啰唆，废话连篇，节外生枝，任意发挥，不着边际，让人听起来不明不白。烦言无要，要言不烦，是交谈中时刻应当牢记的重要一点。

五是少讲方言。交谈对象若非家人、乡亲，则最好不在交谈之中采用对方有可能听不懂的方言、土语。非要那么做，就是对对方不尊重。在多方交谈中，即便只有一个人听不懂，也不要采用方言、土语交谈，以免使其产生被排挤、冷落之感。

六是慎用外语。在普通性质的交谈中，应当讲中文，讲普通话。若无外宾在场，则最好慎用外语。与国人交谈时使用外语，不能证明自己水平高，反而有卖弄之嫌。

二、交谈的主题

交谈的主题，又叫交谈的话题，它所指的是交谈的中心内容。一般而论，交谈的主题多少可以不定，但通常在某一特定时刻宜少不宜多，最好只有一个。唯有话题少而集中，才有助于交谈的顺利进行。话题过多、过散，将会使交谈者无所适从。

1. 宜选的主题

在交谈之中，以下五类具体的话题都是适宜选择的。

一是既定的主题。既定的主题，即交谈双方业已约定，或者其中某一方先期准备好的主题。例如，求人帮助、征求意见、传递信息、讨论问题、研究工作一类的交谈，往往都属于主题既定的交谈。选择这类主题，最好双方商定，至少也要得到对方的认可。它适用于正式交谈。

二是高雅的主题。高雅的主题，即内容文明、优雅，格调高尚、脱俗的话题。例如，文学、艺术、哲学、历史、考古、地理、建筑等，都属于高雅的主题。它适用于各类交谈，但要求面对知音，忌讳不懂装懂或班门弄斧。

三是轻松的主题。轻松的主题，即谈论起来令人轻松愉快、身心放松、饶有情趣、不觉劳累厌烦的话题。例如，文艺演出、流行时装、美容美发、体育比赛、电影电视、休闲娱乐、旅游观光、名胜古迹、风土人情、名人逸事、烹饪小吃、天气状况等。它适用于非正式交谈，允许各抒己见，任意发挥。

四是时尚的主题。时尚的主题，即以此时、此刻、此地正在流行的事物作为谈论的中心。此类话题适合于各种交谈，但其变化较快，所以在把握上有一定难度。

五是擅长的主题。擅长的主题，指的交谈双方，尤其是交谈对象有研究、有兴趣、有可谈之处的主题。须知：话题选择之道，在于应以交谈对象为中心。例如，与医生交谈，宜谈健身祛病；与学者交谈，宜谈治学之道；与作家交谈，宜谈文学创作等。它适用于各种交谈，但忌讳以己之长对人之短，否则“话不投机半句多”。因为交谈是意在交流的谈话，故不可只有一家之言，而难以形成交流。

2. 忌谈的主题

在各种交谈之中，有下列几类具体的主题理应忌谈。

一是个人隐私。个人隐私，即个人不希望他人了解之事。在交谈中，若双方是初交，则有关对方年龄、收入、婚恋、家庭、健康、经历等一类涉及个人隐私的主题，切勿加以谈论。

二是捉弄对方。在交谈中，切不可对交谈对象尖酸刻薄，油腔滑调，乱开玩笑，口出无忌，要么挖苦对方所短，要么调侃取笑对方，成心要让对方出丑，或是下不了台。俗话说：“伤人之言，重于刀枪剑戟。”以此类捉弄人的主题为中心展开交谈，定将损害双方的关系。

三是非议旁人。有人偏好在交谈之中传播闲言碎语，制造是非，无中生有，造谣生事，非议其他不在场的人士。其实，人们都知道“来说是非者，必是是非人”。非议旁人，不证明自己待人诚恳，反倒证明自己少调失教，是拨弄是非之人。

四是倾向错误。在谈话之中，倾向错误的主题，例如，违背社会伦理道德、生活堕落、思想反动、政治错误、违法乱纪之类的主题，亦应避免。

五是令人反感。有时，在交谈中因为不慎，会谈及一些令交谈对象感到伤感、不快的话题，以及对方不感兴趣的话题，这就是所谓令人反感的主题。若这种情况不幸出现，应立即转移话题，必要时要向对方道歉，千万不要没有眼色，将错就错，一意孤行。这类话题，常见的有凶杀、惨案、灾祸、疾病、死亡、挫折、失败等。

三、交谈的方式

进行交谈，还要注意具体方式。在此有以下一些技巧可以运用。

1. 双向共感

交谈，究其实质乃一种合作，因此在交谈中，切不可一味宣泄个人的情感，而不去考虑交谈对象的反应。

行政礼仪规定，在交谈中应遵循“双向共感”规则。这一规则具有两重含义：

一是双向。它要求人们在交谈中，要注意双向交流，并且在可能的前提下，要尽量使交谈围绕交谈对象进行，无论如何都不要妄自尊大，忽略对方的存在。

二是共感。它要求在交谈中谈论的中心内容，应使彼此各方共同感兴趣，并能够愉快地接受，积极地参与；不能只顾自己，而不看对方的反应。遵守这条规则，是使交谈取得成功的关键。

2. 神态专注

在交谈中，各方都希望自己的见解为对方所接受，所以从某种意义上讲，“说”的一方并不难，往往难就难在“听”的一方。古人曾就此有感而发："愚者善说，智者善听。"

"听"的一方在交谈中若能够表现得神态专注，就是对"说"的一方的最大尊重。要做到这一点，应重视如下三点：

一是表情认真。在倾听时，要目视对方，全神贯注，聚精会神。不要用心不专，明显地走神。

二是动作配合。当对方观点高人一筹，为自己所接受，或与自己不谋而合时，应以微笑、点头等动作表示支持、肯定，或暗示自己与之"心有灵犀一点通"。

三是语言合作。在对方"说"的过程中，不妨以"嗯"声或"是"字，表示自己在认真倾听。在对方需要理解、支持时，应以"对"、"没错"、"真是这么一回事"、"我有同感"，加以呼应。必要时，还应在自己讲话时，适当引述对方刚刚所发表的见解，或者直接向对方请教高见。这些方法都是在以语言同对方进行合作。

3. 措辞委婉

在交谈中，不应直接陈述令对方不快、反感之事，更不能因此伤害其自尊心。必要时，在说法上应当力求含蓄、婉转、动听，并留有余地，善解人意，这就是所谓的措辞委婉。

例如，在用餐时要去洗手间，不宜直接说"我去方便一下"，而应说"我需要出去一下"，"出去有点事"，或者"出去打个电话"。若来访者停留时间过长，从而影响本人，需要请其离开，不宜直接说"你该走了"，"你待得太久了"，而应当说"我不再占用你的宝贵时间了"等。这些均属委婉语的具体运用。

在交谈中，运用委婉语可采用以下方式：其一，旁敲侧击。其二，比喻暗示。其三，间接提示。其四，先肯定，再否定。其五，多用设问句，不随便使用祈使句。其六，表达上留有余地。

4. 礼让对方

在交谈之中，务必要争取以对方为中心，处处礼让对方、尊重对方，尤其是要避免出现以下几种失礼于人的情况。

一是不始终独白。既然交谈讲究双向沟通，那么在交谈中就要目中有人，礼让他人，要多给对方发言的机会，让大家都有交流的机会。不要一人独白，侃侃而谈，“独霸天下”，只管自己尽兴，而始终不给他人张嘴的机会。

二是不导致冷场。不能在交谈中走向另一个反面，即从头到尾保持沉默，不置一词，从而使交谈变相冷场，破坏现场的气氛。不论交谈的主题与自己是否有关，自己是否有兴趣，都应热情投入，积极合作。万一交谈中因他人之故冷场“暂停”，切勿“闭嘴”不理，而应努力“救场”。可转移旧话题，引出新话题，使交谈“畅行无阻”。

三是不随意插嘴。出于对他人的尊重，在他人讲话时，尽量不要在中途予以打断，突如其来、不经允许地插上一嘴。这种做法不仅干扰了对方的思绪，破坏了交谈的效果，而且会给人以自以为是、喧宾夺主之感。确需发表个人意见或进行补充时，应待对方把话讲完，或是在对方首肯后再讲。不过，插话次数不宜多，时间不宜长，对陌生人的交谈则绝对不允许打断或插话。

四是不与人抬杠。抬杠，是指喜爱与人争辩，喜爱固执己见，喜爱强词夺理。在一般性的交谈中，应允许各抒己见，言论自由，不作结论，重在集思广益，活跃气氛，取长补短。若以“杠头”自诩，自以为一贯正确，无理辩三分，得理不让人，非要争个面红耳赤、你死我活，大伤和气，则显然有悖交谈主旨。

五是不否定他人。在交谈之中，要善于聆听他人的意见。若对方所述无伤大雅，无关大是大非，一般不宜当面否定，让对方下不了台。行政礼仪有一条重要的原则，叫作“不得纠正”。它的含义是：对交往对象的所作所为，应当求大同、存小异。若其无关宏旨，不触犯法律，不违反道德，没有辱没国格人格，不涉及生命安全，一般没有必要判断其是非曲直，更没有必要当面对其加以否定。在交谈中不去任意否定对方的见解，就是该原则的具体运用。

5. 适可而止

与其他形式的社交活动一样，交谈也必定受制于时间。虽然说亲朋好友之间的交谈往往“酒逢知己千杯少”，但是实际上它仍需要见好就收，适可而止。这样做不仅可使下次交谈还有话可说，而且还会使每次交谈都令人回味无穷。

普通场合的小规模交谈，以半小时以内结束为宜，最长不要超过一个小时。交谈的时间过久，交谈所包含的信息与情趣难免会被“稀释”。

在交谈中一个人的每次发言，最好不要长于三分钟，至多不要长于五分钟。

令交谈适可而止，主要有四点好处：第一，可以为大家节省时间，以免耽误正事。第二，可以使每名参加者都有机会发言，以示平等。第三，可以使大家的发言提炼其精华，少讲废话。第四，可以使大家对交谈意犹未尽，保持美好的印象。

凡此种种，说明交谈适可而止不仅必要，而且必须付诸行动。

第五节　举　止

在公务活动中，人们的举止往往备受其交往对象的关注。举止行为，亦称举止动作，简称举止或动作，一般是指在外观上可被觉察的人体的具体姿态、动作或者活动。在实践中，不论工作还是生活，一个人总有一系列的举止行为呈现在他人的面前。

根据现代传播学理论，人们的举止行为，事实上可被视为一种表里如一的无声语言。它对于了解一个人的内心世界，把握其真实品行，较之于口头语言通常更具有准确性与可靠性。

个人举止，在公务活动中不但可以传递一定的信息，而且有助于交往双方的双向沟通。具体而言，个人举止在公务活动中所发挥的沟通作用表现为如下四个方面：

首先，有所表达。有时，直言不讳会使交往双方都十分尴尬。此时若能以举止行为表达口头难以表述的信息，则既可传递该信息，又可令双方免于受窘。

其次，适度辅助。倘若能够在进行口头陈述时采用与其相称的举止行为，则可对口头陈述起到一定的辅助与强化作用。如果真正做到了此种“言行一致”，往往会令口头陈述效果更佳。

再次，用以替代。在交际应酬中，经常会出现“此时无声胜有声”的情景。当人们感到难以言说之际，以举止行为代替语言，亦可与他人直接进行沟通或交流。

最后，进行调节。人们在交际中，有时必须对他人的言谈话语、举止行为作出反应，或积极呼应，或热情配合，或不置可否，或漠然视之，或暗示对方适可而止。以举止行为传递种种暗示，可以起到调节双边关系的作用。

在公务活动中，人们应对个人的举止行为有所规范。具体而言，即要求人们必须自觉地做到举止文明、举止优雅、举止敬人、举止有度。

一、举止文明

作为一名现代人，举止文明是对其举止行为的最基本要求。具体而言，举止文明就是要求举止行为不仅要显示出自己的良好教养，而且还应当显示出自己的稳重与成熟。

1. 体现教养

行政人员个人的举止行为，理应显示出其具有的良好教养。在任何情况下，一个有教养的人都会对自己的举止多加检点，对一些细节倍加重视。因为内在美有赖于外在美的表现，一个人的教养和基本素质往往体现在其举止的具体细节中。具体而言，要想通过自己的举止行为展示个人所具备的良好教养，关键是在公务活动中不宜做出某些在社会上被公认为缺乏教养的举止行为。

例如，在外人面前修饰个人仪表，就被公认为一种令人作呕的表现。此外，在公共场合乱扔果皮、纸屑，随地吐痰，或者肆无忌惮、不厌其烦地用手指去抠鼻孔、掏耳朵、剔牙缝，或者擤鼻涕、清嗓子，都毫无文明礼貌可言。

再如，在外人面前整理个人服饰，亦被认为是少调失教的举动。在公务活动中，不允许在大庭广众之下拉领带、解扣子、卷袖子、提裤子、脱鞋子、拽袜子，更不允许当众整理自己的内衣。

2. 表现稳重

除了要杜绝上述缺乏教养的行为外，行政人员的举止还应该显示出自己的稳重与成熟，这不仅可以说明自己阅历丰富，而且可以显示自己教养甚佳、处事有方。因此，在公务活动中应努力做到稳健沉着、不温不火、有条不紊、泰然自若。

要使自己的举止行为显得稳重成熟，就要使自己的举止四平八稳，力戒毛手毛脚。例如，在与别人交谈时切莫手舞足蹈，或者对对方指手画脚。在公共场所行进或就座时应力求悄然无声，而不宜发出噪声影响他人。在他人的办公室或居所停留期间，未经主人允许，千万不要为了满足个人的好奇心而任意翻动他人的物品。

要使自己的举止行为显得稳重成熟，还要努力使自己的举止不急不躁，切忌风风火火。在室外走动时，一般应保持正常速度，不宜快步疾走，或者狂奔而去。前去拜访他人时，应首先敲门或者按响门铃，获得许可后方可入内。千万不能直接推门而入，也不能用拳擂门或是用脚踢门。与他人通电话时，一般应由地位较高者首先终止通话，在对方终止通话前就抢先挂上电话则是十分失礼的。

二、举止优雅

作为一种较高层次上的要求，人们的举止应该力求优雅，即既要高雅脱俗，又要能给人以美的享受。

一般来讲，举止优雅就是要求一个人的举止动作美观、雅致、自然、大方，能够给人以赏心悦目的感觉。在公务活动中，应当力争使自己的举止行为符合这一要求。

1. 美观

所谓举止美观，换言之，就是一个人的举止动作漂亮好看，能够给人以美感。要想做到举止美观，就要对自己的动作有所要求、有所约束，就要认真学习、反复训练，并遵守有关规则。

就操作技巧而论，举止文明与举止美观具有一定的因果关系。一种不文明的举止绝对不会美观，而一种美观的举止则绝对是文明的。但是，此二者并不处在同一层次上。客观地说，举止美观是比举止文明更高层次的要求。

例如，在就座于他人对面时，一位有教养的女士自然知道不宜将自己的双腿叉开。穿裙子时，此点尤为重要。实际上，它仅属于举止文明层面上的要求。如果想要达到举止美观，通常还有一些更高层面的要求，例如，采用“双脚前后式”、“双腿交错式”、“双腿斜放式”或“双腿叠放式”，方可使女性的坐姿与雅致挂钩。

2. 大方

所谓举止大方，就是要求人们在举止上要显得洒脱大方、不卑不亢，不得忸怩作态、拘束怯场，以免给交往对象以缺乏自信、不够开放、眼界不高、怯于交际的感觉。

举例而言，当直接面对他人时，不论对方是熟人还是生人，是同性还是异性，都要正视对方，以示对对方的重视。当对方向我方人员打招呼或介绍其见解时，尤需如此。否则就会给人以过于害羞、小家子气的感觉，有时甚至会给人以目中无人或心怀鬼胎之感。

3. 自然

在力求举止美观、大方的同时，应注意防止矫枉过正。倘若一个人的举止行为给人以勉强、局促、呆板、虚假、做作之感，便谈不上举止行为的真正美观、大方。

所谓举止自然，关键是要求人们在追求举止行为美观、大方的同时，应当力求“顺理成章”或“水到渠成”。具体来讲，以下三点必须予以注意。

一是避免程式化。优雅的举止当然有一定的规则可循。但在讲求有关规则时，需强调表里如一，防止出现只讲究外表而不重视内涵的倾向，致使举止行为勉强、做作、敷衍了事。

二是防止脸谱化。对同一种举止动作，在不同的场合中与不同的对象面前，往往会有一些不同的具体要求。因此不应令自己的个人举止总是墨守成规，甚至僵化不变。

三是力戒戏剧化。可以说，任何一种举止行为，都会被赋予一定的思想感情。不过人们日常的举止行为，往往“平平淡淡才是真”，所以没有必要使自己平时的举止行为过于戏剧化，不宜令其矫揉造作、虚张声势、华而不实。

三、举止敬人

一个人的举止，通常都会自觉或不自觉地展现出其对待他人的基本态度和看法。在公务活动中，对这个问题绝对不能忽略。

在一般情况下，人们应诚心诚意地通过自己的举止行为来向交往对象表达敬重之意，此即所谓的举止敬人。具体而言，举止敬人的基本要求有以下两个具体方面。

1. 表达重视

平时，行政人员应以举止来表达对其交往对象的重视。不论什么时候，都不允许因自己的举止行为而给人以忽视对方、目中无人之感。

例如，接待外国友人时，应为身为客人的外方人士引导带路，并且在通过房门时为之开门或者关门。在与外方人士交谈时，不可东张西望、查看手机、摆弄手指，或者抱臂端肩，如此种种表现，均会在无形之中使对方产生被冷落、被忽视之感。此外，斜视对方或盯视对方，也是极为不妥的。

2. 展现敬意

平时，行政人员应以个人举止来展现对其交往对象的敬意。不论什么时候，举止行为都不能傲慢无礼，以致失礼于人。

例如，在就座于大庭广众之前时，切莫当众高翘“二郎腿”，尤其是不可以自己的脚尖指向他人，或者脚尖晃动不止。

在公众场合，礼敬他人的最佳坐姿应当是规规矩矩地正襟危坐。至少在就座时，应使自己侧身与对方相向，并切莫使自己的上身仰身斜靠在椅背上，双腿放肆地向前方直伸过去，或者将自己的脑袋反反复复地晃动不止。

四、举止有度

每一个有教养的人，都会使自己在正式场合的一切举止行为表现得适时、适事、适宜、适度，即使之合乎常规，符合身份，适应对象，并且配合场合，此即所谓举止有度。举止有度中的“度”，实际上就是有关人们举止行为的基本规矩。适应这个“度”，即可称为举止得体。达不到或者超越了这个“度”，则为举止犯规。

在公务活动中，举止行为方面所应恪守的这个“度”，主要体现在下列两个方面。

1. 普遍性的“度”

普遍性的“度”，又称共性的“度”，它是指在国际社会中通行的有关人们举止行为的普遍性规则。在公务活动中，人们对其不仅要了解得一清二楚，而且还必须认真地予以遵守。

例如，虽说在站立或就座时男女老幼有所不同，但世界各国均要求成年人：“站有站相，坐有坐相”。不仅如此，在许多国家，有关“站相”或“坐相”的规范，往往还都颇为一致。

又如，在现代文明社会里，“蹲”的姿势仅仅在其作为临时姿势或用于非正式场合时才会得到认可。若是在正式场合，或者在众目睽睽之下长时间地采用“蹲”姿，则必定会令人侧目。

再如，在通过他人居所的门槛时，尤其是在通过宗教场所的门槛时，人们普遍认可的正确方式，应当是一跨而过。倘若驻足其上，或者有意对其践踏，在世界上绝大多数地方恐怕都不会被人接受。

2. 特殊性的“度”

特殊性的“度”，亦称为个性的“度”。它所指的是仅仅在个别国家、地区或民族方才适用的有关人们举止行为的特殊性规则。因其适用地域或国家较为狭窄，在国际交往中未必畅行无阻。不过考虑到“入乡随俗”与“客随主便”的需要，人们仍需对其有所了解，以便在必要时予以遵守。

遵守特殊性的“度”的前提，一是应无损于我方人员的国格、人格；二是应保证我方人员的生命安全；三是应绝对有此必要。

例如，世界各国的会面礼节往往大相径庭。除了握手在绝大多数国家普遍适用之外，一些国家所独有的会面礼节在别的国家便难以被接受。中国人传统的“拱手礼”，难以走出自己的国门。而西方国家的“吻手礼”，在中国也鲜有采用。至于仅仅适用于某些地区、某些民族的“吐舌礼”，即与来宾相见时主人用力吐出自己的舌头以示“心如舌红，待人以诚”，则更是为绝大多数世人闻所未闻，并难以推广。

第六节 仪 表

英国文豪莎士比亚曾经说过：一个人平日的修饰，就是其个人教养最为形象的写照。在国际社会上，莎翁的此番高论早已成为人们的普遍共识。

仪表，即一个人的穿着打扮。在任何情况下，人们对自身的穿着打扮都必须高度重视，并一丝不苟，这是赢得交往对象好感与尊重的重要条件。换言之，在公务活动中注意穿着打扮，实际上体现着人们的自尊自爱。

不仅如此，在公务活动中，人们往往将是否注重自身的穿着打扮与是否尊重交往对象直接挂钩。人们普遍认为：一个人穿着得体、打扮到位，直接表示着他对自己的交往对象的好感与尊重。反之，则会被理解为对自己的交往对象漠视冷淡，或是对自己所从事的工作敷衍了事、漫不经心。

具体来讲，个人仪表涉及衣着、饰物、化妆、发型等方面。在这一系列具体问题上，行政人员均应面面俱到，遵守成规。从宏观上来看，在遵守有关具体规定的同时，在个人仪表方面有一些具有普遍意义的基本规则必须予以遵守。

一、符合身份

在现代社会中，每个人都具有一种特定的身份。例如，长辈与晚辈、上级与下级、客人与主人、百姓与官员等。通常，人们的身份都是相对而言的，它往往会随着时间、背景、场合或具体关系的推移演变而有所变化。举例而言，一个人在下级面前是上级，可是到了上级面前则又成为下级。在自己的国家里，人们自然是主人，但一旦到了其他国家，显然又变成了名副其实的外宾。除此之外，每个人往往还会同时身兼数种角色：在父母面前是孩子，在孩子面前是长辈；在外人面前可能是异性、朋友，在家人面前则可能是丈夫或妻子，抑或兄弟姐妹……

正因为如此，在公务活动中，人们不仅要善于明确此时此刻自身的实际角色，为此而进行必要的心理调整或转换，而且还应令自己的穿着打扮符合自己特定的角色。通常情况下，在公务活动中，需要从宾主关系、社会地位和交往程度三个方面对自己的身份进行定位，从而确定自身穿着打扮的基本风格。

1. 宾主关系

宾主关系，即公务活动中主人与客人的关系，此种关系往往在外事活动、日常拜访、公务接待等时刻体现得最为明显。不论充当主人还是客人，穿着打扮均有规可循。

一是主人的打扮。充当主人时，人们的穿着打扮要以高雅大方为基本特色。与此同时，还应注意使自己的服饰较为正式，适当地突出自身的特征。这既符合国际惯例，表达了对客人的重视与尊敬，也体现了主人的自尊自爱。

二是客人的打扮。充当客人时，人们的穿着打扮则应注意如下三点。

其一，牢记入乡随俗，即切勿使自己的穿着打扮触犯主人的禁忌。

其二，谨防喧宾夺主，即不要有意无意过分地突出自己。

其三，尽量中规中矩，即应使自己的穿着打扮“照章办事”。

2. 社会地位

在公务活动中，一个人的穿着打扮应当与自身的社会地位相符合。对于不同年龄、不同性别、不同地域、不同职业的人来讲，穿着打扮的规范不尽相同。总体来讲，要突出大方、简约和特色。

一是大方。仪表大方，主要是要求人们的穿着打扮切忌轻浮与随便。人们的穿着打扮若是过于轻浮，例如，在工作中着装过于裸露、过于短小、过于紧身、过于透明、过于鲜艳，则往往会有损其所代表的国家、民族、地方或单位的形象。人们的穿着打扮若过于随便，则又极有可能给交往对象留下目中无人的不良印象。

二是简约。现代社会是一个崇尚简约自然的社会，因此人们的穿着打扮应力求做到简单而实用，力戒烦琐与浮躁，避免过度前卫。简约的穿着打扮，不仅使人们在日常生活中行动方便，又不会显得过于招摇，非常有利于赢得交往对象的信任。而过于新潮、怪诞、另类的穿着打扮，容易给交往对方造成不稳重、不成熟甚至不可信任的印象，应尽量避免。当然，某些行业的人士对仪表有着一些特殊要求，如演艺界人士等，则不在此列。

三是特色。在个人仪表修饰中突出自身特色，俗话说“干什么就要像什么”，就是使个人仪表符合特定的社会地位。例如，警察、医生、邮递员、消防员、宾馆保洁员、餐厅服务员等均应在工作时间穿着相应的制服并佩戴工作卡，而建筑工人、电器维修工人等则应在工作时间穿戴安全帽、绝缘胶鞋等相应的防护工具。

3. 交往程度

公务活动中的身份确定，亦与双方的交往程度有关。用通俗的话来讲，就是要根据双方的亲密程度来修饰自身的仪容，既不能失敬与人，又不能太见外。总体来讲，与交往对象的关系越亲密，对仪表修饰的要求越“不拘于俗”。

一是一般人际关系时的仪表要求。在与陌生人交往、或在较为正式的场合，应当尤其注意自身仪表的修饰，突出对交往对象的重视与尊敬。例如，参加面试时，应当慎重选择服饰并酌情化淡妆。

二是亲密关系时的仪表要求。在关系亲密的人面前，对自身仪表的修饰则不必拘泥于礼俗。只要是在双方认可的范围内，可以尽量做到简单、方便、舒适。例如，与“闺蜜”相约逛街则不必专门花几个小时化妆和做发型，与女友相约看电影也不必西装革履再夹上公文包。当然，这不是说在亲密关系中不必注重自身仪表，只是根据交往程度的不同，在仪表修饰方面的侧重点有所不同而已。

二、区分场合

在日常生活中，一些人往往不重视依据自身所处具体场合的不同来变更自己的穿着打扮。举例而言，什么时候需要更换自己的服装呢？某些人的回答不是“衣服脏了”，就是“天气变了”，他们很少会想到着装应随场合的不同而加以变化。在公务活动中，此点却是人人应该知道的常识。

一个人的穿着打扮，一定要与自己所处的具体场合相适应。在不同场合中，应依照不同的惯例使自己的穿着打扮有所变化。在常规情况下，公务活动中所遇到的具体场合有公务场合、社交场合与休闲场合。在这三类不同的场合中，人们的穿着打扮应有所区别。

1. 公务场合

所谓公务场合，通常是指人们在正常的上班时间内所置身的工作地点。在公务场合中，穿着打扮的基本要求是正统、端庄、保守。说到底，这些基本要求都是为了确保“上班族要像上班族”、“公务员要像公务员”，都是强调其在工作时的穿着打扮一定要中规中矩。

具体而言，在公务场合中，人们的着装宜为制服、西装、套裙，或者长袖衬衫配以长裤、长裙。至于各式各样的时装、便装，尤其是标新立异的前卫服装，或过于自由散漫的家居装、运动装、牛仔装等，则一律不适宜。下述三点，亦须注意。

一是饰物以少为佳。行政人员此时甚至没有必要选用饰物。若选用饰物过多，或是选用的饰物过于高档，都是不恰当的。

二是适度进行化妆。有时，女士可以化妆，但是必须以自然为基本要求。此即所谓“化妆上岗，淡妆上岗”。应当强调的是，公务场合女士的妆容一定要力戒浓妆艳抹，否则就会显得不伦不类。

三是美发亦有限制。一般来讲，公务场合不提倡染彩发，亦不允许行政人员选择怪异发型。除此两点要求之外，对头发的长度亦有约定俗成的讲究。在肯定男女有别的同时，要求头发不宜过长或过短。

2. 社交场合

所谓社交场合，大都是指人们在上班之余的时间里所置身的公共性交际地点。根据这一解释，聚会、宴会、拜会、舞会、音乐会等，都是典型的社交场合。按照国际社会的普遍看法，社交活动意在结识新朋友、联络老朋友。社交的主旨，是“信息的交流与传递”。社交不仅直接有益于个人人际关系的拓展，而且间接地有助于个人的工作。因此，对社交场合的仪表修饰应当多加重视。

在社交场合中，对人们穿着打扮的基本要求是时尚、典雅、个性，即要求其服饰与时俱进、文明雅致、与众不同。

具体而言，在社交场合中，人们的着装以时装、礼服、民族服装以及个人制作的服装为主要选择。遇到要求身着礼服的场合，男士可以穿深色中山装，女士可以穿单色旗袍。以上两种中式“国服”以及作为后起之秀的唐装，业已成为为世人所认可的中式礼服。通常认为，在社交场合不宜身着过于正式的制服或过于随意的便装。若非军界、警界聚会，身着军服、警服则尤为不妥。与此同时，下列三点亦不可忽略。

一是酌情佩戴饰物。在社交场合中，大家可以酌情佩戴一些饰物。用于社交场合佩戴的饰物，一般讲究档次高、款式新、做工精。那些过于低档、过于落伍或做工过于粗糙的饰物，最好不要佩戴。

二是女性必须化妆。在社交场合中，女士通常必须化妆。其化妆的浓淡，则应与其所处场合相协调。女性若在社交场合不化妆，通常会被视为失礼之举。

三是精心修饰头发。在社交场合中，人们对自己的头发应进行精心的修饰。只要与自己的实际身份相符，人们对于头发的长短、染色与否以及选择何种发型，均可自行定夺。

3. 休闲场合

所谓休闲场合，一般是指人们在闲暇时间内一人独处，或者独自活动于公共场所。较为典型的休闲场合，主要有居家、健身、逛街等。在休闲场合中，对人们穿着打扮的基本要求是舒适、自然、方便。之所以如此，是因为休闲场合被视为非正式场合，与公务场合、社交场合等正式场合自然有所区别。

在休闲场合中，人们的着装以家居装、运动装、牛仔装等为宜。选择 T 恤、短裤、旅游鞋也未尝不可。不过，在休闲场合中切莫选择制服、套装、套裙、时装、礼服等各式适用于正式场合的服装，否则就会显得煞有介事，与休闲场合不甚协调。对下述三点，应予以关注。

一是通常不戴饰物。在休闲场合中，一般没有必要佩戴饰物。即便佩戴，也没有必要披金戴银、环佩叮当、招摇过市，惹人注意。

二是化妆允许自便。女士在休闲场合中对于自己是否化妆的问题可以自便。不过在绝大多数的休闲场合中，化妆往往是没有必要的。

三是美发限制甚少。在休闲场合中，人们的头发只要干净、整洁即可，而无其他任何的限制。

三、遵守常规

公务活动，通常是最讲究规矩的。对个人修饰的一些常规，人们必须认真地遵守，以体现出自身的良好素质，令交往对象刮目相看。

具体而言，人们在穿着打扮方面所需遵守的常规主要包括专业规范、内部规范与社会规范三项。对这三项规范必须兼顾，不得偏废。

1. 专业规范

专业规范，实际上就是指有关穿着打扮的技巧与方法。有道是“内行看门道，外行看热闹”，一个人如果对穿着打扮的专业规范知之甚少，甚至一无所知，其穿着打扮又如何能够做到得体呢？

例如，男士在穿西装套装时必须遵守“三色法则”这一专业规范，即不得令自己全身上下的色彩多于三种颜色。如果忽略了此项专业规范，即使身上穿的西装套装再高档，也难以体现出自身的风采，甚至会贻笑大方。

又如，女士在戴两件以上的饰物时必须遵守“质色相同法则”，即务必要令自己所戴的各件饰物质地相同，色彩相同。若其质地难以相同，也要确保其色彩相同。唯其如此，所佩戴的各件饰物才会彼此协调、相得益彰。如果它们质地不同，或者色彩相去甚远、反差过大，则会显得粗俗低档。

再如，女士在非正式场合穿露趾凉鞋时，通常不宜穿袜子；而若是在正式场合，则穿露趾、露跟的凉鞋亦为不妥。

2. 内部规范

内部规范，在此是指所在单位内部的、有关穿着打扮的具体规范，尤其是有关的明文规定。需要指出的是，人们对此必须无条件地加以遵守。这样做，实际上可以反映出个人良好的业务素质，同时也会使人感觉到其所属的单位管理有方，令行禁止。

具体来看，有关人们穿着打扮的内部规范主要可以分为以下两类。

一是穿着打扮的基本要求。对人们穿着打扮的基本要求，即具体要求其应当如何去做。例如，许多外事单位均要求其全体员工在工作中必须选择正装。还有一些部门，则对工作人员的着装做出了更为具体的规定：男性应穿深色西装套装，女性应穿素色西式套裙等。

二是穿着打扮的主要禁令。对人们仪表修饰的主要禁令，即明确规定其在进行个人修饰时不可以怎样做。例如，一些机关禁止其男性员工蓄留长发，其具体要求是：男士应前发不覆额、侧发不掩耳、后发不及领。此外，有的部门还规定：若无特殊的宗教信仰或民族习惯，则男性员工不宜蓄须。

3. 社会规范

社会规范，此处指的是社会上对人们仪表修饰约定俗成的看法或惯例。任何人都是社会的一员，都难以脱离社会独往独来。因此，人们应对有关穿着打扮的社会规范予以高度重视。

有关人们穿着打扮的社会规范，通常可以具体划分为如下两类：

一是国内社会的规范。国内社会规范的主要适用范围为本国国内。例如，在中国，社会上对人们的仪表修饰都要求朴实无华、典雅含蓄。

二是国际社会的规范。国际社会规范，顾名思义，自然以国际社会为其适用范围。例如，出席宴会或观看正式演出时，国际社会通行的做法是要求出席者身着正规的礼服。在中国，以前并无此种做法。

对上述两类社会规范，大家均应严格遵守。当前者与后者偶尔出现矛盾时，通常应当优先考虑后者，因为后者乃属国际惯例。

第二章 聚会的礼仪

聚会，准确而言，是指人们为了一定的目的，或是为了从事某种活动而聚集会合在某一地方。实际上，聚会就是人们所进行的集体活动。

目前，最常见的聚会形式有会议、仪式、拜访、运动等。有的聚会，往往是为了处理公共事务而举行的，故可称为公务聚会。另外一些聚会，则纯属私人性质的聚会，所以可以把它们称为私人聚会。所有的聚会，都可以被二者包括。参与聚会时，需遵守必要的礼仪规范。这些礼仪规范，就是聚会礼仪。

第一节 会 议

会议，又称集会、开会，它通常是指将人们召集在一起，对某些问题进行研究、讨论、说明的一种社会活动的常规形式。在处理日常性行政事务时，各级行政部门往往召集各种会议，因而行政人员平时必须经常面对各式各样的会议。

不论召集、组织会议，还是参加会议、为会议服务，行政人员都有一些基本守则必须遵守。此类与会议相关的守则，就是所谓的会议礼仪。它的核心内容有会务性工作、会议的座次、会风的端正三项。

一、会务性工作

一次会议能否取得圆满成功，在很大程度上取决于其具体的组织工作进行得如何。凡正规的会议，均需进行缜密而细致的组织工作。具体而言，会议的组织工作在会议进行前、进行时与进行后又各有不同的要求。凡此种种，均可称为会务工作。负责会务工作的行政人员，在具体工作中一定要遵守常规、讲究礼仪、明察秋毫、细致入微，从而做到有备无患。

1. 会议之前

在会议的种种组织工作中，以会前的组织工作最为关键，它的具体质量直接关系到会议的成败。会前的组织工作大体上包括以下四个方面。

一是主题的确定。举行任何会议，皆应首先确定主题。会议的主题，通常是指某一次具体会议所应解决的核心问题及其指导思想。它不但往往直接在会议的具体名称上会有所体现，而且一般还被视为用以确定会议的具体内容、形式、议程、任务、目标、期限、场地、人员、规模、档次的重要的先决性条件。

二是通知的拟发。按常规，举行正式会议均应提前向与会者下发会议通知。会议通知，在此指的是由会议的主办单位发给所有与会单位或全体与会者的书面文件。行政人员主要应做好下述两件事情。

其一，拟好通知。会议通知一般应由标题、主题、会期、出席对象、报到时间、报到地点以及与会要求七项要点组成。拟写通知时，应保证其完整、准确、规范。

其二，及时送达。下发会议通知，应设法保证其及时送达，不得耽搁或延误。

三是文件的起草。会议上所使用的各种文件材料，大体上均应在会前准备妥当。需要准备的会议文件，主要有会议的议程、开幕词、闭幕词、主题报告、大会决议、背景介绍等。准备会议文件时，应注意如下两点。

其一，有的放矢。起草会议文件时，要提倡简明扼要、实事求是、有的放矢，反对无病呻吟、无事生非。此外，还应认真校对文件，防止出差错。

其二，先期发放。在一般情况下，会议的主要文件均应在与会者报到时或报到之前下发，以便使与会者有所准备。

四是常规性准备。负责会务工作时，有必要对会议所涉及的具体细节问题做好充分的准备。

其一，搞好会场的布置。对会议举行的场地要有所选择，对会场的桌椅要有所安排调整，对开会时所需要的各种音响、照明、投影、摄像、录音、空调、通风设备和多媒体设备等，应提前进行调试检查。

其二，与外界进行沟通。会议举行前，应向新闻界、公安保卫部门、会议保障部门进行通报，并要对拟邀请到会的嘉宾进行确认。

其三，对会务人员进行分工。对于参加会务工作的一切人员，均应提前进行分工，使大家职责分明、各负其责。

其四，会议用品的采办。有时，一些会议用品，诸如纸张、本册、文件夹、姓名卡、座位签，以及饮料、音像用品等，事先均需要补充、采购。

2. 会议之时

负责会议进行时具体工作的行政人员，既要临阵不慌、处变不惊，又要在下列五个具体环节上表现得训练有素、一丝不苟。

一是例行服务。会议举行期间，一般应安排专人在会场内外负责迎送、引导、陪同与会人员。对与会的贵宾，以及老、弱、病、残、孕者，少数民族人士，宗教界人士，港澳台同胞，海外华人和外国人，往往还需要进行重点照顾。对与会者的正当要求，应有求必应，对其合理的批评建议则应闻过即改。

二是会议签到。为掌握到会人数，严肃会议纪律，凡大型会议或重要会议，通常要求与会者在入场时签名报到。会议签到的通行方式有三：第一，签名报到。第二，交券报到。第三，刷卡报到。负责此项工作的行政人员，应及时将与会者签到的情况向会议的负责人进行通报。

三是餐饮安排。举行时间较长的会议，一般应为与会者安排会间的工作餐。与此同时，还应为与会者提供卫生、适宜的饮料。会上所提供的饮料最好便于与会者自助饮用，不提倡为其频频斟茶倒水。那样做，往往既不卫生、不安全，又有可能妨碍对方。如果必要，还应为外来的与会者在住宿、交通等方面提供力所能及、符合规定的帮助。

四是现场记录。凡重要的会议，均应进行现场记录，其具体方式有笔记、速记、录入、录音、录像等。既可选择其中的某一种，也可交叉使用。负责会议记录时，不仅要使会议名称、出席人数、时间地点、发言内容、讨论事项、临时动议、表决选举等基本内容面面俱到，而且要求其具体要点完整、准确、清晰。

五是编写简报。会期较长的重要会议，往往会在会议举行过程中编写会议简报，以对会议的过程、反响、动态、内容进行扼要报道，帮助有关方面全盘把握好会议。编写会议简报的基本要求是：快、准、新、简。快，是要求讲究时效；准，是要求准确无误；新，是要求独具新意；简，则是要求字少篇短。

3. 会议之后

会议进行完毕，亦应做好必要的后续性工作，以便使之有始有终。会后的组织工作，大致上应包括以下三项：

一是形成文件。根据实际需要，会议结束后往往应当形成会议决议、会议纪要等专门性的会议文件。此类会议文件不仅是本次会议的主要成果，而且是与会者会后传达、贯彻、落实会议精神的主要依据。形成会议文件时，应集思广益、求同存异、简明扼要、统一口径，具有鲜明的针对性与目的性。

二是处理材料。根据工作需要与有关保密制度的规定，在会议结束后应对与其有关的一切图文、声像材料进行细致的收集、整理工作。收集、整理会议的材料时，应遵守相关的规定与惯例。应该汇总的材料，一定要认真汇总；应该存档的材料，一定要一律归档；应该回收的材料，一定要如数收回；应该销毁的材料，则一定要予以销毁。

三是协助返程。大型会议结束后，主办单位应为外来的与会者提供一切返程的便利。若有必要，应主动替对方联络，提供交通工具，或是替对方订购、确认返程的机票、船票、车票。当团队与会者或与会的特殊人士离开本地时，还可安排专人为其送行，并帮助其托运行李。

二、会议的座次

举行正式会议时，通常应事先排定与会者，尤其是其中重要身份者的具体座次。越是重要的会议，其座次排定往往就越受到社会各界的关注。对有关会场排座的礼仪规范，行政人员不但需要略知一二，而且必须认真遵守。在实际操办会议时，由于会议的具体规模多有不同，因此具体的座次排定便存在一定的差异。

1. 小型会议

小型会议，在此是指参加者较少、规模不大的会议。它的主要特征是全体与会者均应排座，并且不设专用的主席台。

小型会议的排座，目前主要有如下三种具体形式。

一是自由择座。它的基本做法是：不排定固定的具体座次，而由全体与会者完全自由地选择座位就座。

二是面门设座。它的具体做法是：以面对会议室正门之位为会议主席之座。其他的与会者，则可在其两侧自左而右地就座（见图 2—1)。

三是依景设座。依景设座，此处是指会议主席的具体位置不必面对会议室正门，而应当背依会议室之内的主要景致之所在。例如，字画、讲台、装饰墙等。其他与会者的排座，则略同于前者。

2. 大型会议

大型会议，一般是指与会者众多、规模较大的会议。它的最大特点是：会场上应分设主席台与群众席。前者必须认真排座，后者的座次则

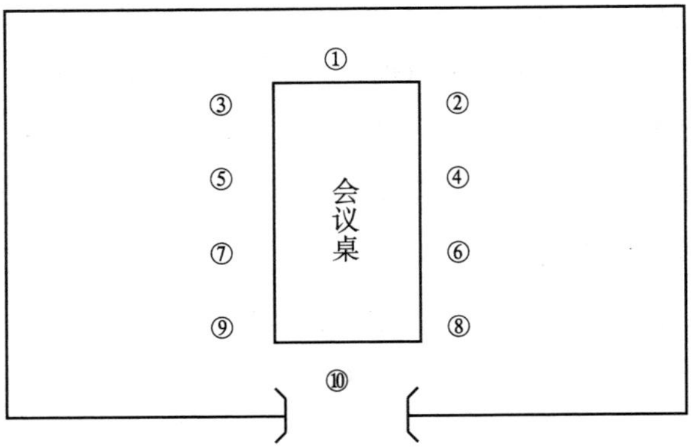

图 2—1　小型会议的排座

可排可不排。

一是主席台排座。大型会场的主席台，一般应面对会场主入口。在主席台上就座的人通常应当与在群众席上的就座之人呈面对面之势。每一名主席台上的成员面前的桌上均应放置双面的桌签。

主席台排座，具体又可分为主席团排座、主持人坐席、发言者席位三个不同的方面。

其一，主席团排座。主席团，在此是指在主席台上正式就座的全体人员。国内目前举行政务会议时排定主席团位次的基本规则有三：其一，前排高于后排。其二，中央高于两侧。其三，左侧高于右侧。具体来讲，主席团的排座又有单数（见图 2—2）与双数（见图 2—3 ）的区分。若就座者为双数，现行的规则是右大于左。

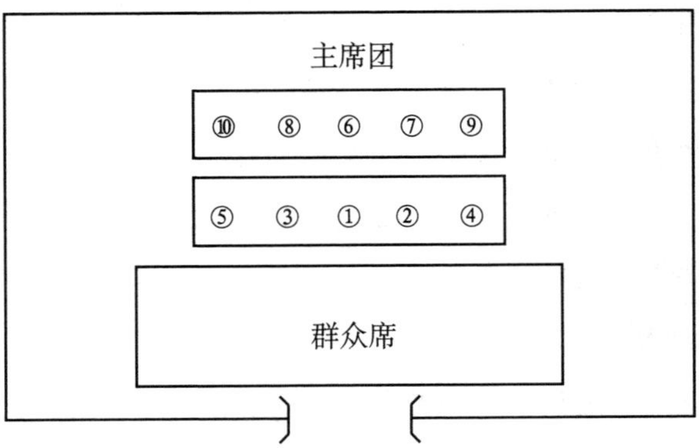

图 2—2　主席团排座之一

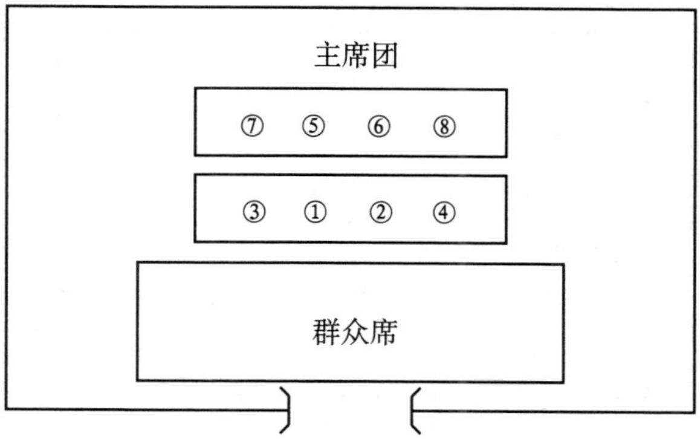

图 2—3　主席团排座之二

其二，主持人坐席。会议主持人，又称大会主席。其具体位置有三种方式可供选择：其一，居于前排正中央。其二，居于前排的两侧（通常为右侧）。其三，按其具体身份排座，但只宜就座于前排。

其三，发言者席位。发言者席位，又叫做发言席。在正式会议上，发言者发言时不宜就座于原处发言。发言席的常规位置有二：其一，主席团的正前方（见图 2—4 ）。其二，主席台的右前方（见图 2—5）。

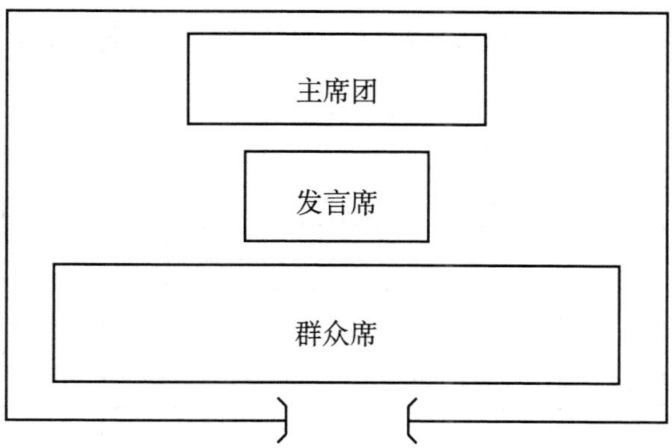

图 2—4　发言者席位之一

二是群众席排座。在大型会议上，主席台之下的一切坐席均称为群众席。群众席的具体排座方式有二。

其一，自由式择座。它指的是不进行统一安排，而由大家自由择位而坐。

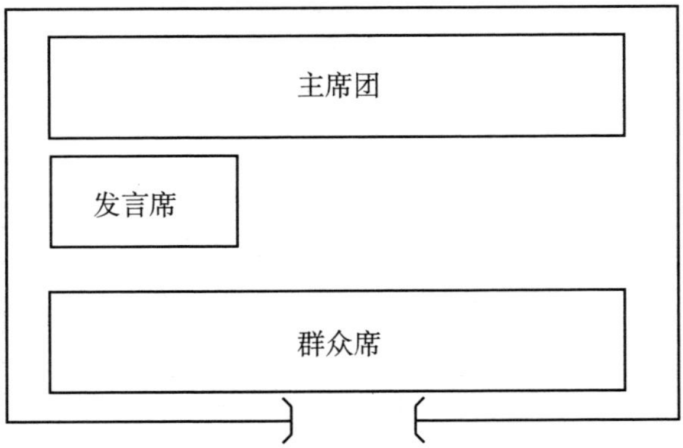

图 2—5　发言者席位之二

其二，按单位就座。它指的是与会者在群众席上按单位、部门或者地位、行业就座。它的具体依据，既可以是与会单位、部门的汉字笔画的多少、汉语拼音字母的前后，也可以是平时约定俗成的顺序。按单位就座时，若分为前排后排，一般以前排为高，以后排为低；若分为不同楼层，则楼层越高，等级便越低。

在同一楼层排座时，又有以下两种普遍通行的方式：其一，以面对主席台为基准，自前往后进行横排（见图 2—6）。其二，以面对主席台为基准，自左而右进行竖排（见图 2—7）。

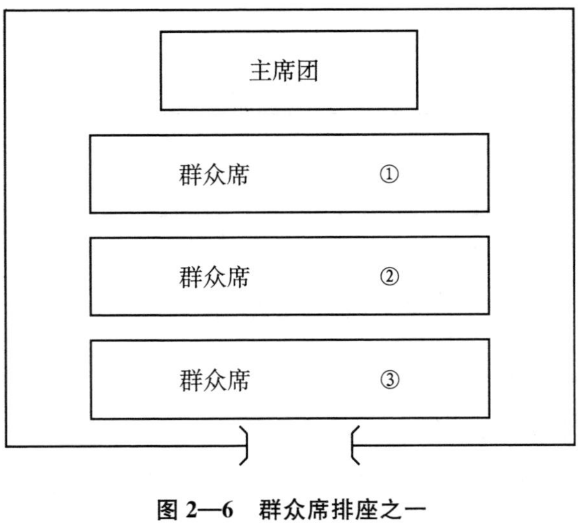

图 2—6　群众席排座之一

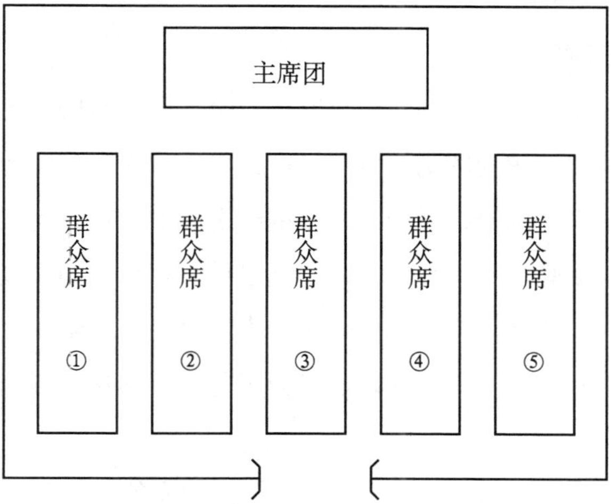

图 2—7　群众席排座之二

三、会风的端正

从当前的实际情况来看，各级行政部门都有必要认真地端正会风，行政人员在这一方面亦需尽一己之力。

1. 改进会风

会风者，会议风气之谓也。从根本上讲，行政部门的会风，实际上体现着其政风。在当前形势下，端正会风有利于端正政风。端正会风，一般应从改进会风做起。

一是反对形式主义。一次会议成功与否，重在其实效如何。因此，开会绝不能搞形式主义，不能将会议的大小、次数的多少等同于自己的政绩。要提倡少开会、开短会，不开可有可无或一无所用的会。

二是严格控制会议。从根本上来讲，应在总体上改进会议形式、提高会议质量的同时，从总量上对会议加以严格而具体的控制，标准要细、执行要严、检查要细、处罚要重，重在形成制度。

三是禁止滥办会议。对会议过多、过杂、过长、过滥，凡事皆会的不正之风要坚决抵制。对开会讲究排场、铺张浪费、假公济私者，尤其是借开会之机大吃大喝、滥发礼品、公费旅游者，则应依照党纪、政纪乃至法律，从严查处。

2. 提高效率

提高会议效率，意即召开会议时，应努力节省时间、人力、物力和财力，并力争取得较为圆满的成果。由此可知，它是各级行政部门当前改进会风的基本目标。提高会议效率的行之有效的良方主要有四个。

一是集中主题。一次会议，最好选定单一而明确的主题。万一有必要同时安排多项重要内容，亦应力求有主有次、主题鲜明。这样做，不仅使会议易于开得扎实而紧凑，而且便于与会者传达、贯彻、落实会议精神。

二是改进形式。允许开会的具体形式灵活多样，重在看其有无收效、能否解决问题。平时，应大力提倡利用电视、电话、广播、互联网等现代化电子媒体举行会议。

三是压缩内容。作为会议的组织者，应删除一切可有可无的会议内容。一般性质的内容，可代之以书面材料。不提倡各级领导出席与自己本职工作并无任何关联的会议。

四是限定时间。对会议的起止时间、休息时间、发言时间、讨论时间，应有明确规定，并严格执行。这一措施，显然有助于纠正会议冗长、拖沓的不良风气。

3. 严守会纪

出席会议时，每一位行政人员均应严守会议纪律，以“从我做起”来切实地端正会风。

一是遵守时间。参加会议时，一定要严格、自觉地遵守有关会议时间以下几方面的具体规定。

其一，准时到会。任何会议的出席者均应按时到会，并适当提前，不得无故迟到、缺席。

其二，正点开会。规定的开会时间一到，即应准点开会。延迟开会时间，是对全体与会者的不恭敬。

其三，限时发言。不仅要限定发言人数，而且应规定发言所用时间的具体长短，以促使其发言时少说精讲。

其四，到点散会。规定的会议结束时间一到，如没有特殊原因，即应宣布散会。

二是维持秩序。在会议举行期间，行政人员应自觉地维护会场的正常秩序，确保会议顺利进行。

其一，各就各位。出席正式会议时，应在指定之处就座。未获许可时，不要自由择座、争座抢座，不得东游西逛、中途退场。

其二，保持安静。会场的安静是会议顺利进行的基本条件。除正常的鼓掌外，严禁制造任何噪声。

其三，遵守规定。对有关禁止录音、录像、拍照、吸烟，以及使用移动电话等会议的具体规定，应认真遵守。

三是专心听讲。参加会议时，行政人员应认真而专注地听取一切发言。这既是对发言者的尊重，也是自己把握好会议精神的前提。

其一，一心一意。当他人发言时，不允许心不在焉，更不得公然忙于他事，显得自己三心二意。

其二，支持他人。当聆听他人发言时，除适当地进行记录外，应注视对方，并在必要时以点头、微笑或掌声表达对对方的支持之意。

第二节 仪 式

礼仪，实际上是礼节和仪式的组合。礼者，敬人之基本要求也；仪者，敬人之表现形式也。由此可知，仪式在礼仪之中居于非常重要的地位。仪式，通常指的是在一些较为重要、盛大的场合，依据规定的程序，按部就班地举行的隆重而热烈的活动形式。谈判、签约、剪彩、庆典等，都是目前常见的仪式。

仪式礼仪的基本要求有以下三点。

其一，隆重。仪式的基本特征是隆重，它通常既庄严又盛大。

其二，适度。仪式的适度，一方面是指仪式不宜多搞，频繁地为举行仪式兴师动众没有任何必要；另一方面则是指要量力而行，切不可动辄大搞仪式。

其三，俭省。举办仪式时，必须始终坚持勤俭节约的原则，应删除那些不必要的，浪费人力、财力、物力的冗杂环节。

一、谈判

谈判，是指彼此存在着某种关系的有关各方，为了保持接触、建立联系、进行合作、达成交易、拟订协议、签署合同、要求赔偿，或是为了处理争端、消除分歧，而坐在一起进行面对面的讨论与协商，以求达成某种程度的妥协。行政人员在处理行政事务时，多多少少都会有一些参加谈判的经历。

大凡正式的谈判，都很注重礼仪。绝大多数正式的谈判，本身就是按照一系列约定俗成的礼仪与程序而进行的庄重的会晤。在谈判中正确的态度是：既要讲究谋略，又要讲究礼仪。若只讲究谋略而不讲究礼仪，或者只讲究礼仪而不讲究谋略，都无助于谈判的成功。二者缺一不可。

从礼仪的角度来看，谈判的有关事项主要体现在谈判的筹划与谈判的方针两个方面，它们互为表里、不可分割，共同决定着谈判的成功与否。

1. 谈判的筹划

谈判的具体形式多种多样，不论面对何种形式的谈判，均应做好充分的准备，以求有备无患。谈判的准备工作，主要有以下两点。

一是技术性准备。技术性准备，在此是要求谈判者们事先充分地掌握有关各方的情况，进行谈判的“谋篇布局”，构思、酝酿正确的谈判手法与谈判策略。在谈判时应当谨记以下四项原则。

其一，客观原则。它是指在准备洽谈时，所准备的资料要客观，决策时的态度要客观。

其二，预审原则。预审原则含义有二：一是指准备进行谈判的行政人员应对自己的谈判方案预先反复审核、精益求精；二是指准备进行谈判的行政人员，应将自己提出的谈判方案预先报请上级主管部门或主管人士审查、批准。

其三，自主原则。自主原则是指行政人员在准备谈判以及在谈判进行之中，要发挥自己的主观能动性，要相信自己，依靠自己，鼓励自己，鞭策自己，在合乎惯例的前提下力争“以我方为中心”。

其四，兼顾原则。兼顾原则是指行政人员在准备谈判以及在谈判过程中，在不损害己方根本利益的前提下，应当尽可能地替谈判对手着想，主动为对方保留一定的利益。最理想的谈判结局应当是：有关各方面的利益和要求都得到了一定程度的兼顾，最终达成相互妥协，形成双赢或者多赢的局面。

在技术上为谈判进行准备时，谈判者应尽力做好以下三个方面的工作。

首先，知己知彼。在谈判前，如能对谈判对手有足够的了解，并就此有所准备，谈判者就能够做到扬长避短、避实就虚，从而在谈判中取得良好的效果，更好地达到预期的目标。

其次，熟悉程序。谈判往往事关重大，所以不允许轻率对待，不允许在“只知其一，不知其二”的情况下仓促上阵。

最后，学习策略。在进行谈判时，总的指导思想是平等互利，但是这并不排斥努力捍卫或争取己方更多的利益。事实上，任何一方在谈判上的成功，不仅需要凭借自身的实力，更需要依靠对谈判策略的灵活运用。

二是礼仪性准备。谈判的礼仪性准备，在此是指谈判者在安排或者准备谈判时，应注重自己的仪表，慎选谈判的场所、安排好谈判的座次，并且以此来显示我方对谈判的重视以及对谈判对象的尊重。

在进行谈判准备时，礼仪性准备与技术性准备相比较而言是同等重要的。

其一，仪表方面的准备。对己方正式出席谈判的人员，在仪表上要有严格的要求和统一的规定。男性应当理发、剃须，不准蓬头垢面，不准留大胡子或者留大鬓角。女性应当选择端庄、素雅的发型，并且应当化淡妆，但不可做过于摩登或超前的发型，不可染彩色头发，不可化艳妆或者使用香气过于浓烈的化妆品。

在仪表方面，服装无疑最值得出席谈判的行政人员重视。由于谈判事关大局，所以谈判者应当穿着传统、简约、高雅、规范的正式服装。

其二，谈判场所的选择。根据谈判举行的地点不同，可以将其分为客座谈判、主座谈判、主客座轮流谈判以及第三地点谈判。客座谈判，即在谈判对手所在地进行的谈判。主座谈判，即在己方所在地进行的谈判。主客座轮流谈判，即在谈判双方所在地轮流进行的谈判。第三地点谈判，即在不属于谈判双方中任何一方的地点所进行的谈判。以上四种谈判地点的确定，应当通过谈判双方的协商来确定。

其三，谈判座次的安排。在谈判中，如果己方身为东道主，那么不仅应当布置好谈判厅的环境，预备好相关的用品，还要对座次的问题予以重视，因为它既涉及谈判者对规范的尊重，也是谈判者给予对手的礼遇。

举行双边谈判时，应当使用长桌或者椭圆形的桌子，宾主应分坐于桌子的两侧。如桌子横放，则面对正门的一方为上座，应属于客方；背对正门的一方为下座，应属于主方。若桌子竖放，则应以进门的方向为准，右侧为上，属于客方；左侧为下，属于主方。

进行谈判时，各方的主谈人应该在自己一方居中而坐。其余人员则应当遵循右高左低的原则，依照职位的高低自近而远地分别在主谈人员的两侧就座。假如需要译员，则应当安排其就座于仅次于主谈人员的位置，即主谈人员之右（见图 2—8 和图 2—9）。

此外，举行多边谈判时，为了避免失礼，按照国际惯例，一般均以

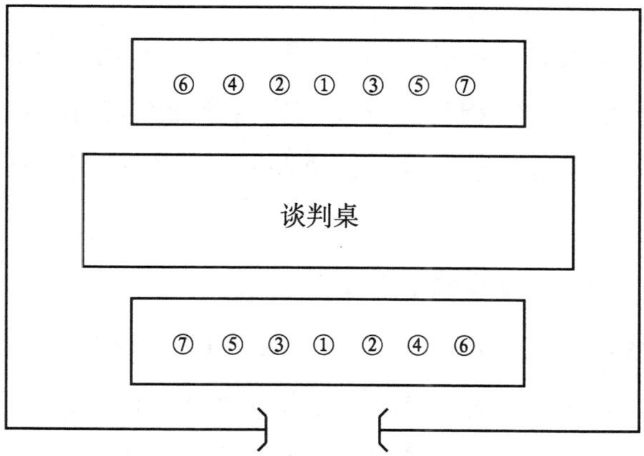

图 2—8　横桌式谈判的座次排列

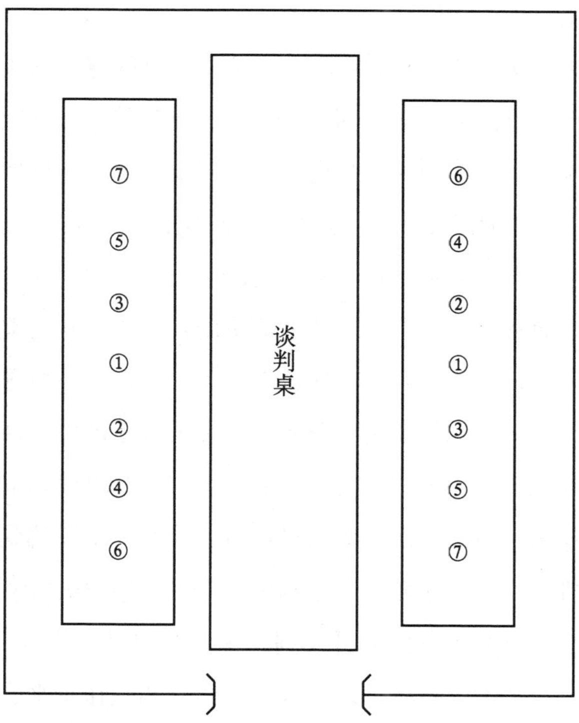

图 2—9　竖桌式谈判的座次排列

圆桌为谈判桌。这样一来尊卑界限就被淡化了，但是即便如此，依旧讲究有关各方的与会人员尽量同时入场，同时就座。至少，主方人员不应在客方人员之前就座。

2. 谈判的方针

在谈判的过程中，双方人员的态度、心理、技巧、方式等，都会对谈判产生重大的影响。相关的行政人员在参加谈判时，首先要更新意识，树立正确的指导思想，并以此来指导自己的谈判表现，此即谈判方针。

掌握谈判方针，应着重关注以下六点。

一是礼敬对手。礼敬对手，就是要求在谈判的整个过程中，要排除一切的干扰，始终如一地礼貌对待自己的谈判对手，处处、时时表现出对对方不失真诚的敬意。在谈判中，面带微笑、态度友好、语言文明、举止得体，有助于消除对手的反感、漠视和抵触心理，有助于赢得对手的尊重和好感。

二是依法办事。谈判自然会牵涉具体的利益问题，这也是谈判中各方所关注的核心点，因而在谈判中，追求己方利益要有一定的限度，并且一定要依法办事。谈判人员所进行的一切活动都必须依照国家的法律办事，只有如此才能真正地通过谈判获得应得的利益，否则，违法办事、铤而走险只会害人害己，得不偿失。

三是平等协商。在谈判中坚持平等协商，重要的是要关注两个方面的问题。第一，要求谈判各方在地位上平等一致、相互尊重。不允许仗势欺人、以大欺小。如果谈判一开始，有关各方在地位上便不平等，那么是很难达成让各方心悦诚服的协议的。第二，要求谈判双方在谈判中通过相互商量求得谅解，而不应通过欺骗、强制等手段达到目的。

四是求同存异。在任何一次谈判中，都没有绝对的胜利者和绝对的失败者。相反，有关各方面通过谈判，多多少少都会获得一定的利益，即达到共赢。谈判中，妥协是通过各方之间的相互让步来实现的，也就是各方都要有所退让。但这种相互让步，并不等于有关各方的对等退让。在谈判桌上只要公平、合理、自愿，只要尽最大可能地维护或者争取到了各自的利益，适当的退让是可以接受的。

五是互利互惠。最理想的谈判结局是：有关各方达成了彼此都能够接受的一致意见，即谈判各方都能互利互惠。谈判从来都是讲究双赢或者共赢的，如果把争取自己的大获全胜和对手的彻底失败来作为谈判的最终结果，那么必将危及己方与对方的进一步合作。

六是人事分开。谈判中，谈判者在处理己方和对手之间的相互关系时，必须做到人事分离，各自分别而论。在谈判时要将对手的人与事分开，就要求行政人员与对方相处时，切记朋友归朋友、谈判归谈判的道理，对二者之间的界限不可混淆。正确的认识应当是：第一，在谈判桌前，大家彼此都对既定的目标志在必得，必然全力以赴，因此不可责怪对方“不够朋友”、“见利忘义”。第二，谈判并不是一场你死我活的战争，因此不可把个人的好恶强加到对手身上，来妨碍自己解决现实问题。

二、签约

签约，即签署合同。在公务往来中，签约往往被视为一项标志着有关各方的相互关系取得了进展的重大阶段性成果。因此，它受到有关各方的极大重视。

根据仪式礼仪的规定，签署合同应当严格地依照规范来讲究礼仪，应用礼仪。在具体的操作时，它又分为草拟合同和签署合同两部分。

1. 草拟合同

从格式上讲，合同的写作有一定之规。它的首要要求是：目的要明确、内容要具体、用词要标准、数据要精确、结构要完整、书面要整洁。违反了上述几点中的任何一点，都有可能给合作双方带来严重的后果。

一般来说，标的、费用与期限被称作合同内容的三大要素。在任何一项合同中，三者应当齐备，缺一不可。如果从具体的条款撰写上讲，一项合同应当至少具备标的、数量或质量、价款或酬金、履约的期限与地点及其方式、违约责任五大基本内容。

除了格式内容上要标准、规范之外，草拟合同时还必须注意以下四个关键性的问题。

一是遵守法律。正式合同一旦签署，任何一方都不得擅自变更或解除。在实际操作过程中，在拟订合同时需要遵守的有关法律、法规主要涉及企业制度、行政法律、国家赔偿等方面。此外，还要遵循我国其他法律与相关的国际法。

二是符合惯例。在草拟合同时，必须优先遵守法律、法规，尤其是必须优先遵守我国的法律、法规。遇上有关法律、法规尚未规定的，则可采用公认的国际惯例。所谓国际惯例，在此是指那些为国际社会所普遍接受的、约定俗成的常规做法。

三是合乎常识。在草拟合同时，必须注意避免犯常识性错误。只有具备相关的常识，才能在工作中得心应手，才能使自己为交往对象所尊重。

四是顾及对手。在草拟合同时，既要“以我为中心”，优先考虑自己的切身利益，又要替对方着想，顾及对方的脸面，并且尽可能地照顾对方的利益，这是促使合同为对方所接受的最佳途径。

2. 签署合同

仪式礼仪规定，为了使有关各方重视合同、遵守合同，在签署合同时，应举行郑重其事的签字仪式。

签署合同之前，通常要做好以下几个方面的工作。

一是布置签字厅。布置签字厅的总体原则是庄重、整洁、清静。一间标准的签字厅，应当在室内铺满地毯。除了必要的用作签字的桌椅以外，其他一切陈设都不需要。正规的签字桌应为长桌，其桌面上最好铺设深绿色的台呢。签字桌应当横放于室内，在其后可摆放适量的座椅。签署双边合同时，可放置两张桌椅，供签字人就座。签署多边合同时，可以仅放一张座椅，供各方签字人签字时轮流就座，也可以为每一位签字人各提供一张座椅。签字人在就座时，一般应当面对正门。在签字桌上，应当事先安放好待签的合同文本以及签字笔、吸墨器等签字时所用的各类文具。在涉外合同签署时，还需要在签字桌上插放有关各方的国旗。插放国旗的位置与顺序，必须按照规范化的礼宾序列而行。

二是安排座次。在正式签署合同时，各方代表均对礼遇非常在意，因而应当认真对待在签字仪式上具体体现礼遇高低的座次问题。签字时，合乎礼仪的做法是：

其一，在签署双边性合同时，应请客方签字人在签字桌的右侧就座，主方签字人则应同时就座于签字桌的左侧。双方各自的助签人应分别站立于各自一方签字人的外侧，以便随时为签字人提供帮助。双方的其他随员，可以按照职位的高低，依次自左到右（客方）或是自右到左（主方）排成一行，站立于己方签字人的身后（见图 2—10）。

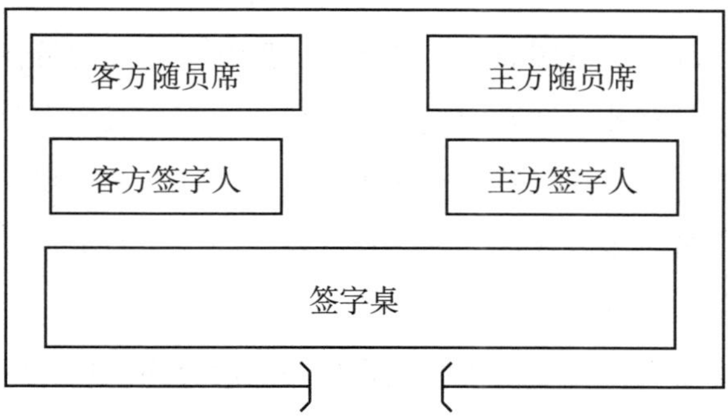

图 2—10　签署双边合同时的座次排列

其二，签署多边性合同时，一般只设一套签字桌椅。各方签字人签字时，必须依照有关各方事先商定的先后顺序，依次上前签字。他们的助签人，应随之一同行动。在助签时，依据右高左低的惯例，助签人应站立于签字人的左侧。与此同时，有关各方的随员，应按照一定的序列，面对签字桌就座或站立（见图 2—11）。

三是预备文本。依照惯例，在正式签署合同之前，应由举办签字仪式的主方负责准备待签合同的正式文本。举行签字仪式，是一桩严肃而庄重的大事。在决定正式签署合同时，就应当拟订合同的最终文本，以避免出现临近签字时有关各方还在为某些细节而纠缠不休的情况。最终签署的文本应当是正式的、不再进行任何更改的标准文本。待签的文本，应当以精美的白纸印制而成，按大八开的规格装订成册，并采用较

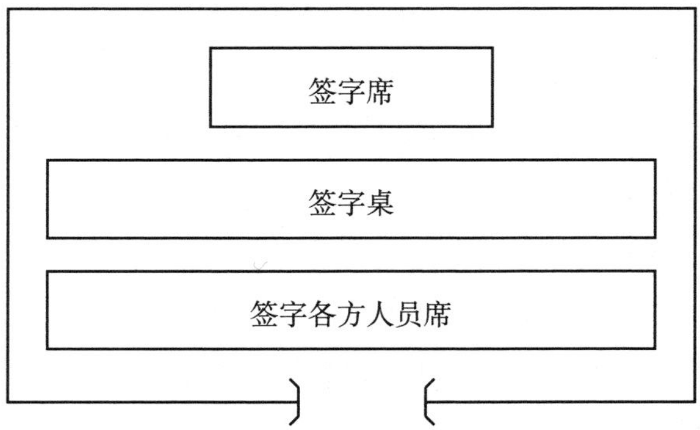

图 2—11　签署多边合同时的座次排列

为高档的材料如皮革、金属、软木等制作封面。

四是规范服装。按照规定，签字人、助签人以及随员在出席签字仪式时，应身着具有礼服性质的深色西装套装、套裙或中山装套装，并且配以白色的衬衫与深色皮鞋。男性还需系上领带以示正规。签字仪式上出现的礼宾人员、服务人员，则可身穿自己的工作制服，或者是旗袍一类的礼仪性服装。

五是确定程序。签字仪式的正式程序一般分为四项，它们依次是：

其一，签字仪式的正式开始。有关各方人员进入签字厅，在既定的位置上各就各位。

其二，签字人正式签署合同文本。通常的做法是：首先签署己方保存的合同文本，再接着签署他方保存的合同文本。每位签字人在由己方保留的合同文本上签字时，按惯例应当排在首位。因此，每位签字人均应首先签署己方保存的合同文本，然后再转交他方签字。此种做法称为“轮换制”，以示各方平等。

其三，签字人交换已由各方签署的合同文本。此时，各方签字人应热烈握手，互致祝贺，并相互交换各自一方刚才使用过的签字笔，以资纪念。全场人员应鼓掌表示祝贺。

其四，有关各方人员互相道贺。交换已签署的合同文本后，有关各方人员尤其是签字人还可当场饮一杯香槟酒，这是国际上通行的用以增添喜庆色彩的做法。

三、剪彩

剪彩，通常是指有关单位或部门，为了庆贺新单位的成立、企业的开工、大型建筑物的启用、道路或者航线的开通、展销会或者博览会的开幕等，而隆重举行的一项礼仪性程序。因其主要活动是约请专人使用剪刀剪断被称为“彩”的红色缎带，故被人们称为剪彩。

一般情况下，在各种各样的开业仪式中，剪彩都是一项极其重要的、不可或缺的程序。剪彩仪式上有诸多的惯例、规则要遵守，其具体的程序亦有一定之规。剪彩的礼仪就是对剪彩一系列的具体做法所要求的基本规范。

从操作的角度来探讨，目前所通行的剪彩仪式主要包括剪彩的准备、剪彩的人员、剪彩的程序、剪彩的方法四个方面。

1. 剪彩的准备

剪彩的准备工作，具体涉及布置场地、环境卫生、灯光与音响的准备、邀请媒体、人员培训等。在进行这些方面的准备时，必须认真细致、精益求精。凡剪彩仪式，以下五件物品尤需认真准备。

一是红缎带。红缎带是剪彩仪式中的“彩”。按照传统做法，它应当是由一整匹未曾使用过的在中间结成数个花团的红色缎带。一般来说，红缎带上所结的花团不仅要生动、硕大、醒目，而且其具体数目往往还同现场剪彩的人数直接相关。红缎带上所结的花团的具体数目，有以下两类模式可依：第一，花团的数目较现场剪彩者的人数多一个。第二，花团的数目较现场剪彩者的人数少一个。前者可使每位剪彩者总是处在两朵花团之间，尤显正式；后者则不同常规，具有新意。

二是新剪刀。按惯例，剪彩宜用新剪刀，必须每位剪彩者人手一把，而且必须崭新、锋利、顺手。事先一定要检查一下被用以剪彩的剪刀是否已经开刃，务必确保剪彩者在正式剪彩时顺利地剪断红缎带，切勿一再补剪。在剪彩仪式结束后，主办方还可将每位剪彩者使用过的剪刀经过包装后送给对方以资纪念。

三是白手套。白手套，此处是指白色薄纱手套，它是专门为剪彩者准备的。在准备白色薄纱手套时，除了要确保数量充足之外，还需使之大小适度、崭新平整、洁白无瑕。

四是大托盘。大托盘，是用来盛放红缎带、剪刀、白色薄纱手套的，它通常是银色的不锈钢制品。为显示正规，可在使用时铺上红色的绸布或红色的绒布。剪彩时，可以一只托盘依次向各位剪彩者提供剪刀与手套，并同时盛放红缎带。也可以为每一位剪彩者配置一只专为其服务的托盘，而使红缎带专由一只托盘盛放。

五是红地毯。红地毯，主要用于铺设在剪彩者正式剪彩时的站立之处。其长度视剪彩者人数的多少而定，其宽度则一般不应在三米以下。

2. 剪彩的人员

除主持人外，剪彩人员主要由剪彩者与助剪者组成。在仪式上，对二者有着不同的要求。

一是剪彩者。在剪彩仪式上，担任剪彩者是一种很高的荣誉。剪彩仪式档次的高低，往往同剪彩者的具体身份密切相关。但为了减少领导同志的负担，一般不提倡安排其参加不必要的剪彩。

一般而言，剪彩者可以是一人，也可以是几人，但是一般不超过五人。确定剪彩者名单，必须是在剪彩仪式正式举行之前。该名单一经确定，即应尽早告诉对方，使其有所准备。按照常规，剪彩者应身着套装、套裙或制服，并将头发梳理整齐。不允许戴帽子或者墨镜，也不允许穿着便装。

剪彩时的位次排列规矩是：中间高于两侧，右侧高于左侧，距离中间站立者越远位次便越低。之所以规定“右侧高于左侧”，主要是因为这是一项国际惯例，应当遵守。若无外宾参加时，执行我国官方的“单数左高”、“双数右高”的习惯做法亦未尝不可。

二是助剪者。助剪者，此处指的是在剪彩者剪彩的过程中在其身旁为其提供帮助的人员。一般而言，助剪者多由东道主一方的女性员工担任。人们对其常规称呼是礼仪小姐。具体而言，礼仪小姐又可分为迎宾者、引导者、服务者、拉彩者、捧花者、托盘者。一般情况下，迎宾者与服务者往往均不止一人。引导者既可以是一个人，也可以为每位剪彩者各配一名。拉彩者与捧花者的人数，视花团的数目而定。托盘者可以为一人，也可以为每位剪彩者配备一名。

3. 剪彩的程序

在正常情况下，剪彩仪式应当在即将启用的建筑、工程或者展销会、博览会的现场举行。正门外的广场、正门内的大厅，都是可以优先考虑的。对活动现场可以略作装饰，在剪彩之处悬挂写有剪彩仪式具体名称的大型横幅更是必不可少。

剪彩的具体程序，通常包括以下六个方面。

一是来宾就位。在剪彩仪式上，通常只为剪彩者、来宾和本单位负责人安排坐席。剪彩仪式一开始，即应邀请大家在已安排好的座位上就座。

二是宣布开始。在主持人宣布仪式正式开始后，乐队应该演奏音乐，现场可燃放鞭炮，全体到场者应热烈地鼓掌。此后，应由主持人向全体到场者介绍到场的重要来宾。

三是演奏国歌。正式的剪彩仪式上可演奏国歌。奏唱国歌时，到场者必须全体起立。

四是宾主发言。发言者依次应为东道主单位的代表、上级主管部门代表、合作单位的代表等。他们的发言应当言简意赅，每人不超过三分钟，发言重点分别宜为介绍、道谢和祝贺。

五是开始剪彩。开始剪彩时，全体人员应热烈鼓掌，必要时还可奏乐或燃放鞭炮。剪彩前，应向全体到场者介绍剪彩者。

六是进行参观。剪彩之后，主人应当陪同来宾参观剪彩项目。仪式到此结束。随后东道主可以向来宾赠送纪念性礼品，并以自助餐款待全体来宾。

4. 剪彩的方法

剪彩时，剪彩者的具体操作方法必须符合规范。

一是礼仪小姐登场。当主持人宣布剪彩开始之后，礼仪小姐即应率先登场。在上场时，礼仪小姐应当排成一行行进。从两侧同时登台，或是从右侧登台均可。登台后，拉彩者与捧花者应当站成一行；拉彩者处于两端，拉直红色缎带。托盘者须站立在拉彩者和捧花者身后一米左右处，并且自成一行。

二是剪彩者各自就位。在剪彩者登台后，引导者应在其左前方进行引导，使之各就各位。剪彩者登台时应从右侧登场。当剪彩者均已到达既定位置之后，托盘者应前行一步，到达前者的右后侧，以便为其递上剪刀、手套。

三是主剪者行进在前。剪彩者若不止一人，登台时应排成一行，并且使主剪者行进在前。

四是正式进行剪彩。在正式剪彩前，剪彩者应首先向拉彩者、捧花者示意，待其有所准备后，再集中精力，右手持剪刀，表情庄重地将红色缎带下刀剪断。多人剪彩时，则应注意与他人保持协调一致，力争同时剪断红色缎带。

五是剪彩后的表现。按照惯例，剪彩之后，红色花团应准确无误地落入托盘者手中的托盘里，而切勿使之坠地。剪彩成功后，剪彩者可以右手拿剪刀，面向全体到场者致意。然后放置剪刀、手套于托盘之内，并热烈地鼓掌。接下来可与主人握手道喜，并列队在引导者的引导下由右侧退场。待剪彩者退场后，其他礼仪小姐方可列队从右侧退场。

四、庆典

庆典，一般是对各种庆祝仪式的统称。平时，行政人员参加庆祝仪式的机会是很多的，既有可能奉命为本单位组织庆祝仪式，也有可能应邀去出席外单位的庆祝活动。

对于行政人员而言，组织和参加庆典时，往往会有很多方面的不同要求。庆典礼仪，即有关庆典的礼仪规范。具体而言，它通常是指组织庆典时的基本规范。

庆典的组织，至少要注意确定出席者、来宾的接待、现场的布置、庆典的程序、东道主守则五大具体问题。

1. 确定出席者

确定出席者名单时，始终应以庆典的宗旨为指导思想。一般说来，庆典的出席者应当包括以下人士或单位。

一是上级领导。上级党政领导、上级主管部门负责人，大都对本单位的发展给予过关心、指导。邀请其参加，主要意在表示感谢。

二是社会名流。根据公共关系学中名人效应的原理，社会各界的名人往往对公众最有吸引力。

三是大众传媒。在现代社会中，报纸、期刊、电视、广播、互联网等大众媒体，被称为社会中仅次于立法、行政、司法三权的“第四权力”。邀请它们并主动与其合作，有助于本单位、本部门正面形象的塑造与传播，有助于加深社会各界对本单位的了解和认同。

四是合作单位。在公务活动中，合作单位往往对本单位的工作有很大帮助，请其代表来分享成功的喜悦，是完全应该并且必要的。

五是员工代表。本单位员工是单位的主人，单位每一项成绩的取得都离不开其兢兢业业的工作，所以在组织庆典时，绝不允许将他们的代表排斥在外。

2. 来宾的接待

做好接待工作的最好办法，是庆典一经决定举行，即成立对此全权负责的筹备组。筹备组成员通常应该由各方面的有关人士组成。

一是设立专项小组。筹备组应根据具体的需要，下设若干专项小组，在公关、礼宾、媒体、财务、安保、会务等方面“分兵把守”，各管一项。

二是明确具体工作。接待小组成员的具体工作有以下几项：第一，来宾的迎送。第二，来宾的引导。第三，来宾的陪同。第四，来宾的招待。

凡应邀出席庆典的来宾，绝大多数对本单位都是关心和友好的，因此，当来宾光临时，主人没有任何理由不使他们受到热烈而合乎礼仪的接待，否则会伤害来宾的感情。

3. 现场的布置

举行庆典的现场是庆典活动的中心地点。依据仪式礼仪的有关规范，在布置举行庆典的现场时，需要考虑的问题主要有以下几个。

一是选择地点。在选择地点时，应结合庆典的规模、影响力以及本单位的实际情况来决定。本单位的礼堂、会议厅、本单位内部或者门前的广场都可以选择。在室外举行庆典时，不可妨碍治安或阻碍交通。

二是美化环境。可在庆典现场张灯结彩，悬挂彩引、彩带，张贴一些宣传标语，并且张挂表明相关内容的大型横幅。此外，还可请本单位员工组成乐队届时演奏音乐。但不宜请少年儿童来扮演此类角色，不要使孩子们为此类与之无关之事而影响正常的学习。

三是确定场地。依照常规，场地的大小应与出席人员的数目成正比。

四是准备音响。举行庆典之前，要把音响调整好，尤其是要把供来宾讲话时使用的麦克风与传声设备准备好，绝不允许它们在关键时刻出现问题。对于播放的乐曲，应先期进行审查。切勿届时让工作人员自由选择，随意播放背离庆典主题的乐曲，甚至播放一些凄凉、哀怨，让人心酸和伤心落泪的乐曲，或是不够庄重的诙谐曲和爱情歌曲。

4. 庆典的程序

拟订庆典程序时，有两条原则必须坚持：一是时间宜短不宜长；二是程序宜少不宜多。依照常规，一次庆典大致上应包括下述几项程序。

其一，预备。请来宾就座，介绍嘉宾。

其二，宣布庆典正式开始。全体起立奏国歌。

其三，本单位主要负责人致辞。其内容是对来宾表示感谢，介绍此次庆典的缘由等。其重点则是说明本次庆典的可“庆”之处。

其四，邀请嘉宾讲话。大体上讲，出席庆典的上级主要领导、协作单位及社区关系单位，均应有代表讲话或致辞。

其五，安排文艺演出。此项程序可有可无。

其六，邀请来宾进行参观。此项程序有时也可省略。

5. **东道主守则**

在举行庆典之前，主办单位应当对本单位人员进行必要的礼仪教育或培训，规定好有关的注意事项，并要求大家在临场时务必严格遵守。按照仪式礼仪的规范，作为东道主人员在出席庆典时，应严格注意以下七个方面的问题。

一是仪容整洁。在庆典活动中，东道主一方的全体人员均应仪表整洁。所有出席庆典人员事先均应进行必要的修饰，男性还应剃须。

二是服饰规范。拥有统一式样制服的单位，应要求以制服作为本单位人士的庆典着装。无制服的单位，则应规定出席庆典的人员必须身穿礼仪性服装。届时，男性应当身着深色的中山装套装或深色西装套装，配白色衬衫、素色领带、黑皮鞋。女性则应身着深色西装套裙，配长筒肉色丝袜、黑色高跟皮鞋，或者穿深色的套裤，或是穿花色素雅的连衣裙。

三是遵守时间。遵守时间，是最基本的礼仪规范之一。上到单位领导，下到级别最低的行政人员，都不允许迟到、无故缺席、中途退场。如庆典的具体时间已有规定，则应当准时开始、准时结束。

四是表情庄重。在庆典举行期间，不允许嘻嘻哈哈、嬉皮笑脸，或是愁眉苦脸、一脸晦气、唉声叹气，否则会给来宾留下很不好的印象。在举行庆典的整个过程中，都要表情庄重、全神贯注、聚精会神。

五是态度友善。主方人员态度友善，在此指的主要是对来宾的态度要和善而友好。遇到来宾要主动而热情地问好。对来宾提出的问题要立即予以友善的答复。不能围观来宾，对来宾指指点点，或是对来宾持有敌意。在来宾发表贺词时，要主动鼓掌表示欢迎或感谢。不许向来宾提出挑衅性的质疑、与其辩论，或是对其进行人身攻击。

六是行为自律。参加了庆典，就有义务以自己的实际行动来确保庆典的顺利与成功。要避免因自己的举止失当而使来宾对庆典做出不好的评价。不可随便离开，不可在庆典举行期间到处乱走乱转。不可与周围的人说悄悄话、开玩笑，不要有意无意地表示对庆典毫无兴趣。

七是发言简短。若在庆典上发言，要注意以下四个方面的问题：一是上下场时要沉着冷静；二是要讲究礼貌；三是发言一定要在规定的时间内结束，不可随意发挥，信口开河；四是应当少做手势。

行政人员若有机会参加外单位的庆典时，要“既来之，则安之”，以自己最佳的临场表现，表达对主办方的敬意和对庆典本身的重视。宁肯推辞不去，也不可临场失礼。

第三节 拜 访

拜访，一般是指前往他人的工作地点或私人居所，会晤对方，探望对方，或是与之进行劳动保险方面的接触。不论在公务活动还是在私人交往中，拜访都是人们习以为常的一种交际方式。

拜访是一种双向的活动。在拜访中，访问、做客的一方为客，称为来宾；做东、待客的一方为主，又叫主人。对于宾主双方而言，在拜访中都必须恪守本分，依照相应的礼仪规范行事。下面，分别介绍行政人员做客与待客的常规。

一、做客

做客虽是正常的公务活动中不可缺少的应酬，但若不谙做客之道，则难免会使拜访不尽如人意。就做客礼仪而言，其重要之点有三。其核心之处则在于客随主便，礼待主人。

1. 有约在先

有约在先，是做客礼仪之中最为重要的一条。它的基本含义是：拜访他人，一般均应提前有所约定。不提倡随意进行顺访，尤其是对待一般关系的交往对象不宜充当打乱对方计划的不速之客。

从某种意义上讲，做客需要有约在先，既体现了个人教养，又是对主人的尊重。对此，绝对不可予以省略。

预约拜访时，要重视的一共有三个方面的具体问题。

一是约定时间。在约定拜访时，一定要在两相情愿的前提下，协商议定到访的具体时间与停留的具体时间。对主人所提出的具体时间，应予以优先考虑。由客人自己提出方案时，最好给对方多提供几种选择。

在一般情况下，主人本人认为不方便的时间、工作极为忙碌的时间、难得一遇的节假日、不宜打扰的凌晨与深夜，以及常规的用餐时间和午休时间，都不宜用作拜访的时间。

二是约定人数。在预约拜访时，宾主双方均应事先向对方通报届时到场的具体人数及其各自的身份。在公务拜访中，这一点尤其重要。宾主双方都要竭力避免使自己一方中出现对方所不欢迎，甚至极为反感的人物。

通常，双方参与拜访的人员一经约定，便不宜随意变动。做客的一方特别需要注意，切勿任意扩大自己的队伍。在任何时候，来宾队伍过于庞大，都会令主人应接不暇，手忙脚乱，干扰其事先所作的安排和计划。

三是如约而至。约定拜访时间之后，必须认真加以遵守，轻易不再更改。万一有特殊原因，需要推迟或者取消拜访，应当尽早打电话通知对方。不要若无其事，让对方空等。当下次与对方见面时，最好还要再次表示歉意，并说明一下具体原因。

登门进行拜访时，最好准时到达，既不要早到，让对方措手不及；也不要迟到，令对方望眼欲穿。

2. 上门有礼

登门拜访做客时，有以下几条礼仪规范是人人皆需认真遵从的。

一是先行通报。抵达主人办公室或私人居所门外后，应首先采用合乎礼仪的方法，向对方通报自己的到来。可请其秘书或家人转告，也可以敲门或揿门铃。敲门之时，宜以食指轻叩两三下即可；揿门铃的话，则让门铃响两三声即可。若室内没有反应，过一会儿再作一次。千万不要用拳头擂门，用脚踢门，把门铃按个不休，或者在门外大呼小叫，骚扰四邻。

即便与主人关系再好，也绝对不要不打任何招呼便推门而入，否则极有可能遭遇让人尴尬的场面，令自己进退两难。

二是问候施礼。与主人相见，应当向对方主动问好，并且与对方握手为礼。同对方假如初次谋面，则还应进行自我介绍。遇到主人的同事、亲属时，应当主动向对方打招呼、问好，而不宜旁若无人，不搭不理。

前往亲朋好友的私人居所做客时，可为对方携带一些小礼物，诸如鲜花、糖果、书籍、光碟等。在进门之初，一般即应向主人奉上自己的礼物，不要等到告辞时再说。

三是轻装上阵。做客之前，对个人的着装要进行认真的选择。越是正式的拜访，就越要注意这一点。在一般情况下，拜访时的着装应当干净、整洁、高雅、庄重，过分轻佻、随便的服装是不宜选择的。

务必要关注着装的某些重要细节，例如，袜子一定要无洞、无味。不然进门后一旦需要更换拖鞋，可能就要当众出丑。

进门之后，按照常规，应当自动地脱下外套，摘下帽子、墨镜、手套，将其暂放于适当之处。如果携带了大一点的手袋，可在就座后将其放在右手下面的地板上。若将其置于桌椅上，则是不适宜的。这一规范，通常被简称为“入室后的四除去与一放下”。

四是应邀就座。被主人邀请进入室内时，应主动随行于主人身后，而切勿抢先一步，随意前行。在一般情况下，主人会邀请来客在其指定之处就座，届时恭敬不如从命。

在就座时要注意三点：一是不要自行找座；二是与他人同至时应相互进行谦让；三是最好与其他人，尤其是主人，一起落座，而切勿抢先落座。

有的时候，拜访他人时未被主人相邀入室，则通常表明自己来的不合时宜。知难而退，是此刻的最佳选择。切勿不邀而入，或是探头探脑向室内进行窥视。

3. 为客有方

在他人的办公室或私人居所做客期间，一定要注意围绕主题、限定范围、适时告退三件要事。在这些方面，绝对不允许出现大的闪失。

一是围绕主题。任何一次登门拜访，都必然有其目的性。既然如此，那么在拜访做客之时，就应当使自己的所作所为紧密地围绕着自己进行拜访的主旨而行，绝对不允许"跑题"。

在一般情况下，在拜访之时，宾主双方都要尽快地直奔主题，接触实质性的问题，并力争解决问题。不要临阵怯场，言不及义；或是随意变更主题，令双方无所适从。

二是限定范围。要使拜访围绕主题而行，一项得力的措施是：客人应当自觉地限定个人的交际范围与活动范围。

做客时限定交际范围，就是要求客人不要对主人的亲属、友人表现出过多的兴趣。例如，询问对方与主人的私人关系，就未必合适。

做客时限定活动范围，则是要求客人尊重主人的个人隐私，切勿未经允许便在其室内到处乱窜，或是随便乱动、乱拿、乱翻主人的个人物品。

三是适时告退。拜访之时，务必要适可而止。如果客人与主人双方对会见的时间长度早已有约在先，则客人务必要谨记在心，认真遵守。假如双方无此约定，通常一次一般性的拜访应以一小时为限。初次拜访，则不宜长于半个小时。

在拜访之中遇有他人到访，应适当缩减停留时间，不要有碍于主人，更不要硬找对方攀谈一番。

一旦提出告辞，便要"言必信，行必果"。任凭主人百般挽留，都要坚辞而去。不要一而再、再而三地拖延时间，赖着不走。

在出门以后，即应与主人握手作别，并对其表示感谢。不要听任对方一送再送，或是长时间地在门外与主人恋恋不舍。

二、待客

作为主人，不可不习待客之道。待客之道的核心，在于主随客便，待客以礼。这一指导思想，主要落实于以下三个方面。

1. 细心安排

与来访者约定拜访之后，主人即应着手从事必要的准备工作，以便令客人到访时产生宾至如归之感。主人先期需要准备安排的，主要有四项工作。

一是环境卫生。在客人到来之前，往往需要专门进行一次清洁卫生工作以便创造出良好的待客环境，并借以完善个人的整体形象，同时体现出对来客的重视。不要忘了“一室不扫，何以扫天下”的古训。

进行清洁卫生工作的重点，应当是门厅、走廊、客厅、餐厅、阳台、卫生间等来客必经之处。此外，对于门外、楼梯等公众共享空间的卫生，亦应加以注意，不要只顾“自扫门前雪”。

二是待客用品。通常，有客来访之前，需要准备好必要的待客用品，以应客人之需。在一般情况下，必不可少的待客用品有以下四类。

其一，饮料、糖果、水果和点心。它们被戏称为中国人款待来客的“四大名旦”，通常在待客时必须做到有备无患。

其二，香烟。鉴于吸烟影响健康，所以在待客时可以备有香烟，并相让于人，但是不要勉强对方。

其三，报刊、图书、玩具。它们可供客人，尤其是随其而来的孩子使用。

其四，娱乐用品。有时间的话，宾主可以以之在一起进行娱乐活动，以同享欢乐。

三是膳食住宿。在一般情况下，接待来客时，均应为其预先准备好膳食，并且在会面之初便向对方表明留饭之意。千万不要忽略此事，尤其是不要只顾自己用餐，而不顾招待来客，让对方空腹而归。

假如“有朋自远方来”，还应为其安排住宿。家中或本单位不具备留宿条件的话，事先应向对方说明。在这一问题上，是绝对含糊不得的。

四是交通工具。接待远道而来的客人时，一定要事先考虑其交通问题。如果力所能及，则最好主动为其安排或提供交通工具。

为来宾安排交通工具，讲究善始善终，不但来时要管，走时也要管。这样做，不仅是为客人排忧解难，而且也能体现主人的待客之诚与善解人意。

2. 迎送礼让

客人到来之时，主人对其欢迎与否，客人是十分敏感的。因此，在客人抵达之后，主人所要做的头一件事，就是向对方表示热烈欢迎。当客人告辞时，亦需热情相送。

一是迎候。对于重要的客人和初次来访的客人，主人在必要时要亲自或者派人前去迎候。迎候远道来访的客人，可恭候于其抵达本地的机场、港口、车站，或是其下榻之处，并要事先告知对方。

迎接本地的客人，宜在大门口、楼下、办公室或居所的门外，以及双方事先所约定之处。

对于常来常往的客人，虽不必事先恭候于室外，但一旦得知对方抵达，即应立即起身，相迎于室外。

二是致意。与来客相见之初，不论彼此熟悉与否，均应面含微笑，与对方热情握手。在此同时，还应当对对方真诚地表示欢迎，并致以亲切的问候。

在一般情况下，现代人在待客之初，握手、问候与表示欢迎，被视为必不可少的"迎宾三部曲"。随意对此有所删减，即为失礼。

假如客人到来时，自己这里还有家人、同事或其他客人在场，主人有义务为其进行相互介绍。要是任其互不搭理，或是自行进行接触，只能说明主人考虑不周，或是怠慢客人。

三是座次。凡是正式的会晤，宾主双方都会对具体座次的安排极其重视。在公务会晤中，正式的座次排列主要有并列式、分列式、相对式、居中式、主席式、自由式六种。其具体操作方式存在着一定的差异，其适用的场合亦有所不同。

第一，并列式。并列式会晤，一般指的是会晤之时宾主双方并排就座。这种“平起平坐”，往往显示着双方关系密切，地位相近。它具体又分为下述两种情形。

其一，宾主双方共同面对房间正门而坐。这一做法，符合“面门为上”的座次排列规则。双方共同面门而坐时，则应注意“以右为上”，即主人应请客人在自己的右侧就座（见图2—12）。

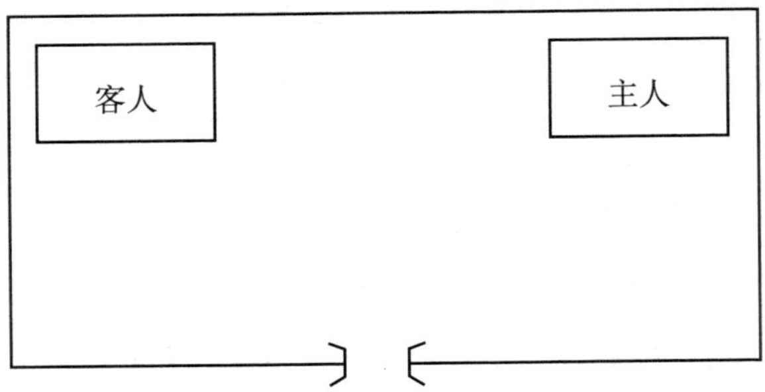

图2—12　并列式会晤的座次排列之一

其二，宾主双方一同在室内右侧或左侧就座。这时，应根据“以远为上”的规则，请客人就座于距房门较远处，而由主人在距房门较近之处落座（见图2—13和图2—14）。

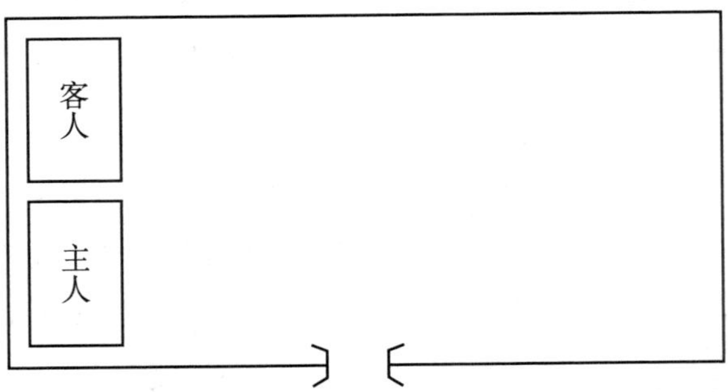

图2—13　并列式会晤的座次排列之二

第二，分列式。分列式会晤，乃属并列式会晤的一种特例。它指的是当主人居左、主宾居右面对会客室房间正门就座时，双方的其他随员按照

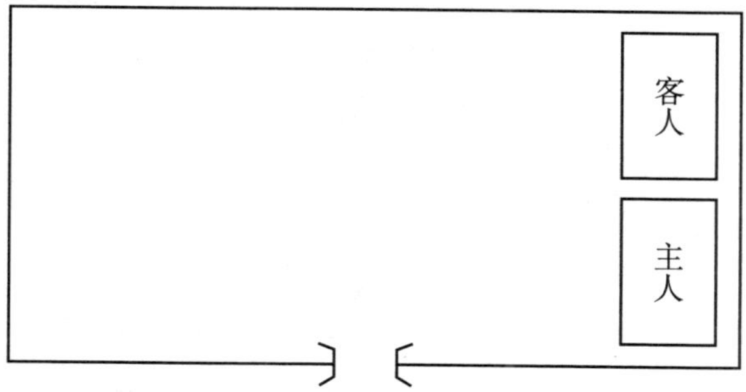

图 2—14　并列式会晤的座次排列之三

一定的礼宾顺序，自高而低地分别在其一侧面对面地就座（见图 2—15）。

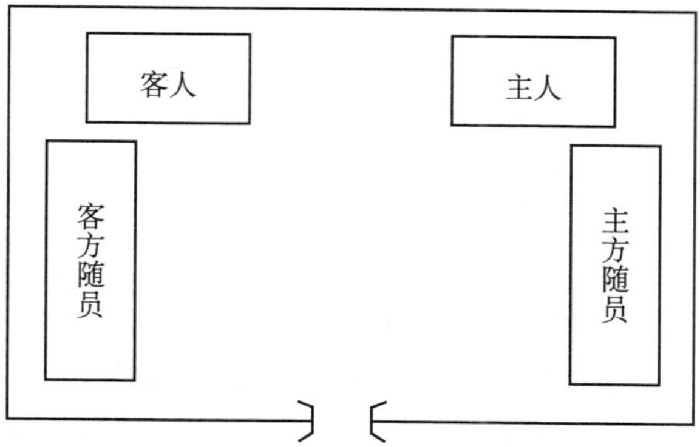

图 2—15　分列式会晤的座次排列

第三，相对式。相对式会晤，一般是指宾主双方面对面地就座。这种“两军对垒”的阵容，有利于双方公事公办，彼此之间保持适当的距离。它具体分为下列两种情况：

其一，宾主双方一方面门而坐，另外一方则背门而坐。按照“面门为上”的规则，前者应为来宾，后者则应为主人（见图 2—16）。

其二，宾主双方在室内左右两侧就座。此刻，进门之后的右侧应请来宾就座，其左侧则应由主人就座（见图 2—17 和图 2—18）。

第四，居中式。居中式会晤，其实是并列式会晤的一种特殊情况。它指的是当宾主双方多人一同并排就座时，通常应遵守“居中为上”的规则，请来宾居中而坐。其两侧的位置，则应由主方人员就座（见图 2—19、图 2—20、图 2—21）。

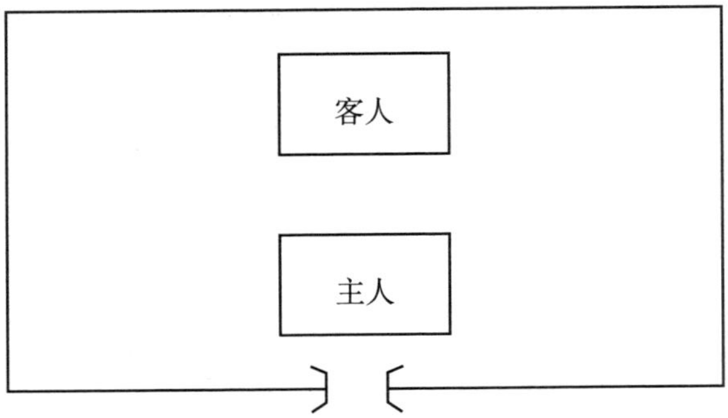

图 2—16　相对式会晤的座次排列之一

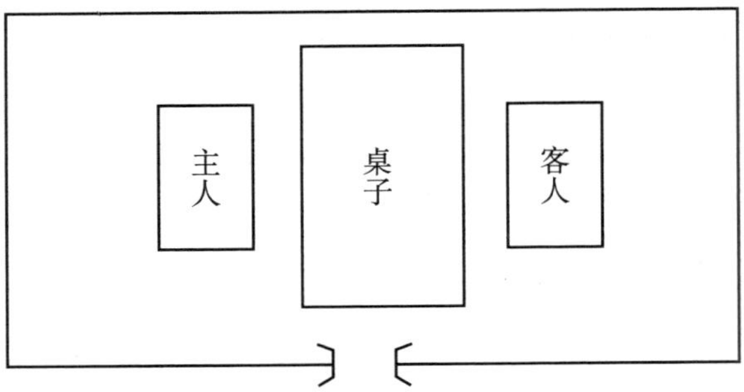

图 2—17　相对式会晤的座次排列之二

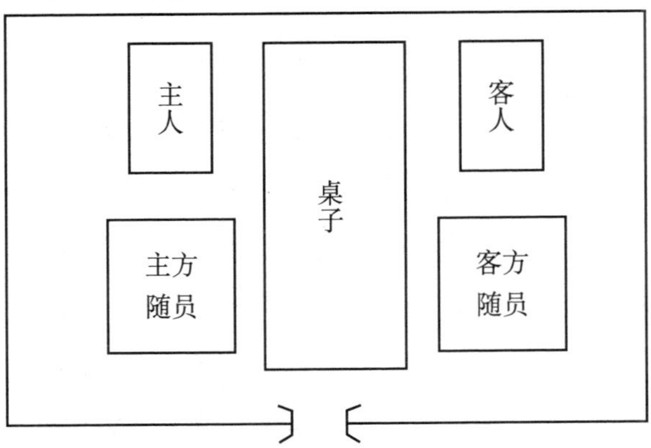

图 2—18　相对式会晤的座次排列之三

第五，主席式。主席式会晤，多见于主方在同一时间、同一地点会晤两方或两方以上的来宾。此时，主人一般面门而坐，其他各方来宾则在其对面背门而坐（见图 2—22）。有时，主人亦可就座于长桌的一端，

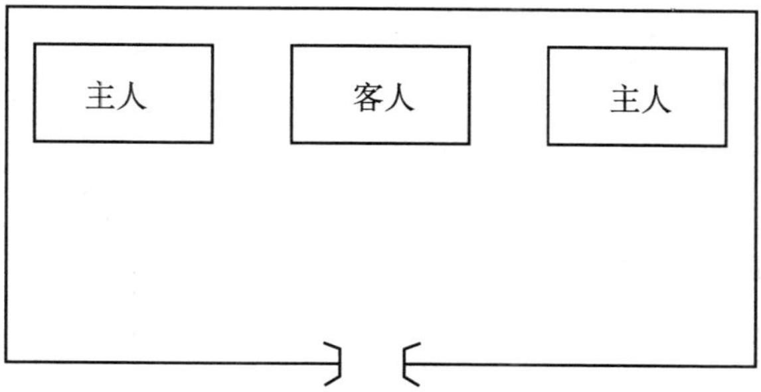

图 2—19　居中式会晤的座次排列之一

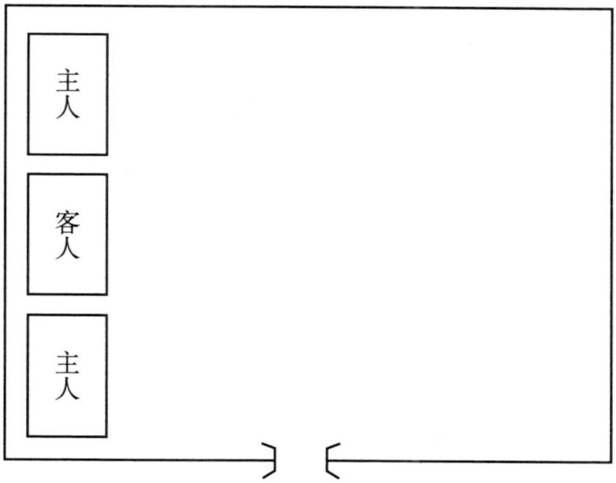

图 2—20　居中式会晤的座次排列之二

而请各方来宾在其两侧就座（见图 2—23）。

第六，自由式。自由式会晤，通常是指举行会晤时各方人员的座次不进行具体的排列，而由大家自由、随意地选择座位。它多用于正式的多边会晤或非正式的双边会晤。

四是均等。有些时候，可能会在同一时间之内接待多方的来访者。遇上了这一情况，一是要注意待客有序；二是要注意一视同仁。

所谓待客有序，是指在与客人握手、问候以及让座、献茶时，要按照惯例“依次而行”。通常讲究女士先于男士，长辈先于晚辈，位高者先于位低者。越是正规的场合，越需要注意这一点。

所谓一视同仁，则是要求主人在接待多方来宾时，在态度上与行动

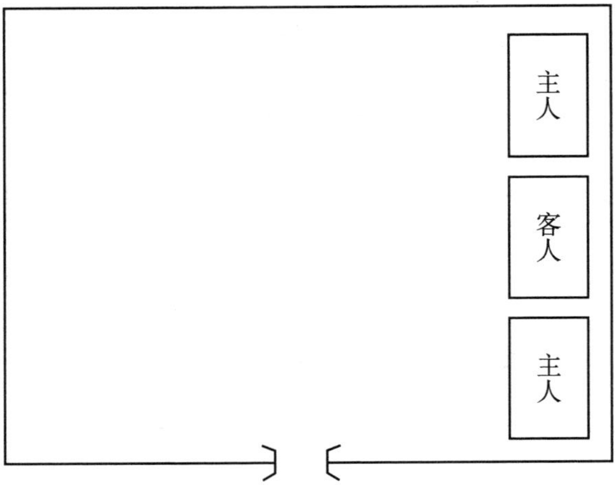

图 2—21　居中式会晤的座次排列之三

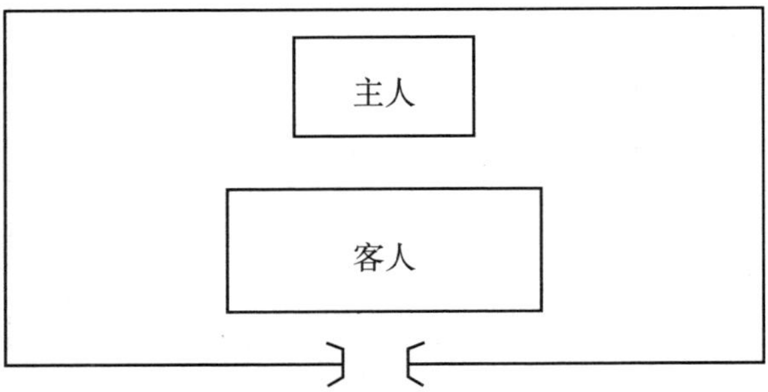

图 2—22　主席式会晤的座次排列之一

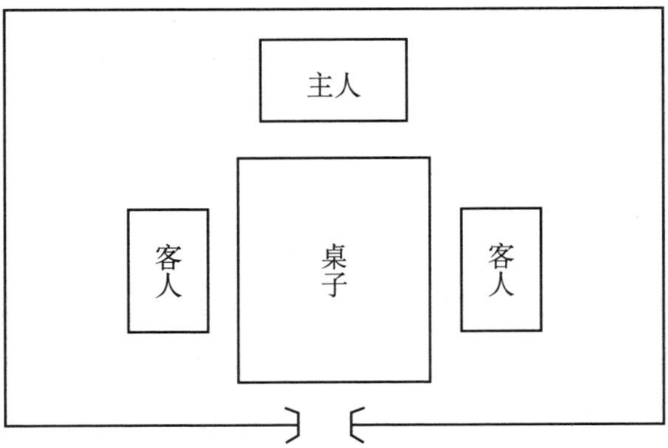

图 2—23　主席式会晤的座次排列之二

上均要对其平等相待，切勿有意分亲疏，论贵贱，厚此薄彼。

五是送别。告辞的要求，应由来客首先提出。届时，主人应认真加以挽留。倘若客人执意要走，主人方可起身送行。

送行的具体地点，对远道而来者，可以是机场、港口、车站或其下榻之处；对本地的客人，则应为大门口、楼下，或是其所乘车辆离去之处。至少要将客人送至室外或电梯门口，不然就算是对客人的失礼。

与客人告别时，要与之握手，并道以“再见”。对难以谋面的客人，还应请其“多多保重”，并请其代向家人或同事致以问候。

在一般情况下，当客人离去时，应向其挥手致意。当对方离开之后，主人方可离开。前往机场、港口、车站为来宾送行时，对方所乘的交通工具若尚未开动，主人抢先离去是不应该的。

3. 热情相待

在待客之时，主人一定要表现出自己的热情、真诚之意。做到了这一点，就会让客人更好地感觉到主人是真心实意欢迎他的。对客人热情相待，应当主要体现于一心一意、兴趣盎然、主次分明三个具体方面。

一是一心一意。有客来访时，客人就是主人的“上帝”，待客就是主人的“工作重心”。因此，在接待客人时，一定要真正做到时时、处处、事事以客人为中心，切勿三心二意，有意无意地冷落客人。

面对客人的时候，爱答不理，闭目养神，大打哈欠，看书看报，听广播，看电视，忙于处理家务，打起电话没完，与家人大聊其天，甚至抛下客人扬长而去，只能说明自己“身在曹营心在汉”，是一名不合格的主人。

二是兴趣盎然。在宾主相处之际，相互之间自然要进行必要的交谈，以便沟通和交流。宾主进行交谈之时，主人不仅要准确无误地表达和接收信息，而且要扮演一个称职的“主持人”和最佳的听众。作为“主持人”，主人需要为宾主之间的交谈引起话题，寻找话题，避免大家相对静坐，无话可说。万一客人之间的交谈不甚融洽时，主人还需出面转移话题。作为听众，主人需要在客人讲话时洗耳恭听，并表现出对此抱有浓厚的兴趣，令对方谈兴骤增，有话可谈。

无论如何，主人都不宜使宾主之间的交谈冷场，或是对客人的谈吐明显地表现出毫无兴致。

三是主次分明。在待客之时，来宾即为主人活动的中心，主人的任何私人事务一般均应从属于、让位于来宾接待这一中心，这是待客时主次分明的第一层意思。

待客时主次分明的第二层意思，则是指在待客之时，此时此刻正在接待的客人应被视为主人最重要的客人。也就是说，对于后到的客人既要接待，又不能为此转而忽略目前正在接待的客人。可能的话，尽量不要让重要的客人同时到场。万一遇上了这种情况，可以合并在一起进行接待，或是先请他人代为接待一下后来之人，自己打过招呼即应回来。

第四节 运 动

对于工作与休息之间的辩证关系，现代人已有了越来越多的感悟。目前，不论在社交应酬中还是在工作之余，不少行政人员都经常参加各种形式的运动。人们已经认识到：运动不仅是一种休闲活动，同时又可以用来进行交往应酬，从而促进自己的人际关系。

运动，一般是指体育活动。与常人参加的运动不同的是，行政人员所参加的运动往往既有助于健身也有益于交际。此类运动不但档次较高，而且对具体场地也多有要求。有鉴于此，在参加这类运动时，均要求参加者认真遵守其相关礼仪。

下面，就对人们有可能经常接触的健身、游泳、滑雪、网球、保龄球、高尔夫球等运动项目的礼仪规范略加介绍。

一、健身

在日常生活中，许多人都喜欢在自己方便的时刻前往健身房进行健身活动。到健身房健身时，主要应当遵守下列六条礼仪规则。

1. 有所约定

绝大多数正规的健身房，都设在高档的宾馆、俱乐部之内。前往这类健身房健身，可以购买年卡、月卡，也可以临时购票。无论如何，都必须缴付费用，凭证入内。为了确保自己有规律地定期健身，一定要提前约定，以便使自己的健身时间有所保证。

2. 讲究衣着

在健身房里健身，通常都要求身着正式的健身服。穿着健身服不仅有利于健身运动，而且与周围的环境相协调。在一般情况下，每一位健身者在健身时均应身着健身服。前往健身房健身时，切忌乱穿其他类型的服装，更不允许随便赤膊上阵。需要注意的是，若是在除健身房以外的其他场所身着专门的健身服，往往也会令人啼笑皆非。

3. 目标明确

在健身时，每一位健身者均应有一定的既定目标：要么是瘦身，要么是塑性，要么是美体，要么是放松。为了实现既定的目标，往往要制定专门的方案，并且一定要在健身时循序渐进。若是目标不明确或者不按照预定的计划进行，面对五花八门的健身项目或健身器械眼花缭乱，胡练一通，不但起不了任何作用，而且还有可能伤害自己的身体。

4. 服从管理

一般的健身房，不仅场地开阔、器材繁多，而且健身者众多。因此，一般都实行严格的管理：进门时，健身者要出示凭证；活动时，要注意限时；运动前后，要更换服装；占用场地时，要预先约定；使用器械时，要讲究先来后到；集体锻炼时，要听从口令，统一行动。对于上述合乎情理的要求，健身者必须认真遵守，对有关方面的管理者亦应认真服从。

5. 自练为主

进行健身活动时，一般讲究自得其乐。因此，在具体锻炼时，应当以自练为主。若非集体活动或参加集体项目，通常不必在健身时与他人保持一致。按照常规，在健身房不宜洽谈有关公务或生意上的事情。在健身时，不要随意围观、评价别人，同时也不要任意打断别人的健身，或者动辄向别人讨教健身之道。

6. 尊重教练

一些高档健身房，往往会为初学者安排某一项目或全方位锻炼的教练。对健身者而言，必须对教练加以尊重。在健身时尊重自己的教练，一是要虚心请教，不要不懂装懂。二是要保持耐心，不要指望一蹴而就。三是听从点拨，认真服从教练的合理化要求。不允许对教练不搭不理、吹毛求疵、呼来喝去，更不允许训斥、责骂、侮辱对方。

二、游泳

在各项运动项目中，游泳可以说是最为普及、最受欢迎的项目之一，许多人往往乐此不疲。在游泳时，下列六条礼仪规则是每一名游泳者皆应自觉遵守的。

1. 安全第一

外出游泳时，不论在室内还是在室外，都要选择正规的游泳池或浴场。凡不熟悉具体情况的河流、湖泊、海域，尤其是明文禁止下水的地方，切勿擅自下水游泳。在游泳池或浴场游泳时，亦应量力而行，选择自己所适应的深度与长度。没有外人在场相助时，切勿冒险。

2. 讲究卫生

在公用的游泳池或浴场游泳时，务必要注意个人卫生与环境卫生。患有皮肤病、红眼病以及其他传染病时，不应外出游泳。在游泳时，不应在水中洗浴，不应向水中随口吐痰，更不能在水中大小便。游泳之后，再到水边洗手、洗脚亦不应当。在水畔休息或者在更衣室、淋浴房活动时，不应乱扔废弃物，不应大吃大喝或者吸烟、酗酒。

3. 衣着得体

进入公用的游泳池或浴场之前，应换着较为正规的泳装。按规定，最好还要戴上游泳帽。不穿正规的泳装或者裸体游泳，通常都是不被接受的。应当强调的是，泳装一定要大小合身、松紧合理，面料与色彩符合要求。若是泳装过于肥大、宽松，其面料单薄、色彩为白色或者其他浅色，那么一下水就可能令自己的身体袒露、曝光。

4. 活动适度

游泳既然是一项运动，就应当注意活动适度。在游泳时，不要距离陌生人过近，不要随意追逐、赶超别人。在水中万一不小心碰到了别人的身体，一定要立刻向对方道歉。在水边休息时，不要围观、盯视别人。在外人面前，不要跟自己的恋人表现得过分亲热。在游泳池或浴场之外，不要身穿三角裤或“三点式”招摇过市。

5. 礼让他人

在游泳时，要始终坚持以礼待人。使用更衣室、淋浴房时，应自觉地排队，依次而行。下水之后，尽量不要进入他人活动的水域。当他人进入自己正在活动的水域时，通常应以点头或微笑对对方表示欢迎。在水畔小憩时，切莫占据过多的位置或过大的地盘。凡公用的设施或区域，都应欢迎别人与自己一同使用。

6. 尊重异性

在游泳时，一定要有意识地尊重异性。对于陌生的异性，更是要表现得尊重有加。入水之后，与异性务必要保持距离。对于任何异性尤其是陌生的异性，不要主动上前攀谈，不要尾随其后。未经要求，切勿对异性施以援手。万一异性要求自己提供正当的帮助，可尽力相助。得到异性的帮助之后，应主动向对方道谢。在异性面前，不论与对方是否相识，切不可以言语调戏对方，或者对对方动手动脚。

三、滑雪

与游泳一样，滑雪是目前在国内最时尚、最受人们欢迎的运动项目之一。许多年轻人对它更是情有独钟。一般而言，参加滑雪运动均应前往正规的滑雪场。在滑雪场进行滑雪时，下述四条礼仪规则必须遵守。

1. 着装正规

滑雪运动的参加者必须注意：自己在滑雪时所穿的服装要符合有关

规定。它既要外观醒目、紧身合体、适合运动，又要保暖、防风、防水，不要为了展示自己的个性而执意选择不适宜滑雪的服装。

滑雪时，应戴上滑雪帽、护目镜，并要选择易于辨识的艳色服装，白色、浅色服装最好别穿。

2. 器械专用

在正规的滑雪场滑雪时，通常都应使用专用的滑橇、滑雪杖与滑雪鞋。使用自制或替代之物，往往不安全，也是不允许的。必要时，应向滑雪场租用此类器械。

倘若自己是滑雪初学者，不会使用此类器械，最好先求助于专业教练或其他人士，不要不懂装懂。在滑雪时使用专用器械，也要审慎从事，切勿伤己伤人。

3. 礼待他人

在公共滑雪场上滑雪，难免会与他人有所接触。此刻，滑雪者不论对同行者、工作人员，还是其他滑雪者，都应以礼待之。

在滑雪时，如果与亲朋好友同往，务必要相互照应。对初学者，尤应重点予以关照。不要对同伴不闻不问，更不允许将其孤身一人扔在滑道上。

对滑雪场上的全体工作人员，滑雪者一方面要服从其管理，另一方面则要对其服务表示感谢。

滑雪时，应与其他滑雪者友善相处。使用滑道与运送车时，应当排队。滑雪时，要维持一定的间距。万一碰撞了其他人员，务需道歉。遇到求助者或需要帮助之人，则应立即援助。

4. 重视安全

在各类运动项目里，滑雪是一项危险性较高的项目。作为非专业人士，在滑雪时尤其需要时刻重视安全。

滑雪者尽量不要前往不正规的滑雪场，尤其不要在荒山野岭中滑雪。当自己对滑雪技术几乎一窍不通时，那样做无疑冒着极大的风险。

在正常情况下，不论自己实际水准如何，都尽量不要一人独自滑雪。万一出现问题时无人相助，将十分危险。

滑雪时，一定要选择适宜于自己的滑道，不要在关闭的滑道或禁止滑雪之处滑雪。

滑雪时，自己前面的滑雪者自然拥有优先权，不要刻意催促、追逐对方。打算超越对方时，应以“走右边”或“走左边”来提前进行通报。

四、网球

与保龄球、高尔夫球一道并称为“绅士运动三大球”之一的网球，近年来已在中国十分普及。人们发现，打网球不仅可以适度地运动健身，而且也可以借机开展适当的社交活动。

作为一项绅士运动，打网球时的礼仪规则要求甚多。以下五条，都是网球运动爱好者在打网球时必须自觉遵守的。

1. 预订场地

通常，到正规的网球场打球前都要预订场地。在预订场地时，往往需要说明自己打球的具体时间。如果邀请他人与自己同去打网球而又没有提前订好场地，到时再东找西寻，让“英雄没有用武之地”，是很没有面子的。按预定时间到达场地后，若前面打球的人尚未结束，应当稍等片刻，不要催促对方或者出言不逊，应该让对方打完手头这一局。若自己预定的时间已用完，后边打球的人已到，则应尽快退场，不宜拖延。

2. 着装正规

打网球时，对着装要求很高，大都要求打球者穿着专门的网球装、网球鞋。此外，有人还喜欢使用特制的护腕与发箍。一些专门的网球俱乐部，通常还会要求会员前往俱乐部打球时身着统一的俱乐部网球装。男式的网球装多为白色的 T 恤、短裤，女式的网球装则一般都是白色的连衣裙。打网球时身着正规的网球装，是一种网球场上最基本的礼仪。身着正规的网球装，不仅使打球者英姿飒爽，而且有助于打球与人身安全。在网球场上还有一些有关着装的戒律，赤膊、赤足打网球都是不允许的。

3. 场上谦恭

在网球场上运动时，一定要保持自身的风度。首先，要认真遵守比赛规则，不能为一个球的得失而对比赛对手大呼小叫。其次，不要任意自取或借用他人的球拍，因为人们往往只有使用自己的球拍打球才顺手。再次，如果在比赛时条件于己有利，比如风向或者阳光“照顾”自己等，那么遇上奇数的赛局就要主动与对手交换场地。最后，当比赛开始与告终时，要以微笑或握手等方式向比赛对手致意，但是，没有必要在场上四处奔走、欢呼雀跃、脱衣乱舞，甚至跨越球网。

4. 以礼待人

在打网球的整个过程中，都要自始至终地以礼待人。由裁判裁定比赛时，不允许对裁判的判决当众置疑。请教练或陪练帮助自己打球时，一定要尊重对方的劳动。如果有专门的工作人员在场上替自己捡球，不要忘记向对方道谢。打球时，如果不小心使球滚到别人的场地之内，一定要等对方打完一分时再去捡球。不论请求对方帮自己捡球，还是对方主动帮忙，都要当即感谢对方。别人的球滚到自己场地之内，切莫责备对方。方便的话，要尽快将球投回去。请别人与自己一起打网球，务必要提前几天预约，并且不要勉强对方。在网球场上，最好不要请陌生人帮助自己或与自己赛球。

5. 观看比赛

观看正规的网球比赛，是不少人的个人嗜好。网球比赛既热烈，又刺激，观赏比赛是一种很好的业余消遣方式。大凡正规的网球比赛，都要求观赛者身着正式的礼服，不允许其衣着过于随便。在观赛时，观赛者必须提前购票，凭票入场，并在指定的座位上就座。比赛进行期间，不允许观赛者乱动乱走。只有当一局结束或一场比赛告终时，观赛者方可鼓掌。观赛者需要暂时离座，一定要等到比赛者交换场地之时。随意离座、随便鼓掌，往往会有碍比赛者的情绪，并打扰比赛的连贯性。此外，坐在看台上大吃大喝、高谈阔论，都是不允许的。

五、保龄球

作为一项老少咸宜的运动项目，打保龄球已经成为人们时下社交、休闲的时髦选择之一。人们普遍青睐打保龄球的主要原因，不仅在于其形式文明高雅，而且还在于打保龄球时能够自主控制消费额度。此外，其对体能的要求也并不很高。

打保龄球时，一般有以下四条礼仪规则必须认真遵守。

1. 先来后到

任何一家保龄球馆都有固定数量的球道。自己准备前去打球时，尤其是当自己邀请别人一道前去打球时，最好先向球馆预订好球道，这样就可以避免在现场排队等候之苦。自己按规定时间到达预定的球道后，倘若前面打球的人尚未结束，千万不要打断、驱赶对方，而应当适当地宽让对方一会儿。不过当自己后面有人等候球道时，打球者最好适可而止，尽早相让，而不要指望对方在时间上宽让自己。在任何时候，抢占别人球道或打完球后赖着不走，都会贻笑大方。

2. 更换鞋袜

打保龄时，必须提前更换自己的鞋袜。打球者要事先换上一双干净整洁、无异味、无污迹、无残破的袜子。上场打球前，为了维护球道寿命，球馆按常规均会要求打球者换上专用的保龄球鞋，以其他类型的运动鞋充当代用品是不允许的。一般而言，打保龄球时除了鞋袜，在其他方面对打球者的衣着并无任何要求，不过打球者一定要穿得整齐、端庄、利索。不论是所带的衣物还是其他随身之物，切勿过多。打球前，最好将大衣、外套、雨伞、提包、笔记本电脑等物品存入衣帽间或更衣柜。切勿在现场随处乱放私人物品，那样既容易丢失，又有可能妨碍别人。打完球后，应将租用的球鞋与球交回原处。

3. 保持安静

作为一项室内运动项目，在保龄球馆里每一个人都有义务自觉地保持绝对安静。在球馆之内，千万不要让自己随身携带的手机大声鸣叫。最好不要在别人打球时与其搭话，或者在一旁高谈阔论。需要与别人交流技艺或相互鼓励时，一定要压低讲话的音量。为他人的优异成绩欢呼鼓掌时，亦应点到为止，不要高声喧哗、乱喊乱叫，甚至吹口哨、发出嘘声。

4. 强调技巧

打保龄球时，非常讲究具体技巧，在这方面也要遵守一些基本的礼节。在每次掷球时，应使用自己所选定的同一个球，不要错拿错用别人所选定的球。掷球前，要拿好拿稳，以免失手伤人。在任何时候，都不应在助走道之外掷球，更不允许故意摔球或胡乱掷球。掷球时，切莫超过犯规线。当自己的右侧已有他人准备掷球或自己前面已有先上球道者，应当礼让别人。切莫在左右两侧球道上的人掷球的同时，自己也去掷球，那样大家都可能会走神。在掷球时，切勿嬉皮笑脸，乱出怪样，更不要乱蹦乱跳或全身倒地。在任何情况下，都不要侵入别人正在使用的球道。掷球之后，即应转身返回球员席，不要在球道或助走道上停留过长时间，也不要倒行。

六、高尔夫球

目前，打高尔夫球已被公认为一项颇有情调、较上档次的运动。与此同时，随着社会的进步，它也日益变得普及化、平民化、年轻化。许多人都已有过在高尔夫球场上一试身手的经历。

在正规的高尔夫球俱乐部里打球时，以下五条礼仪规则被公认为人人都要遵守。

1. 目的明确

以往曾经有过一种很时髦的讲法：打高尔夫球时，是大人物敲定生意的最佳时机。实际上，这种讲法只是某些人的主观愿望而已。需要强调的一点是，邀请他人与自己一道去打高尔夫球，必须以本人精通此道为前提。要是自己缺乏自知之明，仅仅为了附庸风雅而在高人面前班门弄斧，很有可能会弄巧成拙。反之，倘若别人不擅此道并且无此要求，最好也不要强邀对方。

2. 装备齐全

打高尔夫球时的重要开支之一，就是专门使用的各项装备。打球时，对于球员的衣着并无过多的苛求。不过为了运动方便，人们都会自觉地放弃面料厚重、款式复杂、透气性差的服装。绝大多数人都爱戴帽子，爱穿棉质的T恤衫和长裤。为了防止损坏场地，上场打球的球员都一定要穿专用的高尔夫球鞋。打球时使用的高尔夫球、球杆、球袋、旗杆、球车，通常都是特制的。需要使用时，可向俱乐部借用，但应爱护，不可损坏或带走。

3. 保护场地

行家都清楚，要打好高尔夫球，场地的好坏至关重要。在打球时，每一名球员都有自觉维护场地的义务。在球场内驾驶球车时，只能在专用的车道上行驶，不得四处乱开，每车一般只宜坐两人，放置两个球袋。在一些区域，球车不宜乱停。不管是行进、击球还是休息时，都要爱惜场地上的草皮。在任何情况下，都要对球道、球洞倍加爱护。对于自己行进或击球时所留下的痕迹，可能的话，应在离去前补平或者填平。

4. 注意安全

如同参加其他运动一样，打高尔夫球时应以保障安全作为基本前提。在试杆或者击球前，一定要提前检查周边地带。地面上的石块、树枝等硬物，都要捡走，不然就可能在挥杆击球时被顺势带起来伤人。与此同时，还应确信挥杆所及之处与落球之处无人活动，以防对方遭到球杆或球的击打。打高尔夫球时的最大乐趣，并不在成绩如何，而在于陶冶心灵。因此，球员需要控制好个人情绪，不要因为击球时令球飞出界外或掉入沙坑、水池而抱怨场地，甚至甩手而去。

5. 遵守顺序

打高尔夫球时，在优先权方面有着一定的规定。若无特殊约定，单独一人的球员没有优先权，应让其他比赛的球员优先通过。两人一组的比赛，一般较三人一组或四人一组的比赛有优先权。打 18 洞完整的比赛者优先。凡赢得前一洞者，对下一洞有先打的权利。成绩相同时，可选择赢得某一洞者先打。如某一组在球场上不能正常行进，并落后前一组超过一个洞，通常应让后一组先打。拥有发球优先权者，可在对手或同组球员之前发球。当球员打完一洞后，应立即离去，以让位于人。

第三章 交往的礼仪

交往礼仪，在此是指行政人员在日常交往中进行通信、联络时所应当遵守的礼仪规范。遵守交往礼仪，是确保维持良好的人际关系，进而使其有所发展的重要前提。其主要内容，有公文礼仪、电话礼仪、书信礼仪、网络礼仪、名片礼仪、演讲礼仪、馈赠礼仪等。其共性在于，它们都是关于某种公务活动媒介的操作规范。

第一节 公　文

公文，通常指的是公务文书。对单位而言，公文就是它的应用文。准确地说，所谓公文，就是行政人员处理其公务时使用的书面文字材料。它的形式多以文字为主，却又不仅限于文字。有时为适应实际需要，图片、图表、录音、软件、光盘、物证等，亦可作为公文重要的有机组成部分。

具体而言，单位的公文在公务活动中发挥着重要的作用。它主要体现在下述五个方面。

其一，法规作用。有的公文，本身就属于司法文书。有的公文，则是法律、法令的具体化。它们都具有强制的约束力，是个人或单位行动的准绳。

其二，指导作用。通过互行公文，上级单位可以传达领导意图，下级单位则可以执行、贯彻领导的意图。这就是公文具有的指导作用的具体表现。

其三，教育作用。通过公文，单位可以自上而下地教育、动员、启发群众，以各种不同的适宜的方式晓谕事理，传达事项。

其四，知照作用。单位之间通过互行公文，可以相互沟通、传递信息、加强联系、掌握实情，更好地提高办事效率，并提高其自身的领导水平。

其五，凭证作用。作为联系工作事项、开展公务活动的书面凭据，单位的公文是其“立言”的真凭实据。因此，它起着公认的“立此存照”的作用。

为了对公文加强管理，使之规范化、制度化，党和政府曾采取过一系列行之有效的具体措施。现行的《党政机关公文处理工作条例》，自2012 年 7 月 1 日起施行。这一文件，是目前行政人员所应遵守的公文礼仪的基础。

公文礼仪，在此即指行政人员在奉命代表单位撰制和办理公文时必须遵循的有关规范与惯例。它不仅体现着行政人员自身的写作修养与工作能力，而且直接关系到单位的工作效率与领导水准。有鉴于此，遵行公文礼仪是行政人员不可推卸的基本职责。

一、法定的分类

在拟行公文时，一定要遵守其法定的分类。不同种类的公文，在实践中不仅有着不同的适用范围与适用对象，而且往往发挥着不同的作用。若对此不予以重视，拟行公文时随意分类、张冠李戴，则会影响公文作用的发挥，甚至还会动摇单位的权威。因此，在《党政机关公文处理工作条例》里，对各级党政机关所行的公文在分类上进行了专门的规定。

在《党政机关公文处理工作条例》里，对行政机关的公文种类具体内容、适用范围和适用对象等都有详细而具体的要求。这些规定，都是在拟行公文时必须遵从的指导方针，具体如下。

1. 决议

按规定，决议适用于会议讨论通过的重大决策事项。

2. 决定

按规定，决定适用于对重要事项作出决策和部署、奖惩有关单位和人员、变更或撤销下级机关不适当的决定事项。

3. 命令（令）

按规定，命令（令）适用于公布行政法规和规章、宣布施行重大强制性措施、批准授予和晋升衔级、奖励有关单位和人员。

4. 公报

按规定，公报适用于公布重要决定或者重大事项。

5. 公告

按规定，公告适用于向国内外宣布重要事项或者法定事项。

6. 通告

按规定，通告适用于在一定范围内公布应当遵守或者周知的事项。

7. 意见

按规定，意见适用于对重要问题提出见解和处理办法。

8. 通知

按规定，通知适用于发布、传达要求下级机关执行和有关单位周知或者执行的事项，批转、转发公文。

9. 通报

按规定，通报适用于表彰先进、批评错误、传达重要精神和告知重要情况。

10. 报告

按规定，报告适用于向上级机关汇报工作、反映情况，回复上级机关的询问。

11. 请示

按规定，请示适用于向上级机关请求指示、批准。

12. 批复

按规定，批复适用于答复下级机关请示事项。

13. 议案

按规定，议案适用于各级人民政府按照法律程序向同级人民代表大会或者人民代表大会常务委员会提请审议事项。

14. 函

按规定，函适用于不相隶属机关之间商洽工作、询问和答复问题、请求批准和答复审批事项。

15. 纪要

按规定，纪要适用于记载会议主要情况和议定事项。

二、公文的撰制

在撰制公文时，行政人员必须严格遵守有关规定和要求，因为任何疏漏都有可能耽误公务的执行。

1. 内容的要求

任何类型的公文，不论发文机关是谁、发文目的是什么，都应当在内容上遵循如下两条基本的指导原则。

一是严守法规。具体而言，公文的观点与内容必须符合国家的法律法规，必须符合党和政府的方针政策。如果发现公文要贯彻的意图与党和国家的有关政策法规相抵触，应及时向领导提出并予以纠正。如果要提出新的政策规定，则应加以具体说明，切勿使之前后矛盾。

二是真实准确。在任何情况下，公文所反映的情况都必须真实、准确。不仅其基本的事实材料要真实，而且其具体的细节、背景、数据也要准确无误。这就要求行政人员深入实际、密切联系群众、实事求是，要克服官僚主义、形式主义与文牍主义，切不可弄虚作假、敷衍了事。

2. 格式化要求

鉴于公文是一种规范性极强的应用文体，行政人员在撰制公文时必须遵守具体的格式化要求。

一是选择恰当的文种。当前我国公文法定为 15 类，每一种都有着既近似但又有所区别的格式化要求。因此，选择恰当的文种是遵守相关公文格式的基础。

各种公文所体现的是不同发文机关的权限范围和行文机关之间的不同关系，并反映着不同的发文目的。因此行政人员在撰制公文时，务必根据本机关的职权地位与发文目的选择恰当的文种，采取相应的格式。

二是遵守具体的格式。公文讲究格式，是公文管理标准化和现代化的必然要求，也是公文合法性的保障。概括地说，公文格式可分为文头、正文、文尾和标记四项具体的内容。

其一，文头。它包括文件名称与发文字号。文件名称由发文机关名称加“文件”两字组成，如“中共中央文件”，往往用套红大字印刷，被称为“红头文件”。发文字号则由发文机关代字、年号、文件顺序号三者组成。若几个机关联合发文，一般只注明主发机关的发文字号。年号应由“〔〕”括注，而不能使用“()”。

其二，正文。正文通常包括以下七部分内容。

第一，公文标题。它由发文机关名称、事由和文种三部分组成，通常应简要准确地概括公文的主要内容，体现发文主旨。

如果公文版头已注有发文机关，或已在文尾注明了发文机关，公文标题即可省略发文机关。如果难以用少量文字概括所发公文的内容，或公文内容较为简单，可省略发文事由。

公文标题除法规、规章名称要加书名号外，一般不加其他标点符号，而以空格代之。标题字数太多，分行书写时，注意不得将固定词语拆分开。

第二，主送机关。主送机关即负责受理或答复该公文的机关。依照常规，上行文只有一个主送机关，即文件责任的直接承担者；下行文则可有多个主送机关。主送机关应书写于左首顶格处，按级别高低顺序排列。

第三，正文。正文即公文的主体，是表述公文具体内容的部分，应写在主送机关名称之后。

第四，附件。附件即附属于正文的材料，用于对正文的补充或参考。附件名称要在正文之后注明，附件本身既可单独成件，也可与文件主体装订在一起投送。

第五，发文机关。发文机关即公文的法定作者名称。它应采用机关全称或规范化简称，写于正文或附件名称之后一定距离的右下方。如要以机关领导人名义行文，则应在领导人姓名前冠以职务。联合行文时，应将主发机关排列在前。

第六，发文日期。发文日期用以表明公文的生效时间。它写于发文机关下方，使用年月日全称。

第七，印章。印章即发文机关对公文的效力负责的凭证。它盖于发文机关名称和发文日期的字上。

其三，文尾。它通常包括如下三个部分。

第一，主题词。它用以标示公文的核心内容，便于公文的计算机检索与管理。主题词不同于公文标题，其确定应从公文内容范畴、主题内容、特征和文种四个方面入手，而不能简单地从公文标题中提取。主题词一般不超过七个，每个主题词之间要空一格，写于发文日期之后，用黑体字印刷。

第二，抄送抄报机关。抄送抄报机关即除主送机关外还应了解公文内容的有关机关。上行文为抄报，平行文或下行文则为抄送。

第三，制发机构和制发时间，即公文的负责制发单位和时间。它们应书写于同一行。单位居左，顶格；时间则居右，顶格。

其四，标记。通常包括如下四个部分的内容。

第一，秘密等级。按公文的机密性质，公文可分为内部文件、公开文件和保密文件三类，其中保密文件又可分为秘密文件、机密文件和绝密文件三个具体等级。秘密等级标在左上角，以醒目的黑体字印刷。

第二，紧急程度。公文有紧急公文和非紧急公文两类，紧急公文又可分为紧急公文和特急公文两个具体等级。紧急程度应以黑体字标在秘密等级上方。

第三，阅读范围。它是指以工作需要和保密范围为依据而确定的公文的行文范围和阅读对象，它一般应写于发文日期之后、主题词之前。

第四，印刷份数。它是指该公文的实际印制数量。用括号标注在文件左下方。

3. 语言的要求

公文的语言虽然只是一个形式的问题，却能反作用于公文的内容，对公文整体起到举足轻重的作用。哪怕是一个小小的文字或标点错误，都有可能影响干部或群众对公文的理解和执行。因此，行政人员必须关注公文撰制过程中的语言问题。一般而言，应力求做到准确、朴实、简明。

一是准确。公文的语言要准确，在此是指公文的用字用词要恰当，语句段落要通顺，数字标点要规范。具体而言，公文中的数字，除成文日期、部分结构层次序数和字词、词组、惯用语、缩略语、具有修辞色彩语句中作为词素的数字必须使用汉字外，应当使用阿拉伯数字。唯有用语准确，才能如实反映客观事物，如实传达发文意图，使公文得以更好地理解和执行。

二是朴实。公文具有政治性和严肃性的特点，因此公文的语言应力求质朴无华，应当少用描写与抒情的手法。要平铺直叙、直话直说，不可拐弯抹角或以含蓄的笔法委婉地表达意思。朴实的公文在某种意义上是质朴的行政人员形象的体现和反映。

三是简明。公文语言的简明，是其快速高效地传递信息的需要。长篇累牍的公文不仅会让人望而生厌，而且不利于主旨的突出和重点的把握。简明扼要是公文写作的一项基本要求。

要使公文语言简要，就需开门见山，尽快道出主题、紧扣主题、摒弃套话，并学会熟练使用一套常用的事务性词汇，简化过于烦琐的表达。

三、公文的行文

此处所谓行文，即公文的运转，而行文关系，则是指公文运转过程中发文机关与收文机关之间的关系，有时它也指各级机关之间公文的授受关系。

1. 行文的分类

按照公文在各级机关之间的运行方向，可将行文分为三类，即上行文、平行文与下行文。相应地，行文关系也可分为上行文关系、平行文关系与下行文关系三种。

一是上行文。上行文，即下级机关向上级机关呈递公文，一般可分为逐级行文、多级行文和越级行文三种。由于下级机关要对自己的直接上级机关负责，因此逐级行文最为普遍。只有在特殊情况下，才可采用多级行文和越级行文的方式。上行文，通常包括报告、请示、议案等公文类型。

二是平行文。平行文，即互相没有隶属关系和业务指导关系，同级或不属同一系统的机关部门之间的行文。平行文多采用函等。

三是下行文。下行文，即上级机关对所属下级机关制发的文件，一般可分为逐级行文、多级行文、基层行文三种。下行文的文种较多，常用的就有命令（令）、决定、决议、公告、通告、意见、通知、通报、批复、纪要等。

2. 行文的规则

各级机关之间互相行文时，需要遵守如下一些具体的规则。

一是明确权限。行文机关应明确发文权限，在自己的职权范围内制发公文。对超出自己权限的待处理事项，应行文商请有关部门发文或双方联名行文，切不可越俎代庖。越权而行之公文，往往没有任何权威和约束力。

二是忌越级行文。下级机关应向自己的直接上级机关负责，不可随意越级向上行文。如有特殊情况必须越级请示，则应抄报所越机关。上级机关如有必要越级向下行文时，亦应同时抄送受文机关的直接上级机关。

三是区分主报与抄报。受双重领导的机关上报公文，应根据内容写明主报机关与抄报机关，由主报机关答复请示问题。上级机关向受双重领导的下级机关行文时，应同时抄送另一上级机关。

四是党政分别行文。行文时，应贯彻党政分开原则，实行党政分别行文。凡属政府的工作，应以政府名义行文；凡属党委的工作则应以党委名义行文。党政系统之间，通常不可相互行文。

五是联合行文。若待办事项涉及多个机关的职权范围，或多个机关遇有相同问题需请示、报告时，各机关可联合行文。联合行文的各方，一般应是同一级别。各部门若对某一问题未达成一致意见，均不可擅自向下行文。

六是公开发表的公文。经批准在正式报刊上发表的行政公文，应被视为正式公文而依照执行。如不另外行文，发报机关应在报刊上发表该文时加以注明。

七是控制发文数量。精简高效的原则要求严格控制发文的数量、投送的范围，并尽量减少行文的中间环节，不重复行文。

四、公文的办理

依照国家有关规定，公文办理一般包括登记、分办、批办、承办、催办、拟稿、审核、签发、缮印、用印、传递、归档、销毁等程序。一般而言，公文办理是指各级单位和行政人员在收到公文后对它所进行的具体处理。

1. 基本的要求

在办理公文时，行政人员必须遵循准确、及时、安全三项基本要求。

一是准确。所谓办理公文要准确，是指办理公文的每个环节都要井然有序，办理公文的顺序要合理，衔接要紧凑，办理的形式与方法要力求规范、标准。

二是及时。为提高办事效率，行政人员办理公文时务必及时，要避免因公文误期而影响工作。

其一，强化时间观念。切记，公文能办就办、说办就办，要养成在限定时间内办好公文的良好习惯，不可拖拖拉拉、办办停停。对于紧急公文，更需要及时处理。

其二，缩短运转周期。行政人员要尽量缩短公文的传递、留办时间，促进公文高效运转，避免在公文传递过程中浪费不必要的时间。

其三，简化办文程序。要尽量减少公文办理所需经历的手续与环节，防止因环节复杂、程序繁多而导致效率低下。

三是安全。行政人员在办理公文时要恪尽职守，确保自己经办的公文的安全。这里的安全，通常有下述两层含义。

其一，要确保公文物质上的安全，防止公文受损或遗失。这就要求不可乱堆、乱放、乱叠公文，以免公文受到过多的磨损。要做到防潮、防火、防蛀，以延长公文的“寿命”。

其二，要确保公文政治上的安全，严守国家机密。要积极做好保密工作，开展保密教育，防丢、防窃，做到有备无患，防止国家利益受损。

为了确保公文的安全，机关领导要端正态度，充分认识公文安全的重要性。机关要经常开展公文写作的业务培训，提高行政人员的相关素质和能力。

2. 收文的程序

收到公文后，应依照下列程序办理。

一是登记。各级单位在收到公文后，务必对所收公文进行登记。各种公文一般可按“上级文件”、“下级文件”、“需承办文件”、“一般性文件”四个类型分类登记。登记内容包括收文序号、收文日期、来文单位、来文标题、密级、领导批示与承办情况、归卷及备注等。收文登记时字迹要清晰工整，平件密件要明确区分，急缓程度要严格分清。登记的基本要求是准确、翔实。

二是拟办、批办。所谓拟办，即行政人员在收到来文后提出初步的办理方案或建议，供领导参考。拟办意见应简明扼要，并可随同附上与来文有关的材料，交领导查看。

所谓批办，即机关领导对需要办理的公文进行批示，提出执行、办理的原则与方法，并签署姓名与日期。批办要及时、迅速，批示的意见要明确、具体。

三是承办。承办，即行政人员根据领导批示意见，对公文的具体执行办理。承办时应当统筹规划、妥善安排。要分清来文的主次缓急，有步骤、有计划地办理，优先办理重要的公文。一般而言，特急件应随收随办，以三天为限；限时处理的公文当以规定时间为限，不得拖延；其他一般公文亦应尽快办理，最迟不超过七天。

四是催办。催办，即对公文办理的督促与检查，主要是指在收到公文后，对本机关各承办部门的公文处理工作进行监督与检查。各级单位应建立、健全机关公文催办系统和催办的登记、分层逐级汇报制度，以落实催办工作。

第二节 电 话

在日常生活里，电话早已成了现代人重要的、不可或缺的交际工具之一。但正确地利用电话，并不是每一个会打电话的人都能做到的。要正确地利用电话，不只是要熟练地掌握使用电话的技巧，更重要的是要自觉维护自己的电话形象。

电话形象，是电话礼仪的主旨之所在。它的含义是：人们在使用电话时的种种表现，会使通话对象“如见其人”，能够给对方以及其他在场之人留下完整、深刻的印象。一般认为，一个人的电话形象，主要是由他使用电话时的语言、内容、态度、表情、举止以及时间感等几个方面构成的。它被视为每个人个人形象的重要部分之一。据此，大体上可以对通话之人的文明礼貌的修养和为人处世的风格有所了解。

行政礼仪要求：在使用电话时，行政人员务必要对维护电话形象的问题倍加关注。要做到这一条，必须在打电话、接电话以及使用移动通信工具时，自觉自愿地做到知礼、守礼、待人以礼。

一、拨打电话

使用电话，总有一方是发起者。在通话双方之中，发起者被称为发话人，他的通话过程称作打电话。而被动接听电话的一方，则被称为受话人，他的通话过程则称作接电话。在整个通话过程中，发话人通常始终居于主动、支配的地位。作为“先发制人”的一方，若要使自己所打的电话既能正确无误地传递信息、联络感情，又能为自己塑造完美的电话形象，发话人在打电话时，就必须时间适宜、内容简练、表现文明。在以上三个方面稍有闪失，都有会使自己塑造良好的电话形象的努力功亏一篑。

1. 时间适宜

若要打好一次电话，首先就应当明确：通话唯有在适宜之时进行，才会事半功倍。打电话若是不考虑时间问题，往往便会无事生非。

考虑通话的时间问题，要注意两个要点。其一，何时通话为佳？其二，通话多久为妙？

一是通话时间。按照惯例，通话的最佳时间有二：其一，双方预先约定的时间；其二，对方方便的时间。

除有要事必须立即通告外，不要在他人的休息时间打电话。例如，每日上午 7 点之前、晚上 10 点之后，午休时间，节假日，以及他人用餐之时，都不适宜打电话。

给海外人士打电话，先要了解一下时差，不要不分昼夜地骚扰他人。

打公务电话，尽量要公事公办，不要在他人的私人时间，尤其是休假期间，去麻烦对方。另外，若是有意识地避开对方的通话高峰时间、业务繁忙时间、生理厌倦时间，打电话的效果必定更佳。

二是通话长度。在一般情况下，每一次通话的具体长度应有所控制，基本的要求是：以短为佳，宁短毋长。

在电话礼仪里，有一条“三分钟原则”。实际上，它就是“以短为佳，宁短毋长”的基本要求的具体体现。它的主要意思是：在打电话时，发话人应当自觉地、有意识地将每次通话的长度限定在三分钟之内，尽量不要超过这一限定。

在日常进行的社交活动中，但凡使用电话，就务必要想方设法把“三分钟原则”付诸实践。身为发话人时，特别要牢记此点。

三是体谅对方。发话人在打电话时，应当善解人意，将心比心，对受话人多多体谅。不论彼此双方关系如何，对于这一点都不要疏忽大意。在把握通话时间时，对此尤需关注。

在通话开始后，除了要自觉控制通话长度外，必要时还应注意受话人的反应。例如，可以在开始通话时，先询问一下对方，现在通话是否方便。倘若对方不方便，可约一个另外的时间，届时再把电话打过去。

倘若通话时间较长，亦应先征求一下对方的意见，并在结束时略表歉意。

在对方节假日、用餐、睡觉时，万不得已电话影响了别人，不仅要讲清楚原因，而且万勿忘记说一声：“对不起。”

在他人上班时间内，原则上不要为了私人事宜，而通话妨碍对方。

2. 内容简练

在通话时，要求发话人内容简练，不只是礼仪上的规范，而且也是限定通话长度的必要前提。根据礼仪规范，发话人要做到内容简练，就必须注意以下几个方面。

一是事先准备。每次通话之前，发话人理应做好充分准备。最好的办法，是把受话人的姓名、电话号码、通话要点等通话必不可少的内容列出一张清单。这样一来，通话时便可照此办理，就不会再出现现说现想、缺少条理、丢三落四的情况了。

此种方法简单易行，只要养成了习惯，就会成为自己的自觉行动。它不仅利己利人，而且容易使通话对象感到自己办事情有板有眼、训练有素。

二是简明扼要。在通话之时，发话人讲话务必要务实，不务虚。问候完毕，即应开宗明义，直奔主题，少讲空话，不说废话，绝不啰唆，绝不节外生枝、无话找话、短话长说。

在通话时，最忌讳发话人讲话吞吞吐吐，含糊不清，东拉西扯。至于一厢情愿地逼着通话对象和自己共煲“电话粥”，或者故弄玄虚，在电话上玩“捉迷藏”、“猜一猜”，则更是会令人生厌。

三是适可而止。作为发话人，应自觉控制通话的长度。要讲的话说完了，即应当机立断，采取行动终止通话。由通话双方之中地位较高的一方终止通话，是电话礼仪的惯例之一。发话人在通话双方中居于地位较高的位置时，务必要注意长话短说，适可而止。

因此，发话人切勿“当断不断，自受其乱”，不要话已讲完，依旧反复铺陈，再三絮叨。那样的话，浪费时间的责任可就在己不在别人了。

使用公用电话，而身后有人排队时，一定要自觉主动地尽快终止通话。切勿“表演欲”顿生，当众发嗲撒娇，大演“爱情戏”，或是有意拖延时间，与排队者作对。

3. 表现文明

发话人在通话的过程中，自始至终都要待人以礼，表现得文明大度，尊重自己的通话对象。具体说来，必须注意以下几个重要环节。

一是语言文明。在通话时，发话人不仅不能使用“脏、乱、差”的语言，而且还需切记，有三句话非讲不可，它们被称为“电话基本文明用语”。它们具体指的是：

其一，问候语。在通话之初，要向受话人首先恭恭敬敬地问一声“您好！”然后方可再言其他。切勿一上来就“喂”对方，或是开口便道自己的事情。

其二，介绍语。在问候对方后，接下来应自报家门，以便对方明确“来系何人”。在电话里自报家门，通话人有四种模式可以借鉴。第一，是报出本人的全名。第二，是报出本人所在的单位。第三，是报出本人所在的单位和全名。第四，是报出本人所在单位、全名和职务。其中第一种模式主要适用于私人交往之中，而后三种模式则适用于公务活动中。最后一种模式最为正规。

其三，道别语。终止通话前，在预备放下话筒时，应先说一声“再见”。要是缺少了这句礼貌用语，就会使终止通话显得有些突兀，并让自己的待人以礼有始无终。

二是态度文明。发话人在通话时，除语言要“达标”之外，在态度方面也应注意。

对于受话人，不要厉声呵斥，态度粗暴无理。要是低三下四，阿谀奉承，自然也无此必要。

电话若需要总机接转，勿忘对总机的话务员问上一声好，并且还要加上一声“谢谢”。另外，“请”、“麻烦”、“劳驾”之类的词，该用时也一定要用。

若要找的人不在，需要接听电话之人代找，或代为转告、留言时，态度同样要文明而有礼。

通话时电话忽然中断，依礼应由发话人立即再拨，并说明通话中断系线路故障所致。不要不了了之，或干等受话人一方打来电话。

若拨错了电话号码，应对接听者表示歉意。不要一言不发，挂断了事。

三是举止文明。发话人在通话时，在举止方面，应对自己有所要求。当众拨打电话时，对这一点更是不能掉以轻心。

在打电话时，最好双手持握话筒，并起身站立。无论如何，都不要在通话时把话筒夹在脖子下头，抱着电话机随意走动，趴着、仰着、坐在桌角上，或是高架双腿与人通话。拨号时，不要以笔代手。打电话时边打边吃，亦为失态。

在通话时，不宜发声过高，免得令受话人承受不起。标准的做法是：声音宁小毋大，并使话筒与口部保持三厘米左右的距离。

终止通话，放下话筒时，应使用双手轻放，不要用力一摔，令对方震耳欲聋。

通话“半途而废”，或拨号时对方一再占线的话，要表现出应有的耐心。不要骂骂咧咧，或是采用粗暴的举动拿电话机撒气。

二、接听电话

在整个通话的过程中，受话人在接听电话时，虽然处于被动的位置，但也不可因此在礼仪规范方面得过且过。

根据礼仪规范，受话人接电话时，由于具体情况有所不同，需要分为本人受话、代接电话以及录音电话等，以下对其分而论之。

1. 本人受话

所谓本人受话，这里指的是由受话人本人亲自接听他人打给自己的电话。在本人受话时，按照电话礼仪的要求，需要了解的问题一共有三个。

一是接听及时。电话铃声一旦响起，即应立即停止自己所做之事，尽快予以接听。接听电话是否及时，实质上反映着一个人待人接物的真实态度。

如果有可能的话，在电话铃响以后，应亲自接听电话，轻易不要让别人代劳，尤其是不要让小孩子代接电话。不要铃响许久，甚至响过几遍之后，才姗姗来迟地去接电话。这不说明自己派头大，而只说明自己妄自尊大。不过，铃声才响过一次，就拿起听筒也显得操之过急。有时，还会令发话人大吃一惊。在正常情况下，不允许不接听他人打来的电话，尤其是“如约而来”的电话。

因特殊原因，致使铃响过久才接电话的话，需在通话之初向发话人表示歉意。

在电话礼仪中，有一个“铃响不过三声的原则”。它的含义是：接听电话时，以铃响三次左右拿起话筒最为适当。在日常生活里，应尽量遵守这一原则。

二是应对谦和。接电话时，受话人应努力使自己的所作所为合乎礼仪。特别是要注意下列四点。

其一，自报家门。拿起话筒后，即应自报家门，并首先向发话人问好。向发话人问好，第一是出于礼貌，第二是为了说明有人正在接听。当对方首先问好后，应立即问候对方。不要一声不吭，装神弄鬼，故弄玄虚。至于要自报家门，则是为了让发话人验证一下，是否拨错了号码，或找错了人。自报家门时所说的内容，可参照发话人自报家门时的那几种模式酌定。在私人寓所接听电话时，为了自我保护，有时可以用电话号码作为自报家门的内容，或者不必自报家门。

其二，聚精会神。在通话时，必须聚精会神地接听电话。不允许三心二意，心不在焉，或是把话筒置于一旁，任其“自言自语”。在通话过程中，对发话人的态度应当谦恭友好，当对方身份较低时或有求于己时，更应表现得不卑不亢。不要拿腔拿调，对对方戏弄嘲讽，伤害其自尊心。更不要一言不发，有意冷场。

其三，与人道别。当通话终止时，不要忘记向发话人道“再见”。当通话因故暂时中断后，要等候对方再拨进来。

第四，善待错拨。若接听到误拨进来的电话，要耐心向对方细加说明。如有可能，还应向对方提供帮助，或者为其代转电话。不要为此勃然大怒，恶语相加，甚至出口伤人。

三是主次分明。平时，电话铃声一旦响起，即应以此为自己活动的中心，而绝不应当不明主次、随意分心。

接听他人电话时，不要与人交谈、看文件，或者看电视、听广播、吃东西。在一般情况下，尽量不要对发话人表示对方的电话“来的不是时候”。

万一在会晤重要客人或举行会议期间有人打来电话，而且此刻的确不宜与其深谈，可向其说明原因，表示歉意，并再约一个具体时间，届时由自己主动打电话过去。若对方是长途的话，尤需注意，别让对方再打过来。约好下次通话时间后，即应遵守。在下次通话开始时，勿忘再次向对方致歉。

在接听电话之时，适逢一个电话打了进来，切忌置之不理。可先对通话对象说明原因，要其勿挂电话，小候片刻，然后立即去接另一个电话。待接通之后，先请对方稍候，或过一会儿再挂进来，随后再继续方才正打的电话。

不论自己多么忙，都不要拔下电话线，对外界进行自我隔绝。也不要把假的电话号码、莫须有的电话号码、别人的电话号码，交给自己所不喜欢与之保持联系的人。

2. 代接电话

在日常生活里，经常有机会为其他人代接、代转电话。代接、代转电话时，尤其需要注意礼尚往来、尊重隐私、记忆准确、传达及时四个方面的问题。

一是礼尚往来。接电话时，假如对方所找非己，不要口出不快，拒绝对方转告旁人的请求，尤其是不要对对方所找之人口有微词，或是对方要找的人就在身边，却偏偏告之以“不在”。至于硬要说“没有你找的这个人”，则更属非礼。

同事、家人之间，互相代接电话，本是互利互助之事，所以讲究礼尚往来，有来有往。连电话都懒得为人代接的人，在现实生活里是难以取信于人的。

二是尊重隐私。在代接电话时，不要充当“包打听”，向发话人询问对方与其所找之人的关系。当发话人有求于己，要求转达某事给某人时，要严守口风。切勿随意扩散，广而告之，辜负了他人的信任。

即使发话人所要找的人就在附近，也不要大喊大叫，而闹得人人皆知，四邻不宁。当别人通话时，不要进行“旁听”，更不要插嘴。

三是记忆准确。若发话人所要找的人不在，可在向其说明后，问一下对方是否需要代为转达。如对方有此请求时，即应相助于人。

对发话人要求转达的具体内容，最好认真做好笔录。在对方讲完之后，还应重复一遍，以验证自己的记录是否正确无误，免得误事。记录他人电话，应包括通话者单位、姓名、通话时间、通话要点、是否要求回电话、回电话时间等几项内容。

四是传达及时。接听寻找他人的电话时，先要明确“对方是谁”、“现在找谁”这两个问题。若对方不愿讲第一个问题，可不必勉强。若对方所要找的人不在，可先以实相告，再询问对方“来系何人”、“所为何事”，若将二者先后次序颠倒了可能使发话人产生疑心。

若发话人所找的人就在附近，应立刻去找，不要拖延。若答应发话人代为传话，则应尽快落实。不要置之脑后，或是存心拖延时间。

不到万不得已时，不要把自己代人转达的内容，再托他人转告。这样一来，一则容易使内容走样，二则难保不会耽误时间。

3. 录音电话

许多时候，为了保证联络的畅通，人们往往会使用录音电话，为自己代劳。使用录音电话的要点有两个方面。

一是制作留言。使用录音电话，少不了要制作一段本人留言。留言的常规内容有：电话机主的单位、姓名、问候语、致歉语、道别语、留言的原因、对发话人的请求等。

私人住宅所用的录音电话，不宜由年轻姑娘进行录音，而且不宜自报姓名。以电话号码进行代替，既明哲保身，又不至于误事。

附私人住宅录音电话内容一则：

> 您好！这是33338888。对不起，主人现在因事外出。有事的话，请在提示音之后留言。主人回来后，将立即与您联系。谢谢。再见！

二是处理来电。在公务活动中，使用录音电话虽属于无形交际，但它与人们面对面的交际完全一样，都是要讲“言必信，行必果”的。在处理录音电话里他人的来电时，要注意的问题有：

其一，尽量少使用录音电话。尤其是不要人在家中，却以录音电话替自己“招架”外人。

其二，尽快处理录下的信息。对于外人打进来的电话，应当立即进行必要的处理或答复。不要一拖再拖，或者根本置之不理。

其三，对录下的电话别否认。不要对自己明明听过的他人电话录音赖账，显得若无其事。那样只会从一个侧面告诉旁人：此人言而无信。

三、移动通信

目前，在各种现代化的通信手段之中，移动通信工具异军突起，而且渐呈后来居上之势。在谈及电话礼仪时，如若对移动通信工具不作涉及的话，不仅说明自己闭目塞听，观念陈旧，而且也证明自己业已落后于时代。在个人电话形象之中，移动通信工具的使用，是其重要组成部分之一。

就目前而言，人们所使用的移动通信工具主要是移动电话（它又称手机）。使用手机之时的礼仪规范，主要涉及两个具体方面。

1. 使用规则

使用手机之时，应当在方便交际联络的同时，严格地遵守其约定俗成的使用规则。否则，就有可能在无形之中损害自己的电话形象。

具体而言，在使用手机时，需要遵守的礼仪规则主要有四条。

一是主要用于通信。使用手机，自然主要是为了方便个人联络和确保信息交流的畅通无阻。因此，在公务活动中使用手机时，首先要正视其身份、用途，并以令其“安分守己”为要。

不论自己所使用的手机有多么先进、多么昂贵，它们毕竟仅仅是为人所用的通信工具而已，而绝非可以抬升个人身份的道具或饰物。

二是方便他人为先。使用移动通信工具，当然是为了方便自己，但与此同时，不应当忘却方便于人，并且应将这一点放在首位。具体来说，在使用手机时，应当注意：要牢记自己手机的交费日期，并自觉按时交纳使用费用。不要因为忘记交费而被停机，致使他人与自己的联络中断。

改换了手机号码后，应尽早告知自己主要的交往对象，以保证彼此联络的顺畅。

当他人利用手机联络自己时，应尽早作复。在约定的联络时间内，不要随便关机。因错码、掉线、无信号而有碍联络或暂停联络时，应及时说明，并向联络对象道歉。利用手机向他人发送短信，不仅应当内容健康，而且务必署上本人姓名，免得令人猜疑不止。

利用手机与对方联络，并要求对方按自己指定号码回复时，切勿见缝插针，使自己的手机一忙再忙，而致使对方打不进来。

三是遵守公共秩序。使用手机时，绝对不允许在有意、无意之间破坏公共秩序。具体来说，此项要求主要是指：

不允许在公共场合，尤其是楼梯、电梯、路口、人行道等人来人往之处，旁若无人地使用手机。

不允许在要求“保持寂静”的公共场所，诸如音乐厅、美术馆、影剧院、歌舞厅以及餐厅、酒吧等，大张旗鼓地使用手机。必要时，应使之关机，或处于静音状态。

不允许在上班期间，尤其是办公室、操作间里，因私使用自己的手机，否则便会显得自己用心不专。

不允许在聚会期间，例如，开会、会见、上课之时，使用手机，从而分散他人注意力。此时尤其不应用手机偷拍、偷摄他人。

四是自觉维护安全。使用手机时，必须牢记安全至上，切勿有章不循，有纪不守，马虎大意，随意犯规。那样不但害己，而且害人。使用手机时，特别要重视此点。

不要在驾驶汽车的时候手机通话，以防发生车祸。

不要在病房、油库等处使用手机，免得它所发出的信号有碍治疗，或者引发火灾、爆炸。

不要在飞机飞行期间启用手机，否则极可能会使飞机迷失航向。

2. **置放到位**

使用手机时，应放置在适当的位置。既要方便使用，又要合乎礼仪。

一是常规的位置。在较为正式的场合，尤其是在公务活动中，以及其他一切公共场合，手机在未使用之时，均应暂放于合乎礼仪的常规位置。无论如何，都不要在并未使用时将其执握于手，或是将其挂于上衣口袋之外。那样的话，未免有招摇之嫌。

放置移动通信工具的常规位置有二：

其一，是随身携带的公文包之内。

其二，是上衣口袋之内，尤其是上衣内袋之内。

在二者之中，第一种位置尤显正规。

二是暂放的位置。有些时候，可将移动通信工具暂放于下列位置：

其一，将其别挂在腰带之上，但最好是在穿外套时别于此处。

其二，在参加会议时，为了既不误事又不妨碍于人，可将其暂交秘书、会务人员代管。

其三，在与人一起交谈时，可将其暂放于不起眼之处，如手边、身旁等；也可以放在手袋里不取出来。切勿将其立于桌上，或是握于手中。

第三节 书 信

通信，是公务活动中迄今为止最古老、最实用的一种通联方式。在日常生活里，个人与个人、个人与组织、组织与组织之间，都可以利用书信来传递信息，互通情报，交流思想，表达情感。

对现代人来说，在公务活动中适当地巧用书信，并不意味着自己落伍、守旧。与此恰恰相反，掌握必要的通信技巧，并且在公务活动中尽可能地利用书信与他人保持联系，依旧是人人要做的必行之事。

通信的礼仪规范甚多。简单地讲，在书信程式、通信技巧、应用性信函等方面，应当更多地予以关注。

一、书信程式

书信程式，又叫书信格式。它所指的是书信的写作法则和布局结构。任何一封正式的书信，要想发挥功效，并且以礼敬人，首先必须使其在程式上中规中矩。

按照正常情况，每封书信皆由信文与封文两大部分组成。二者在程式上各有各的要求，均需“照章办事”。

1. 信文

信文，即书写于信笺之上的文字，故此它又叫笺文。一般来说，信文是一封书信之中的主体，而且也是发信人写作与收信人阅读的重点。

从程式上看，每一封正式书信的信文，大体上都由前段、中段、后段三大部分构成。三者必须一应俱全，缺一不可。以下分别介绍一下信文三个组成部分的具体情况，免得写信时“无规矩不成方圆”。

一是信文的前段。信文的前段，指的是信文的起始部分。具体而言，它又是由两个部分组成的。

其一，对收信人的具体称呼。确定对收信人的称呼时，应兼顾其性别、年龄、职业、身份以及双边关系，千万不要草率从事。准确地讲，该部分叫做称谓语。

其二，对收信人进行的问候。它也叫做问候语。这一部分通常不允许省去。

过去，中国民间对信文前段的讲究极多。它叫做信文的开头，通常要采用专用的文言文，并要选用合乎通信双方具体身份的谦词与敬语。而今写信时，自然不必仿古，没有必要照抄照搬业已过时的繁文缛节，但是该使用的称呼与问候，依旧不可或缺。

根据惯例，信文前段的第一个部分应在信笺第一行上顶格书写，而第二个部分则需写在信笺第二行上，并且要在开头空上两格。

二是信文的中段。信文的中段，又叫信文的正文。实际上，这一部分才是书信的核心内容之所在。

依据常规，正文应紧接着写在问候语后面，并要另起一段书写。头一行要空出头两格，此后转行顶格书写。根据实际需求，正文可以分作数段。每段头一行都需要空出前两格，此后转行顶格。在一般情况下，于正文中每讲一件事情，原则上都应当另起一段，以便层次清晰，使收信人一目了然。

三是信文的后段。信文的后段，又叫信文的结尾。它位于正文之后，属于信文的结束部分。只有写好这一部分，使“尾声”完美无缺，才会使信文“有头有尾”，有始有终。

在一般情况下，信文的后段应由以下五个部分构成。

其一，结束语。它是专门写在信尾的应酬话和按惯例所用的谦辞、敬语。其目的是呼应正文，宣布“到此为止”。该部分可自成一段书写，也可以紧接着正文的最后一段书写，不再独立分段。

其二，祝福语。它是对收信人所表达的良好祝愿，有时又叫祝词。通常它应采用专门的习惯用语，并分成两行书写。写在头一行的部分，需空出前两格。写在后一行的部分，则应顶格而写。

其三，落款语。它一般又分为自称、署名、日期三个部分。自称与署名，可在祝福语之后另起一行书写，并且要注意：横写信文时，这一内容要偏右写；竖写信文时，则需使之偏下。日期的部分，可与署名写在同一行，并位于其后。有时，亦可另起一行，写于自称与署名的正下方。

其四，附问语。所谓附问语，指的是发信人创刊带问候收信人身边的亲友，或者是代替自己身边的亲友问候收信人及其身边的亲友。附问语应另行书写。其具体位置，可以是在结束语之前，也可写在落款语后面。

其五，补述语。它又叫附言，指的是信文写毕之后，还有必要补充的内容。它最好不要出现。有必要写上这一部分时，要以“又及:”或“又启:”开头，独立成段，书写在信尾的最后。千万不要将其胡乱穿插，到处乱写。

需要强调的一点是：按照国内现行的惯例，信文均应横写。在没有必要时竖写信文，未免会给人以“舞文弄墨”之感。万一有必要竖写信文，最好选用竖式信封与之相配套，务必不能使二者出现一横一竖的不般配组合。

另外，在书写信文时，务必要令其各组成部分依照程序而行，尽可能“各就各位”。

附程式标准的横写信文一则：

尊敬的王军教授：

您好！

您今年 3 月 26 日的来信已经收到，内言尽知。

能够收到您的来信，我非常高兴。多谢您对我的理解和鼓励。

您来信索取的那份资料，我将尽快找到，并挂号寄给您。收到希告，免得我惦念。

我省公关协会拟于今年 6 月 1 日在省会举办一次公关技巧研讨会。目前虽尚未定出具体计划，但全体理事一致要求，请您百忙之中来为我们作一次有关现代公关技巧的主题报告。若蒙应允，我们将深感荣幸。您决定之后，请尽快通知我。

知您日理万机，不多写了。请多多保重。

章乐乐会长、肖凡秘书长附问您安好。

专此敬复，不尽欲言。

敬颂

春安！

学生秦若水敬上　4 月 3 日

又及：您索要的资料已挂号寄出。

2. 封文

封文，即在信封上所写的文字。按照标准书写封文，至少有三大好处：其一，能够保证书信准确无误地到达收信人手中。其二，能够直观地反映发信人的文化素养。其三，能够体现发信人对传递信件者的尊重程度。

在一般情况下，国内以中文书写的信封多为横式。在横式信封上所出现的封文，大致上由三个部分组成。除此之外，在信封上再写其他任何内容，都是不合适的。尤其要注意，不要在信封背面乱涂、乱写。

附寄交的程式标准的横写封文一则：

2 6 6 0 2 1　　　　邮　票

山东省济南市市中区建设路 226 号

高舒啸　先生　启

北京市海淀区中关村大街 113 号　孟伟　缄
邮政编码：1 0 0 8 7 2

一是收信人的地址。收信人的地址，应书写在横式信封的左上方。如有必要，可将其分作两行书写。在其左上角，按规定还应写明收信人所在地址的邮政编码。邮政编码绝对不可缺少。

二是收信人的称谓。收信人的称谓，通常应在横式信封的正中央书写。通常，它又可分为三个组成部分：第一，收信人姓名。第二，供传递信件者对收信人所使用的称呼。第三，专用的启封词，如“收”、“启”等。后两个部分的内容，有时可以省略。

三是发信人的落款。该部分一般位于横式信封的右下方。具体而言，它又被分作四个小的组成部分：第一，发信人地址。第二，发信人姓名。第三，用来表示敬意的缄封词，如“缄”、“谨缄”等。第四，发信人所在地址的邮政编码。

在上述四者之中，前三个部分可写成一行，其中第三个部分还可以略去不写。而第四个部分则应独立成行，写在横式信封右侧的最下方。

有的时候，书信可以请人代交，而不必通过邮局邮寄。在托人代交的信封上，可以不写双方的地址和邮政编码。但需令其封文之中包括以下内容：

其一，拜托语。即为拜托他人而使用专用词语。在横式信封上，应将其写在左上方。

其二，收信人称谓。通常，该部分应由收信人姓名、供托交人对收信人使用的称呼以及收件词三个部分构成。三者应在横式信封的正中连成一行书写。

其三，写信人自署。它一般应写成一行，并位于横式信封的右下角。除写信人姓名之外，若有必要，这一部分还可以包括拜托语和托交时间。

委托他人代交信件时，特别是委托通信双方或其中一方关系较为生疏者代交信件时，信封上封文必须完全符合标准。

附代交的程式标准的横写封文一则：

□□□□□□ 邮 票

汪 大 礼 先生 检收

谢有才 拜托 8 月 16 日

以外文书写信件时，其信文、封文的具体程式，必须合乎使用该种文字时所通行的标准。此处不再一一详述。

二、通信技巧

在通信时，除了发信人在写信时要遵守书信程式以外，通信双方在写信、发信以及收信等一系列具体环节上，均有许多技巧与规范应该掌握。

1. 写信

在写信时，写信人所应注意的主要问题是，要尽可能地使书信礼貌、完整、清楚、正确、简洁。因为以上这五个单词在英文里均以字母“C”开头，故而它们又被叫做写信的“五 C 原则”。

一是礼貌。写信人在写信时，要像真正面对收信人一样，以必要的礼貌，去向对方表达自己的恭敬之意。其中的一个重要做法，就是要尽量多使用谦辞与敬语。

例如，在信文前段称呼收信人时，可使用诸如“尊敬的”、“敬爱的”一类的提称词。对对方的问候必不可少，对对方亲友亦应依礼致意。在信文后段，还应使用规范的祝福语等。

二是完整。在写信时，为了避免传输错误信息，必须使书信的基本内容“按部就班”，完整无缺。

例如，在信文中提到收到对方来信，或是在末尾落款时，不可一笔带过，而应准确到具体日期。一般要求写明几月几日，必要时还需要写明何年何月何日何时。

在书定封文时，对方的邮编不可缺少。另外，在书写收信人及发信人地址时，要力求其完整，而不宜采用简称。唯其如此，方能确保书信被及时送达，或是因故被退还时不至于丢失。

三是清楚。书写信函时，必须使之清晰可辨。要做到这一点，须注意以下四条。

其一，字迹应当清清楚楚，切勿潦草，乱涂乱改。

其二，要选择耐折、耐磨、吸墨、不洇、不残、不破的信笺、信封，切勿不加选择，随意乱用。

其三，要选用字迹清楚的笔具与墨水。在任何时候，都不要用铅笔、圆珠笔、水彩笔写信，红色、紫色、绿色、纯蓝色等色彩的墨水也最好别用。

其四，也是至关重要的一条，书信里叙事表意时，必须层次明、条理清、有头有尾。切勿天马行空、云山雾罩，令人疑惑丛生，不知所云。

四是正确。在写信时，不论是称呼、叙事，还是遣词、造句，都必须认真做到正确无误。

在信中，坚决不要出现错字、别字、漏字、代用字或自造字，也不要为了省事，而用汉语拼音或外文替代不会写的字。

在书写收信人姓名、地址、职务以及尊称时，不应出现任何差错。

在封文上，于收信人姓名之后书写的称呼，如“同志”、“先生”等，是专供邮递员或带信人使用的，而并非发信人对收信人所用的称呼，因此像“爱妻”、“小弟”之类的私人称呼，是不宜出现的。

五是简洁。写信如同作文一样，同样讲究言简意赅，适可而止。在一般情况下，写信应当“有事言事，言罢即止”，切勿洋洋洒洒，无休无止，空耗笔墨，浪费时间。

当然应当避免为使书信简洁而矫枉过正，走向另一个极端，过分地惜墨如金，而使书信通篇冰冷乏味。

2. 发信

写毕书信之后，写信者在准备、寄发信件时，还有一系列的事情要做。在发信之时，下述礼仪规范亦不可不知。

一是折叠。写好信文，将信笺装入信封时，不可令其过大或过小。在折叠信笺时，即不要随手乱折，也没有必要搞得上缠下绕，边角对插，过分神秘。

折叠信笺的常规方法有四：

其一，先将信笺三等分纵向折叠，然后再将其横折，并令其两端一高一低。此法叫做“以低示己法”，意在表示谦恭之意。

其二，在折叠信笺时，有意将收信人姓名外露。它叫“外露姓名法”，可令收信人产生亲切感。

其三，先将信笺纵向对折，随即在折线处再往里卷折 1～2 厘米宽，最后再将其横向对折。此法叫做“公函折叠法”，多用于因公通信。

其四，将信笺先横向对折两次，然后再将其纵向折叠到可以装入信封之中的长度。此法称为“随意折叠法”，适用于日常通信之时。

二是装入。折好信笺，将其正式装入信封时，需要注意的问题是：一定要将其推至信封的顶端，并且令其与信封的封口之处留有大约1厘米的距离。这样做的好处是，收信人将来拆阅书信时，因为发信人早已“留有余地”，信笺便不易被“伤筋动骨”，影响阅读了。

三是附件。有些时候，发信人在信封之内往往还要装入其他一些书信的附件。在处理这一问题时，应当注意三点：

其一，要符合有关方面的具体规定。不要违规，不要乱装违禁物品。

其二，要保持信封的平整、美观。不要因所装附件过多，而令其膨胀不堪，甚至因此而“开膛破肚”。

其三，要向收信人交代明确。在信文之中，要对附件的数量写得一清二楚，必要时还可要求收信人“收到即告”，免得对方“查无实据”。

四是邮资。通过邮局寄发的信件，应自觉按规定交付足够的邮资，不要缺资、欠资，这样大家都不方便。

需要自己在信封上贴邮票的话，应将其端端正正地贴好，而切勿“见缝插针”，随便乱贴邮票。贴邮票时，按惯例，应将其贴在信封正面（横式信封）右上角的指定之处。

在一般情况下，最好不要在一封信上贴多枚邮票。非得这么做时，则需将其一并贴在信封背面的封口之处。

五是封闭。对于信笺装入信封后，信封应否封闭的问题，不可不加任何分别地一概而论。

根据现行的习惯做法，通过邮局寄达的信件，其信封必须一律封口。而托请他人代交的信件，其信封则原则上不宜封闭。之所以要这么做，前者是为了恪守个人隐私，保障通信秘密；后者则主要是表示对托带者的信任与尊重。

3. 收信

接到他人来信后，收信人在礼仪方面有下列五点需要认真加以注意的事项。

一是守法。中国现行宪法之中明文规定："中华人民共和国公民的通信自由和通信秘密受法律的保护。"因此，任何扣留、私拆、偷阅他人信件的行为，都是触犯法律的。所以，在公务活动中接触书信，尤其是替他人收取的书信时，务必要具有良好的法律意识，切勿违法。即使自己扣留、私拆、偷阅他人的信件仅仅是为了跟别人开玩笑，也是绝对不许可的。

二是拆信。收到他人来信，通常先要拆启，才能进行阅读。拆阅他人信件时具体做法是否得当，不仅涉及来信能否完整无缺的问题，而且间接体现着收信人的个人修养。

拆信时，第一要确保信笺的完好；第二要注意信封拆启后的美观。拆信的最佳之处，当推信封的封口处。有可能的话，最好利用刀、剪拆信，而不要直接下手去撕。无论如何，都不要把信封拆得"犬牙交错"、"遍体鳞伤"。

三是保存。收到他人来信后，切勿乱扔、乱塞。未经发信人本人允许，千万不要随便将对方的来信公开发表，或是到处进行传阅。这样做，对对方是非常不尊重的。

对于需要长期保存的书信，可整理在一起，或装订成册，然后妥为收藏。对于无须保留的书信，可集中起来，以火焚毁，或用碎纸机进行破坏性处理。但是不宜将其作为垃圾扔掉，或是当成废纸卖掉。

四是即复。在一般情况下，收到他人来信之后，应当立即去做的第一件事，就是尽可能快地回复对方的来信。应当说，及时复信，不仅仅是一种对对方表示尊重的礼貌，而且是做人应当具备的一种美德。

对于他人的来信，只收不复，或者能拖便拖，得过且过，不但会令来信人担心他的来信是否丢失，而且还有可能会延误正事。

有人在回复他人来信时，总喜欢说什么"因为太忙，迟复为歉，希望见谅"云云。其实，这种说法根本站不住脚。因为只要牵挂对方，再忙的人也能挤出回一封信的时间来。忙不能成为迟复他人来信的理由。

若是对他人的来信一拖了事，干脆不作答复，让对方觉得杳无音信，则是通信之大忌。

五是回应。对于他人的来信，不仅要及时给予回复，而且在复信之中，还应当善解人意地对对方来信中需要回应的问题一一作答。

特别需要注意的是，对于他人来信之中提及的问题，如有可能，应当及时在复信中给予答复。对于确需延后回答或不能解答的问题，在复信时要说明具体原因，或者是将延后回答所需要的大致时间，及时告之对方。不要避而不谈，或是含糊作答。

对于他人在来信之中求助于自己的问题，最好尽力而为。由于种种原因，难以相助于人的话，亦应及时复信，并在信中申明具体困难，向对方致歉，或请求对方予以谅解。

三、应用性信函

在公务活动中，书信应根据实际需要和具体情况来使用。因其具体用途不同，在日常工作与生活中行政人员常用的联络函、通知函、确认函、感谢函、推荐函、拒绝函等，在写作上往往又有一些各自不同的要求。

具体应用不同类型的信函时，既要遵守其共同要求，又要兼顾其各自独具的特征。

1. 联络函

联络函，又叫保持接触函，它是平时用以培养客户关系、与客户保持联络的一种专用信函。使用联络函的目的，不仅意在证明自己的存在，而且也是为了与客户保持接触，并借此培养对方对自己的好感，加深对方对自己的印象。一般而言，应当定期向客户寄发联络函。

写作联络函，有以下五个具体要点应当注意。

一是寻找适当的去信借口。这样一来，就不会让对方觉得不可思议。祝贺节日、生日，寄送简报，都是不错的借口。

二是扼要介绍自己的状况。向对方通报自己及所在单位的发展变化，可以使对方对自己及所在单位加深了解。

三是表达对对方的关注。在介绍自己的状况之前，可以先向对方表达自己诚挚的关心。例如，可告知自己对对方成就的了解，或为此祝贺对方等。

四是笼统表示合作的意图。在联络函中，不妨大致介绍一下自己欲与对方进一步交往、合作的意图。

五是灵活把握友善的分寸。联络函并非直奔主题的业务函，因此其篇幅宜短，语气宜友善，主题宜放在联络之上。

2. 通知函

通知函，又叫告知函。它主要用以向外界通报某项事务处理的具体情况，或是某项业务的具体进展。从某种意义上讲，通知函往往可以在一定程度上发挥联络函的作用。

写作通知函时，应注意下列五个具体要点。

一是重在介绍客观情况。通知函的主要作用，是向有关方面通报事态的发展、变化，而并非就此展开讨论或进行争论。

二是注意介绍的连续性。在介绍当前状况时，通知函要注意与此前函件的呼应，以便使自己的介绍有头有尾，连贯一致。

三是通报己方今后的计划。在介绍客观事态的同时，亦应告知收信者己方的对策以及已经采取的行动。

四是促进彼此之间的合作。通知函的目的之一，就是要推动收信方与寄信方的合作。

五是表达应当含蓄委婉。不论介绍己方举措，还是敦促对方参与，在表达上都要委婉含蓄。力戒语气生硬，强人所难，或者唠唠叨叨。

3. 确认函

确认函，在此是指专为确认某事而向交往对象所寄送的信函。在商务交往中，确认函是最为常用的信函之一。因为确认函意在对某种事实、某种意向进行确定，所以它在写作上具有更高的规范性要求。

写作确认函，应对下列五个具体要点多加注意。

一是明确应予确认的事项。此项内容是确认函的关键内容所在，故应反复核对，确保不产生任何差错。

二是列出相应的附加条件。凡对所确认的事项附加各项具体条件的，在确认函里应向收信者予以明确。

三是陈述己方对此的立场。在确认函之中，确认方应再次承诺自己遵守约定，绝不随意对此反复，或是临场变卦。

四是要求收信方予以确认。在一般情况下，确认方均会在确认函中要求对方对此进行确认。具体的方式，可以另行致函，也可以在此信上签署意见。

五是在信函末尾正式署名。正规的确认函，均需有关人员或相关单位的负责人在其末尾亲笔签署自己的姓名。有时，往往需要联合署名。必要时，还需加盖本单位公章。

4. 感谢函

在公务交往中，感谢函是指专为感谢某人或某单位而写作的信函。一般而言，收到礼品、出席宴会、得到关照之后，均应寄出专门的感谢函。一封恰如其分的感谢函，往往可以显示写作者的教养。

写作感谢函，通常应注意以下四个具体之点。

一是内容简练。一封感谢函，往往不必长篇宏论，喋喋不休。只要在信中将自己的感谢之意表达清楚了，即使只写三五句话亦可。

二是要面面俱到。很多时候，在感谢函中应当致谢的对象不止一人，那么一定要向所有应予感谢者一一致谢，千万不要有所遗漏。

三是尽量手写。为了表示自己的真心实意，感谢函要尽量亲自动笔撰写，而不要打印。在任何时候，一封当事人的亲笔信，都会使人产生亲切感。

四是尽早寄达。在一般情况下，感谢函时效性很强。它最好是在有关事件发生后 24 小时之内寄出，并应尽量使之早日寄达。

5. 推荐函

推荐函，在此是指专为向其他单位推荐某位人士而使用的信函。在求职应聘时，一封有力度的推荐函，往往有助于被推荐者脱颖而出。

写作推荐函，主要需要兼顾下述四个方面。

一是介绍自身情况。在推荐函的开始部分，写信者应简述一下自己的情况，并对自己与被推荐者之间的关系略加说明。

二是评价被推荐者。这部分是推荐信的主要内容，在此，应当全面而客观地介绍被推荐者的基本情况，尤其是其能力、阅历与业绩。与此同时，还应对被推荐者做出自己的评价。

三是感谢收信之人。在推荐函中，不应忽略对收信者的问候感谢。这一部分，绝对不可缺少。

四是附有背景材料。为了便于用人单位及其负责人对被推荐者有进一步的深入了解，在推荐函之后一般还应附有被推荐者的简历、证书等个人背景材料。

6. 拒绝函

拒绝函，在此是指为拒绝外人或外单位的某项请求而使用的信函。在所有的信函里，拒绝函大概算是最难写作的一种。它的难以把握之处在于，既要正式拒绝对方，又要保证不会因此而损害双方的关系。

写作拒绝函，大致上有下列四点注意事项。

一是当机立断。使用拒绝函，一般非常讲究时效。若无特殊原因，应当当机立断，尽早拒绝对方。一拖再拖，会令对方产生其他想法。

二是具体说明。在拒绝函里，应当对拒绝的具体事项予以明确。不要一概而论，含糊不清，模棱两可，那样弄不好会耽误事情。

三是阐明原因。对于拒绝对方的具体原因，最好在拒绝函里认真地进行说明，以便使对方心服口服，以免为此而影响双方的关系。

四是表达歉意。必要的话，在拒绝函里应向被拒绝者表达己方的歉意。此外，还应恳请对方今后继续与自己保持联络。

第四节 网 络

所谓网络，就是将多台计算机连接在一起，使各用户之间能通过电子邮件、数据库和其他共享方式进行更好的通信与交流。

网络本质上是一种无形的联系，是不同的电脑用户进行信息共享、通信与交流的渠道。任何人在使用网络的时候都会直接或间接地影响他人对网络的使用。因此，人们在使用网络时必须遵守一定的网络基本规则。这些网络的基本规则，就是所谓的网络礼仪。

一、网络礼仪的基本原则

网络的出现深刻地改变了人们的生活，其特点性质作用于参与者的观念上、心理上。针对如网络暴力、网络骂战、侵权等网络时代的越轨行为，要从源头上重塑网络行为礼仪规范。其中的关键在于从认识上更新个人形象观以及强化一种包容多元的心态。具体来说，网络礼仪规范重点要把握以下两个方面。

1. 树立网络时代的个人形象观

个人形象，即对具体个人的印象和评价，是印象与评价的集合。按照对个人形象的习惯性思维来理解，在现实生活中，针对具体的时间、场合及对象，人们会展现出自己不同的形象，其过程本身即可视作礼仪的外化表现。

在网络时代，受网络数字技术的影响，一个匿名的网络虚拟社会使其参与者丧失了应有的约束机制，导致了个别人理性的丧失和行为的不负责任。在处于匿名地位时，由于没有明确的个人标志，不必承担破坏规范的后果，不必担心自己的行为对自身形象的影响，因此如网络暴力、骂战、侵权等越轨行为难免出现。这种传统的个人形象观将“在线形象”与“离线形象”割裂开来，正是基于对个人形象的落后认知，导致了部分网民的行为有失风范。

但是，不能忽视，在网络时代，看似私人化的空间实际上是开放公共的。从旁观者的角度看，任何人都可以通过浏览网络公共空间来观察他人的多重形象，这些“在线形象”与参与者的“离线形象”同属其人格的延伸，共同组成其个人形象。因此，根据哈佛大学著名网络研究专家帕尔弗里的研究，在网络时代，人们的形象更多地表现为真实生活和网上自我表现的综合。

2. 重塑网络时代的包容心态

针对网络越轨行为的诱发因素，除了相对落后的个人形象观念，还应探究一种直接影响网络暴力和网络骂战的心理现象即群体极化心理。美国群体心理学权威桑斯坦认为，在网络时代，各种观点信息充斥在网络平台上，然而参与者都有一种明显的选择自己喜欢、同意的信息，回避自己不喜欢、不同意的声音和观点的倾向。

为了从根本上重塑网络礼仪规范，克服群体极化作用下的心理状态，参与者应有意识地塑造保持一个包容的心态。正所谓，世界具有多样性，智者求同，愚者求异。网络的参与者应保持包容平和的心态，尊重他人的发言权利，培养包容多元的价值观。

二、具体的要求

在综述了构建网络礼仪规范的基本原则后，下面结合几种网络社交形式，来具体探讨网络礼仪规范，从操作层面上明确网络礼仪中的有所为、有所不为。

1. 邮件

电子邮件，即通过计算机网络在用户之间传递的各种信息。电子邮件是迄今为止最方便、快捷的通信方式之一。

收发电子邮件，目前是人们利用网络办公最常见的内容，也是最重要的方式。在收发电子邮件的不同阶段，务必遵循一定之规。

一是撰写与发送。一般而言，电子邮件的撰写与发送皆有一定之规。

其一，为节约费用，在撰写电子邮件时，尤其在撰写多个邮件时，应先在脱机状态下撰写，并将其保存于发件箱中。然后在准备发送时再连接网络，一次性发送。

其二，利用网络办公时所撰写的必须是公务邮件，切不可损公肥私、将单位邮箱用做私人联系途径，不得将本单位邮箱地址告诉亲朋好友。

其三，邮件主题不但能方便收件人迅速了解信件内容、节省对方的时间，还承担着问候的功能，因此撰写邮件，切不可忽略主题，切忌主题空白。但同时应力求其语言简短精确。

其四，在消息板块上撰写时，应遵照普通信件或公文所用格式和规则。邮件篇幅不可过长，表达尽可能简洁明了，以便收件人阅读。

其五，邮件用语要礼貌规范，以示对对方的尊重。尽量避免生僻字、异体字。引用数据、资料时，最好表明出处，以便收件人核对。

其六，慎用附件功能。附件越大，收件人下载的时间就越长，所以应尽可能避免使用附件功能，若确实需要，则应对其进行必要的压缩。对于附件过大、超过有效期会失效的邮件，应提醒收件人邮件的有效期。

其七，不可随便发送无聊、无用的垃圾邮件，不可无端增加网络的拥挤程度。

其八，要保守国家机密，不可发送涉及机密内容的邮件，不得将本单位邮箱密码转告他人。

二是接收与回复。接收与回复电子邮件时，通常应注意以下几点。

其一，应当定期打开收件箱，最好是每天都查看一下有无新邮件，以免遗漏或耽误重要邮件的阅读和回复。

其二，应当及时回复邮件，一般应在收件当天予以回复。若由于因公出差或其他原因未能及时查阅回复邮件，应迅速补办并向对方致歉。

其三，慎用自动回复功能，因为若往来邮件双方都使用了自动回复这一功能，往往会由于信件不断的自动回复而造成邮箱爆炸，给双方造成不必要的麻烦。

其四，回复时应避免附上原有信件，这不但占用了对方可贵的信息空间，而且浪费了对方的时间、降低了其工作效率，是一种偷懒、不细心的表现。

其五，尊重隐私权，不要擅自转发别人的私人邮件。

2. 聊天室

网络聊天室，是一种多人可以同时在线交谈的网络论坛，以房间或频道为单位。在同一聊天室的人们可以通过文字、语音、视频等进行在线实时交谈。根据网络聊天室参与者的行为，下面从网管、网友两种角色出发，分别介绍其礼仪规范。

一是网管。网管，即每个聊天室都配有的管理员。他们的日常事务包括规范言论、解答网友疑问等，主要负责网络的运营、维护与管理。

网管需树立权责意识，不能为了吸引关注而对不当言论宽松管理，而应严格依法净化、监管聊天室的言论环境。

其一，尊重网友正当表达权，尊重多样化表达，包容多维视角。网管的职权使得其能够限制参与者对某些论题的讨论，应避免网管受自身爱好及观点所限，“踢出”或限制网友观点的正当表达。

其二，使用礼貌用语进行言论规范，上传礼仪宣传图片或广告，帮助聊天室树立良好的聊天氛围。

其三，谨慎“踢人”，应做到有理有据，先告诫再除名，不可轻易将网友从聊天室中驱除。

其四，尊重保护聊天室成员的隐私。

二是网友。在日常网络交际、发表评论等活动中，应遵循以下之规。

其一，对自己的言论负责，不发表未核实的舆论消息，不造谣、不传谣。

其二，讲文明、讲逻辑，多使用礼貌用语，逻辑清晰便于理解，避免情绪化的泄愤表达和相互攻讦。

其三，不可以借助自身在聊天室的影响力，擅自发布广告或进行推销。

其四，理性地识别聊天室内的消息舆论，求真求实，不盲目跟风转发消息。

其五，配合网管工作，若受到网管的警告或被其除名，首先应反思自身言行。若遭到不公正待遇，应通过正规投诉渠道解决。

3. QQ、MSN等即时通信

QQ、MSN、百度Hi等，都是通过网络使两人或多人间进行文字信息、语音与视频交流的即时网络社交应用，其具体礼仪规范如下。

其一，记住聊天对象的名字，切忌记错或写错对方的名字。应留意聊天对象的个人资料，可通过修改昵称或增加备注来方便记忆对方的个人信息。

其二，与聊天对象约定时间进行线上交流时，务必恪守约定，提前调试网络设备，以准时上线。

其三，聊天前应先向对方打招呼，询问对方是否有时间交流。不要打扰聊天对象的工作及休息。若聊天对象显示忙碌状态时，则不应频繁发送窗口抖动。

其四，发送离线文件或图片之前，应向聊天对象说明并争得同意。

其五，聊天用语应文明、简洁、易懂，充分使用礼貌用语。文字交流中可适当使用表情符号，以营造热情轻松的聊天氛围。

其六，尊重他人隐私，聊天过程中不宜主动询问他人的私人信息。对他人的个人资料应予以保密，不可向外传播。

其七，聊天过程中，应注意倾听对方的声音，与对方互动。切忌自顾自滔滔不绝，避免形成“一言堂”。

其八，应及时回复对方的留言或信息，若未能及时回复，应致歉并说明缘由。交谈过程中，切忌一味沉默，应注意回应聊天对象。

4. 博客

博客，即网络日志，是一种通常由个人管理、不定期张贴新的文章的网站。下面，从撰写发表和评论回应两方面来介绍博客的礼仪规范。

一是撰写发表。博客的撰写与发表，均有一定之规。

其一，文明表达、规范表达、有效表达。发表博文前，应检查有无病句、错别字或不当用语，尊重自己的劳动成果，同时方便读者阅读。

其二，规范使用表情符号，有助于表达作者的情感，营造轻松热情的博客空间。

其三，尊重他人隐私，不发表涉及他人隐私、损坏他人形象或言语攻击性的文章。避免使不良的、有损他人权利的文章形成传播效应，以净化博客空间。

其四，尊重他人肖像权，转载或在博文中使用他人照片需经本人同意。

其五，谨慎发表，对言论负责。对文章涉及的观点、事实类陈述，博主应做到有理有据，若有数据及资料来源应表明引用来源，方便读者核实。切忌对不实消息进行再传播，应对信息进行理性甄别。

其六，珍惜维护“在线形象”，切忌发表广告、营销性质的博文。

其七，在充分表达自己意见的同时，应表达对信息受众的尊重。如“欢迎讨论，不喜勿喷”这类用语，可彰显博主自身的修养。

二是评论回应。博客的回应及评论，亦不可随意而为。

其一，转载他人文章首先应征得原作者的同意，并注明原作者及原文链接。

其二，文明评论、理性评论。评论他人时，应讲逻辑，控情绪，杜绝网络骂战。

其三，尊重、包容异见，切勿因观点的对立在网络上发动谩骂攻击。正所谓“多交朋友，广结善缘”，在网络互动中，即使不能与他人成为知己，也勿轻易树敌。

其四，巧用留言、小纸条等博客工具促进与博主的交流。此举可以私下表明异见，也便于结交博友。

5. 微博

微博，也称即时博客，是一个基于网民关系的信息分享、传播以及获取平台。在个人微博上，网民可以发布 140 字以内的文字更新信息，并实现即时分享。使用微博时，每个参与者都有对自己发布的内容进行把关的责任。这种责任既体现为对信息的真实性把关，也体现为对自己的信息和言论的社会影响进行评估，避免它们对他人权利的侵害或对社会公共利益的危害。具体来说，微博礼仪之规如下。

其一，文明规范表达，避免由于字数限制而片面传达信息，引发误解和谣传。

其二，规范地转载他人言论，若使用他人照片，需经得照片所有者同意。

其三，避免营销类小广告，净化微博空间。

其四，谨慎转发，避免谣言在裂变式的传播过程中得到最大限度的传播。对于有损他人权利、不利于社会文明风气建设的信息不予转发。

其五，用包容的心态应对与自己观点迥异甚至对立的声音。讨论过程中应做到有理有据、有礼有节。

6. 微信

微信，是腾讯公司推出的一款通过网络快速发送语音短信、视频、图片和文字，支持多人群聊的手机聊天软件。使用微信时，相关的礼仪规范如下。

其一，安全第一、谨慎交友。对待通过微信“摇一摇”结识的尚不熟悉的陌生人，应保持安全距离，切勿轻易透露个人信息。

其二，由于微信朋友圈汇集使用者的 QQ 好友、手机通讯录和“附近的人”，是极其便利的全方位社交平台。使用者应具备主动沟通的意识，适时主动地向认识的朋友亲人打招呼、致以问候，以经营维护自己的人脉资源。

其三，发送语音消息前，应通过文字讯息询问聊天对象是否方便接收语音讯息。发送语音消息时，应确保语音语调清晰、背景无杂音，以便于聊天对象接收信息。

其四，文明沟通、礼貌用语。微信礼仪与“脱线生活”中的沟通礼仪无异，“您好”、“谢谢”等问候礼貌用语不可少。发送消息前，还应检查核实内容无不当用语或错别字。

其五，对上传至朋友圈的消息负责。由于朋友圈中不乏使用者的亲朋好友，紧密的“线下交往”及对彼此的信任，使得微信使用者更容易相信朋友圈中的某些消息，这反而为谣言及诽谤提供了滋生的土壤，故应全力根除以讹传讹的信息。

其六，杜绝营销类的“软广告”，切勿频繁“刷屏”。

其七，转发他人文章，需标明原作者并附上文章来源或出处。

其八，尊重保护他人隐私，朋友圈上发布的照片或信息，应自觉予以保密，不公开、不私用。

第五节　名　片

名片，是当代社会私人交往和公务活动中一种最为经济实用的介绍性媒介。由于它印制规范、文字简洁、使用方便、便于携带、易于保存，而且不讲尊卑、不分职业、不论男女老幼皆可使用，因此用途广泛，颇受社会各界的欢迎。

作为一种自我的“介绍信”和社交的“联谊卡”，名片在人际交往中可用以证明身份，广结良缘，联络老朋友，结交新朋友。有道是：没有名片的人，往往是没有社交活动的人；不会使用名片的人，则通常是不懂交际规则的人。鉴于它的这种重要功能，所以有必要对它加以郑重对待。要把它提高到本人脸面、个人形象乃至单位形象的直接化身这一高度，来加以充分的重视。

在人际交往中，如欲正确使用名片，有必要对名片的制作、名片的分类、名片的用途、名片的交换以及名片的存放五个方面的具体问题有所了解，并尽可能地做到合乎礼仪规范。

一、名片的制作

目前，在国内印制名片，一般均可委托名片制作商承办，所以并不费力。然而为了使自己的名片规范实用，还是应当精心选择、耐心斟酌，以求使名片体现本人的风格，而不可一味地任由名片制作商决定，致使自己的名片粗制滥造。

1. 规格

当前国内最通用的名片规格为 9×5.5，即长 9 厘米，宽 5.5 厘米。这是制作名片时应当首选的规格。此外，名片还有两种常见的规格：10×6 和 8×4.5。前者多为境外人士使用，后者则往往为女士所专用。

如无特殊需要，不应将名片制作过大，甚至有意搞成折叠式，免得给人以标新立异、虚张声势、刻意摆谱之感。

2. 材质

印制名片，最好选用合适的纸张，并以耐折、耐磨、美观、大方的白卡纸，或再生纸、合成纸、布纹纸、麻点纸、香片纸等为佳。至于高贵典雅、纸质挺括的刚古纸、皮纹纸，则可量力而行，酌情选用。必要时，还可为之覆膜。

在一般情况下，没有必要选用布料、塑料、皮革、光纤、钢材、木材、黄金、白金、白银等其他质材印制名片。它们或价格昂贵，或不甚实用。

3. 色彩

印制名片的纸张，宜选庄重朴素的白色、米色、淡蓝色、淡黄色、淡灰色，并且以一张名片一种颜色为好。

最好不要印制杂色名片，令人看得眼花缭乱。也不要用黑色、红色、粉色、紫色、绿色印制名片，它们均会给人有失庄重的感觉。

4. 图案

在名片上允许出现的图案，除纸张自身的纹路外，还有单位标志、单位蓝图、单位位置图等，但以少为佳。

不提倡在名片上印人像、漫画、花卉、宠物。这些东西并无实用价值，却往往会给人以华而不实的印象。

5. 文字

在国内所使用的名片，宜用汉语简体字，不要故弄玄虚地使用繁体汉字。在国内少数民族聚居区、外资企业以及境外使用的名片，可酌情使用规范的少数民族文字或外文。

最佳的做法是：应在一枚名片的两面，分别以简体汉字和另外一种少数民族文字或外文印制相同的内容。切勿在一枚名片上采用两种以上的文字，也不要将两种文字交错印在同一面。

6. 字体

不论使用何种文字印制名片，均以采用标准、清晰、易识的印刷体为好。

尽量不要采用行书、草书、篆书或花体字印制名片，更不要亲自手写。务必记住：只有他人看清楚、看懂了，并且重视自己的名片，它才会真正发挥作用。

7. 印法

制作名片，最好不要手书自制，也不要以复印、油印、影印的方法制作名片，它们均不够正规。

名片一般打印或铅印即可，若是胶印，则显得档次更高一些。但是，后者的价格会高出前者许多。

8. 版式

印制名片，通常有两种版式可以选择。第一，是横式。其行序由上而下，字序由左而右（见图 3—1）。第二，是竖式。其行序由右而左，字序由上而下（见图 3—2）。

北京市外事办公室

邵　鑫　副主任

地址：北京市中关村大街59号
电话：(8610)6211000
邮编：1　0　0　8　7　6

图 3—1　横式名片

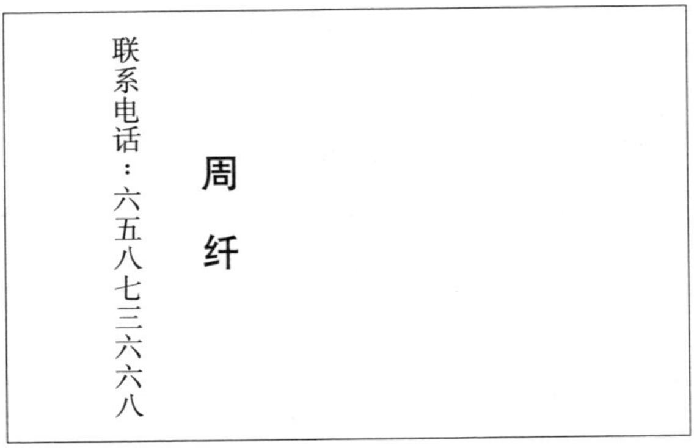

图 3—2　竖式名片

一般认为，中文名片以采用横式为佳，因为它易辨识，易收藏。而竖式名片虽然风格古朴，却不具备这些优点。若以两种文字印制同一枚名片，则应避免其一面横式、一面竖式。

二、名片的分类

因其具体内容、用途各有不同，日常生活中所用的名片可分为应酬式名片、社交式名片、公务式名片、单位式名片四类。前三种，一般又统称为个人名片。

在正式的场合，讲究面对不同的交往对象时使用不同的名片。希望给人以不同的印象，亦应使用不同的名片。因此，一个人同时制作并携带多种名片不足为怪。而不分对象、不讲目的地滥用同一种名片，则往往是失当的。

1. 应酬式名片

应酬式名片，又称本名式名片。顾名思义，其内容通常只有个人姓名一项（见图 3—3），最多还会加上本人的籍贯与字号（见图 3—4）。

应酬式名片，主要适合在社交场合应付泛泛之交，拜会他人时说明身份，馈赠时替代礼单，以及用作便条或短信。

2. 社交式名片

社交式名片，在此特指主要适用于社交场合，用以进行自我介绍与

谢　力　行

图 3—3　应酬式名片之一

山东蓬莱

章　腾 字云清

图 3—4　应酬式名片之二

保持联络之用的个人名片。其内容有二：第一，个人姓名。它应以大号字体印于名片中央。第二，联络方式。它应以较小字体印于名片右下方（见图 3—5）。

历　佳

家庭住址：北京市上海路113号
邮政编码：1　0　0　0　8　8

图 3—5　社交式名片

其联络方式一项，主要应包括家庭住址、邮政编码等内容，必要时还可加印住宅电话号码。它一般不会印办公地址，以示“公私分明”。若不喜欢打扰，还可只印住宅电话号码，而不印家庭住址与邮政编码。

3. 公务式名片

公务式名片，通常指的是在政务、商务、学术、服务等正式的业务交往中所使用的个人名片。它是目前最为常见的一种个人名片。

一枚标准的公务式名片，应由归属单位、本人称呼、联络方式三项具体内容构成（见图3—6）。

NM纳美文化传播公司

卫　国 总经理

单位地址：上海市仁爱路1618号
办公电话：（86—21）8123000
邮政编码：2　0　0　3　6　8

图3—6　公务式名片

一是归属单位。此项内容，由企业标志、供职单位、所在部门三个部分组成，但可酌情加减。供职单位与所在部门均不宜多于两个，免得给人以用心不专的印象，必要时可多印几种名片。此外，供职单位与所在部门均应采用全称。

二是本人称呼。本人称呼，由本人姓名、所任职务以及学术头衔三个部分组成。后两项可有可无，但不宜过多。在本人姓名之后加注“先生”、“小姐”、“夫人”，是完全没有必要的。

三是联络方式。本项内容，由单位地址、办公电话、邮政编码三个部分组成。因其均不可或缺，故又称“联络方式三要素”。在此，通常不宜提供家庭住址与住宅电话。至于手机号码、传真号码、电传号码、语音信箱号码与电子邮件地址等是否需要列出，则应根据自己的实际情况而定。

通常本人称呼应以大号字体印在名片正中央，归属单位与联络方式则应分别以小号字体印在名片的左上角与右下角。

如有必要，可在名片的另一面印上本单位的经营范围或所在方位图（见图 3—7），而不必非印外文不可。

本公司经营范围

图书　磁带
期刊　录像
软件　影碟

图 3—7　公务式名片的背面

4. 单位式名片

单位式名片，主要用于单位对外宣传、推广活动。它的内容主要包括以下两项：第一，单位的全称及其标志。第二，单位的联络方式。按常规，后者通常由单位地址、邮政编码、单位电话总机号码或公关部电话号码构成（见图 3—8）。

FA

法奥实业有限公司

单位地址：海南三亚市临海路1号
电话总机：（0899）32233666
邮政编码：5 7 2 6 6 6 6

图 3—8　单位式名片

三、名片的用途

对现代人而言，名片实乃一种真正物有所值的实用型交际工具。在人际交往中，名片的用途一共有如下十种。

1. 自我介绍

初次会见他人，以名片作辅助性自我介绍效果最好。它不但可以说明自己的身份，强化效果，使对方难以忘怀，而且可以节省时间，避免啰啰嗦嗦、含糊不清。

2. 结交朋友

没有必要每逢遇见陌生人，便上前递上自己的名片，换言之，主动把名片递给别人，便意味着对对方的友好、信任和希望深交。也就是说，巧用名片，可以为结交朋友“铺路架桥”。

3. 维持联系

名片犹如“袖珍通讯录”，利用它所提供的资料．即可与名片的提供者保持联系。正因为有了名片上所提供的各种联络方式，人们的“常来常往”才变得更加现实和便利。

4. 业务介绍

公务式名片上列有归属单位等项内容，因此利用名片亦可为本人及所在单位进行业务宣传、扩大交际面，或争取潜在的合作伙伴。

5. 通知变更

利用名片，可以及时地向老朋友通报本人的最新情况。如晋升职务、乔迁新居、变换单位、电话改号之后，可以印有变更的新名片向老朋友打招呼，以使彼此联系畅通无阻，又使对方对自己的有关情况了解得更为及时、更加充分。

6. 拜会他人

初次前往他人居所或工作单位进行拜访时，可将本人名片交由对方的门卫、秘书或家人，转交给被拜访者，以便对方确认“来者何人”，并决定见与不见。此种做法比较正规，可避免冒昧造访。

7. 简短留言

拜访他人不遇，或者需要请人转达某件事情时，可在名片上写下几行字，或一字不写，然后将它留下或托人转交。这样做，会使对方“如闻其声，如见其人”，不致误事。

8. 用作短信

在名片的左下角，以铅笔写下几行字或短语，寄交或转交他人，如同一封长信一样正式。若内容较多，也可写在名片背面。在国外，流行以法文缩略语写在名片左下角，以慰问、鼓励、感谢、祝贺他人的做法（见图 3—9）。

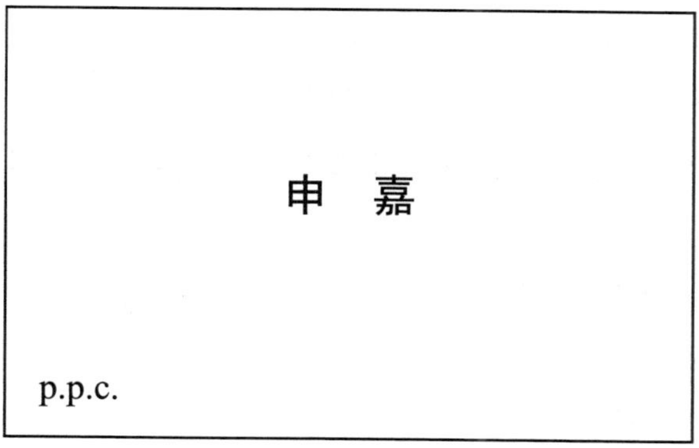

图 3—9　名片信件一则

n. b. 意即“提请注意”；

p. f. 意即“祝贺”；

p. r. 意即“感谢”；

p. c. 意即“谨唁”；

p. p. 意即“介绍”；

p. p. c. 意即“辞行”；

p. f. n. a. 意即“贺年”。

9. 用作礼单

向他人赠送礼品时，可将本人名片放入其中，或将之装入一个不封口的信封中，再将该信封固定于礼品外包装的上方。后者是说明“此乃何人所赠”的标准做法。

10. 替人介绍

介绍某人去见另外一人时，可用回形针将本人名片（居上）与被介绍人名片（居下）固定在一起，必要时还可在本人名片左下角写上“p. p.”，然后将其装入信封，再交与被介绍人。此为一封非常正规的介绍信，通常是会受到高度重视的。

四、名片的交换

欲使名片在人际交往中正常地发挥作用，还必须在交换名片时表现得法。交换名片时，需要注意的问题有四。

1. 交换名片的时机

交换名片，通常需要讲究具体的时机。

一是以下几种情况，需要将自己的名片递交他人，或与对方交换名片。

其一，希望认识对方。

其二，表示自己重视对方。

其三，被介绍给对方。

其四，对方提议交换名片。

其五，对方向自己索要名片。

其六，初次登门拜访对方。

其七，通知对方自己的变更情况。

其八，打算获得对方的名片。

二是以下几种情况，则不必把自己的名片递给对方，也不必与对方交换名片。

其一，对方是陌生人。

其二，不想认识对方。

其三，不愿与对方深交。

其四，对方对结识自己并无兴趣。

其五，经常与对方见面，或常来常往。

其六，双方之间地位、身份、年龄差别很大。

2. 交换名片的方法

交换名片时，必须重视其具体的方式、方法。

一是递上自己的名片。递名片给他人时，应郑重其事。最好是起身站立，走上前去，使用双手或者右手。将名片正面面对对方，然后交予对方。切勿以左手递交名片。不要将名片背面面对对方或是颠倒着面对对方，不要将名片举得高于胸部，不要以手指夹着名片给人。若对方是少数民族或外宾，则最好将名片上印有对方认得的文字的那一面面对对方。

将名片递给他人时，口头应首先有所表示。可以说“请多指教”，“多多关照”，“今后保持联系”，“我们认识一下吧”，或是先做一下自我介绍。

与多人交换名片，应讲究先后次序。或由近而远，或由尊而卑，一定要依次进行。切勿挑三拣四，采用“跳跃式”。当然，也没有必要滥发自己的名片。双方交换名片时，最正规的做法是位卑者应当首先把自己的名片递给位尊者。但在一般情况下，也不必过分拘泥于这一规则。

二是接受他人的名片。当他人表示要递名片给自己或交换名片时，应立即停止手中所做的一切事情，起身站立，面带微笑，目视对方。接受他人的名片时，宜双手捧接，或以右手接过来，切勿单用左手去接。

“接过名片，首先要看”，这一点至为重要。具体而言就是接过名片后，当即要用半分钟左右的时间，从头至尾将其认真默读一遍。若有疑问，则可当场向对方请教。此举意在表示重视对方。若接过他人名片后看也不看，或手头把玩，或弃之桌上，或装入衣袋，或交予他人，均为失礼。

接受他人名片时，应口头道谢，或重复对方所使用的谦词与敬语，如“请您多关照”，“请您多指教”，切不可一言不发。与此同时，必须将自己的名片回敬对方，以示有来有往。

若需要当场将自己的名片递过去，最好在收好对方名片后再做。不要左右开弓，一来一往地同时进行。

3. 索取他人的名片

如果没有必要，最好不要强索他人的名片。若索取他人名片，则不宜直言相告，而应采用以下几种方法之一。

其一，向对方口头上提议交换名片。

其二，主动递上本人名片。此所谓“将欲取之，必先予之”。

其三，询问对方：“今后如何向您请教？”此法适用于向尊长索取名片。

其四，询问对方：“以后怎样与您联系？”此法适用于向平辈或晚辈索要名片。

4. 婉拒他人索取名片

当他人索取本人名片而不想给对方时，通常不宜直截了当，而应以委婉的方法表达此意。可以说“对不起，我忘了带名片”，或者说“抱歉，我的名片用完了”。若手中正拿着自己的名片，又被对方看见了，这样讲则显然不合适。

若本人没有名片，而又不想明说时，也可用上述方法委婉地表述。

如果自己的名片真的没有带或是用完了，自然也可以这么说，但不要忘了加上一句“改日一定补上”，并且一定要言出必行、付诸行动，否则会被对方理解为自己没有名片，或成心不想给对方名片。

五、名片的存放

要使名片的交换合乎规范，并且使其在人际交往中充分发挥作用，则还应注意如下三个问题。

1. 名片的放置

在参加交际应酬之前，要像准备修饰、化妆一样，提前准备好名片，并进行必要的检查。

随身所带的名片，最好放在专用的名片包、名片夹里，此外也可以放在上衣口袋之内。不要把它放在裤袋、裙兜、提包、钱夹里，那样做既不正式，又显得杂乱无章。在自己的公文包以及办公桌抽屉里，也应常备名片，以便随时使用。

在交际场合，如感到要用名片，则应事先将其预备好，不要在使用时再去乱翻乱找。

接过他人的名片看过之后，应将其精心放入自己的名片包、名片夹或上衣口袋内，切勿放在其他地方。

2. 名片的收藏

参加过交际应酬以后，应立即对所收到的他人的名片加以整理收藏，以便今后利用起来方便。不要将它随意夹在书刊、材料，压在玻璃板下，或是扔在抽屉里面。

存放名片的方法大体上有四种，通常它们还可以交叉使用。

其一，按姓名的外文字母，或汉语拼音字母顺序分类。

其二，按姓名的汉字笔画多少分类。

其三，按专业或部门分类。

其四，按国别或地区分类。

若收藏的名片甚多，还可以编一个索引。那样用起来就更方便了。

3. 名片的利用

随着人际交往的不断深入，还可在自己所收藏的他人的名片上随手记下可供本人参考的资料，使其充当社交的记事簿。一般而言，在自己所收藏他人的名片上可记的有利于人际交往的资料如下。

一是收到名片时的具体情况。它包括收到名片的地点、时间，以及是否与对方亲自交换等。在国外有一种做法，即把名片的右上角向下折，然后再使其恢复原状，此法表示该名片是对方亲自与自己交换的。

二是交换名片者个人的资料。它通常包括对方的性别、年龄、籍贯、学历、专长、嗜好、主要社会关系等。这些信息既可备忘，也可充作资料。

三是交换名片者在交换名片后的变化情况。它通常包括对方的单位、部门的变化，职业的变动调任，职务、学衔的升降，联络方式的改变等。

有一位名人说过："在现代生活中，一个不会正确地利用名片进行个人交际的人，实际上就是一个缺乏现代意识的人。"他的这句话并非小题大做，而是非常切中要害。可以说，这句话充分说明了名片礼仪的重要性。

第六节　演　讲

演讲，又叫演说、讲演，是指当众所进行的一种正式而庄重的讲话，旨在就某一问题阐述个人见解，或论证某一观点，说明某种情况。简而言之，演讲就是当众进行的正式发言。

人们通常所进行的演讲则大多数属于礼仪、说明性质。例如，欢迎词、欢送词、祝贺词、答谢词、解说词、介绍词等。它们往往具有常规性、广泛性、应酬性、临时性等特点，故此又称为即席演讲。进行即席演讲，一般仅需片刻时间，但它却是对演讲者个人综合素质的一种最有效的测试。以下从演讲的要求与演讲的类型这两个方面来分别介绍相关的礼仪规范。

一、演讲的要求

同样都是运用语言进行交流，演讲与交谈却大有不同。交谈的主要特征是谈话双方需要双向沟通，双向交流；而演讲的主要特征则是演讲者在演讲时完全可以单向思维、单独表达，而不受外界的任何影响。但是，这并不意味着演讲可以不讲规则、随意表述。实际生活中，健谈者多矣，成功的演说家却并不常见。

从礼仪规范上来讲，演讲的基本要求是精心准备、善始善终、循规蹈矩、即席发挥。

1. 精心准备

尽管许多演讲都是即席而为，但要令其出彩，就不能不在平时为其进行一些必要的准备。有道是冰冻三尺，非一日之寒。唯有平日的认真积累，才有演讲的成功。准备演讲，大致上应注意下列几点。

一是积累素材。在日常工作与生活中，要多看、多想、多问、多记，为演讲积累必要的素材。

二是撰写提纲。并非每一次演讲皆应成文，但任何一次出色的演讲却往往少不了事先认真撰写的提纲的帮助。一份要点明确、层次清晰的提纲，是演讲必不可少的提要与骨架。

三是进行演练。如果条件允许，应在准备演讲的过程中进行几次必要的预演。进行预演时，可以请人到场观摩，也可以自我演练。演练的最大好处，是可以提前发现漏洞。

四是精力充沛。进行重要演讲前，应进行充分的休息，以保证自己在演讲时精神焕发，神采奕奕。

五是仪表整洁。演讲前，一定要精心修饰仪表，细心选择服饰。一位服饰得体、仪表整洁的演讲者，到处都会受到欢迎。

2. 善始善终

此处的善始善终，是指一定要重视演讲的开场与结局。在正式演讲之中，它们被称为至关重要的上下场。要做好这一点，应当注意如下两点。

一是精心安排好开场。万事开头难，一次演讲如果不能拥有出色的开场白，就可能意味着失败。因此，演讲时一定要安排好开场白，以求先声夺人。具体要做到下面几条。

其一，设法抓住听众。演讲的开端，最忌陈词滥调，平淡无奇，所以在其开始时，即应引起听众的好奇与注意。

其二，尽快进入状态。开始演讲时，应尽快阐明要点，直奔主题。切勿东拉西扯，不着边际。

其三，促使听众参与。高明的演讲者，一定要让自己的开场白引发听众的共鸣，从而使听众与自己积极配合，主动呼应。

二是认真设计好结局。一场优秀的演讲，不仅要有良好的开端，而且忌讳虎头蛇尾的结局。要防止留下一个失败的结局，关键应注意三点。

其一，适可而止。任何演讲，都忌讳耗时过长。一般的演讲，应控制在一刻钟之内，最长也不宜超过半小时。适时结束演讲，是对演讲的基本要求。

其二，留有空间。结束演讲时，不但时间上要限制，而且内容上也忌讳反复铺陈、说来道去。高明的演讲者在演讲结束时往往都要留下一定的空间，使听众意犹未尽，回味无穷。

其三，概括要点。为了完成演讲的基本任务，在演讲结束之际，应对其要点进行必要的小结，以便强化听众的印象。

3. 循规蹈矩

在进行任何性质的演讲时，都有一些基本规矩需要演讲者自觉加以遵守。

一是讲政治。不论在内部演讲还是公开演讲，都要注意其政治导向。绝对不允许演讲内容有悖宪法与法律，或者非议国家、非议其他民族、非议党或政府。

二是有思想。任何演讲，都应当力求具有新思想、新观点、新视野。一场没有思想、无的放矢甚至是无病呻吟的演讲，只会给听众留下不好的印象。

三是选内容。成功的演讲，讲究以理服人与以例服人。前者指的是演讲要有思想，后者则是要求演讲必须内容充实、材料丰富、旁征博引，并言之有物。

四是重语言。演讲的语言，应当生动、形象、风趣、幽默。为此，可以多举案例，多打比方，但不应庸俗无聊，格调低下。与此同时，演讲者还应控制自己演讲的节奏与声调，力求使之悦耳动听，抑扬顿挫。

五是看表现。进行演讲时，高明的演讲者往往都善于声情并茂，以适当的表情、神态、语调、动作与演讲的内容相互配合。应当注意的是，演讲时表情、神态、动作过度夸张，与面无表情、神态漠然、动作呆板一样，都是不适当的。

六是守时间。前面已经说过，在时间上对演讲提出的要求是短而又短，适可而止。即席演讲，尤其需要时间越短越好。进行限时演讲时，千万不要超过规定时间，否则被别人“叫停”，会令自己颜面无光。

4. 即席发挥

与常规演讲不同，即席演讲通常没有准备，有时难免令人措手不及。

一般而言，尽管即席演讲讲究的是即兴发挥，但又绝对不允许演讲者无所顾忌，不讲分寸。下列几点，均应引起即席演讲者的充分注意。

一是泰然自若。应邀进行即席演讲时，应当神态自如，大大方方，高高兴兴。这样一来，就会使自己在听众之中赢得出场上的高分。如果出现推辞、勉强等积极性不高的情况，甚至手足无措，则颇为不妥。

二是即兴有度。即兴，是即席演讲的主要特征。所谓即兴，一般是指对眼前的景物有所感触，临时产生兴致而抒发感慨。要令自己的即兴感触与听众产生共鸣，就一定要使演讲内容与现实的场景、气氛彼此协调，深浅适度，庄谐结合。无条件地即兴发挥，是即席演讲之大忌。

三是形象说法。为避免演讲枯燥乏味，演讲者一定要做到使演讲深入浅出，坚持理论联系实际，善于采用现实生活中的生动事例对深奥的理论进行形象的诠释。要是动辄名词术语、条条框框，纵使有满腹经纶，也难以为自己的演讲找到听众。

四是借题发挥。即席发表演讲，往往要求演讲者善于借题发挥，善于将演讲的主题与听众身边的人与事相联系。必要时，还可以巧用身边的实物、图表，或是对众所周知的成语、典故借题发挥。

二、演讲的类型

演讲通常存在着许多具体的类型，依其功能而论，演讲可以分为欢迎性演讲、欢送性演讲、祝贺性演讲、答谢性演讲、解说性演讲、介绍性演讲、总结性演讲、汇报性演讲等。在礼仪规范上，它们各自都有一系列与众不同的具体要求。

1. 欢迎性演讲

欢迎性演讲，又称致欢迎词。致欢迎词时，重点应放在“欢迎”二字上，并且应当始终热情洋溢。除此之外，还有以下几点注意事项。

一是看对象。具体对象不同时，欢迎词应在语气上有所区别：对前来本单位检查业务的上级，应当谦恭；对初来乍到的客人，应当诚恳；对新近加入的同事，则应当热情。

二是看内容。在内容方面，欢迎词均应包括自我介绍、欢迎之意的表达、对被欢迎者的建议与希望等。其中尤其不可缺少致辞者对本人及其所在单位的自我介绍。

三是看态度。在态度上，致辞者在致辞时必须落落大方，充满自信，面带微笑，热情友善，平易近人。与此同时，还应注意与听众“等距离沟通”，以免厚此薄彼。

四是看场合。致欢迎词，通常宜选择较为正式的地点。经过布置的大礼堂、会议室、接待室以及宴会厅，都是最佳的选择。饭店的大堂、单位的门口等处因人来人往，较为嘈杂，一般不宜作为致欢迎词的场所。

2. 欢送性演讲

欢送性演讲，又称致欢送词或送别词。每逢同事离职、朋友远去，或者同行、客人告别之际，为了对其表示惜别之意，一般都要致欢送词。

致欢送词，实际上就是郑重其事地发表临别赠言。在正式的欢送会上，一篇恰到好处的欢送词不仅可以表达致辞者的情意，而且也可以令被欢送者倍觉温馨。

撰写欢送词时，重点应当放在充分地表达致辞者的惜别之意以及对交往双方之间友谊的无比珍视上。具体来说，应兼顾以下五点。

一是适当地回忆既往与被欢送者共处的美好时光。

二是恰到好处地对被欢送者进行高度评价，或是回顾被欢送者在工

作上所取得的成果。

三是真心实意地向对方表达自己的依依惜别之意。

四是向对方致以诚挚的敬意与美好的祝福。

五是富有文采，并令其充满真情实意。

3. 祝贺性演讲

祝贺性演讲，又叫致祝贺词。每当适逢交往对象喜庆之事，或者出席庆祝会、纪念会、嘉奖会以及开业、剪彩、庆典之时，它的使用最为多见。祝贺词亦称贺词，其基本要求是：恰如其分地表达祝贺之意。既要力求使之具有新意，可以为受贺者锦上添花，又要避免例行公事式的官样文章或者词不达意。具体来说，准备祝贺词时，需要兼顾以下四点事项。

一是以“恭喜”为全篇的中心。在一篇祝贺词的字里行间，自始至终都要充满热烈、喜悦、愉快、感人的气息。一切与此无关之事，千万不要随便提及。

二是对受贺者进行客观评价。在祝贺词中，要着重肯定受贺者的成绩，赞美对方的优点，称颂对方取得的进步。在扬长的同时，千万不宜揭短。

三是祝福受贺者再接再厉。在一篇祝贺词里，最后总应充满对受贺者未来的良好祝愿。

四是力戒无限度地恭维受贺者。致祝贺词时，重在表达真情实感，并且应当充满激情，切勿无限度地对受贺者大唱颂歌。

4. 答谢性演讲

答谢性演讲，亦称致答谢词。在许多获得荣誉、嘉奖的场合，或者在取得成功、受到祝贺之际，通常都应当适时地致答谢词。

准备答谢词时，必须将其重点置于“感谢”之上。与此同时，亦应对自己做出适当的评价。二者缺一不可，否则就会令一篇答谢词有失于完整。

具体来说，一篇成功的答谢词应注意如下五点。

一是正视成绩。在答谢词中，不妨先客观而全面地回顾一下自己或本单位所取得的进步。这样，答谢词中的有感而发才不会显得突兀，令人莫名其妙。

二是自我肯定。在回顾自己或本单位的发展、进步时，应当实事求是、大大方方地肯定自己的成绩。这样做，不但说明自己充满自信，而且也表明自己具备一定的实力。

三是承认不足。致答谢词，应坚持一分为二的观点。不但要肯定自身之所长，而且要不忘自身之所短，这样才可能再接再厉、不断进步。

四是谦虚谨慎。在答谢他人时，切莫自吹自擂，得意忘形。英国人丁尼生说过："真正的谦虚，是最崇高的美德。"这一美德，理应为演讲者所具备。

五是感谢各方。在致答谢词时，对于各界各方给予自己的支持，均应不厌其烦地一一致谢，必须面面俱到，不得丢三落四。

5. 解说性演讲

解说性演讲，亦称致解说词。它指的是应他人的请求，或是为了满足他人的需要，而对某一事物所进行的专门说明或解释。

致解说词时，一般应当对以下四点加以注意。

一是熟悉业务。在准备解说词时，务必对与解说对象相关的业务有尽可能多的了解。这样做，会使自己充满信心地解说相关产品的性能，避免出现被人问倒的尴尬局面。

二是强调特征。对某一事物进行解说时，一定要抓住其功能、设计、外观、价位等方面的特征广而告之，这样便会牢牢抓住听众。

三是实事求是。解说某一事物时，固然应讲究扬长避短，但同时坚持实事求是则是永恒的原则。借致辞之机向听众扩散虚假信息，甚至公然坑、蒙、诈、骗，则是绝对要不得的。

四是有备而至。准备解说词时，应考虑听众届时可能产生的反应以及可能提出的问题，并且提前做好准备。只有这样，才能临阵不慌。

6. 介绍性演讲

介绍性演讲，亦称致介绍词。当来宾参观、宾主见面、新人加入时，往往需要由专人致介绍词，对本单位有关人员及本单位有关情况进行简单介绍。

就具体内容而言，介绍词与解说词既有共同之处，又有一定差异。二者的共性在于它们都侧重于进行情况说明；二者的差别则是：解说词以新产品、新技术、新服务等物为对象，介绍词则以个人或单位等“人”为对象。

平时，介绍性演讲既可以单独进行，又可以作为一个部分与欢迎性演讲、祝贺性演讲等合并进行。当致介绍词单独进行时，下述三点应予以注意。

一是详尽具体。不论介绍个人还是单位，均应尽可能地全面、充实、详尽、具体。总之，介绍得越是详细，才会给听众留下越深刻的印象。

二是突出重点。在撰写介绍词时，应力求突出被介绍者的优点、专长、业绩以及其他与众不同的独特之点。若是平淡无奇，没有特色，便难以抓住听众。

三是诚实自信。进行介绍时，应坚持诚实的原则。在任何情况下，都不应当在介绍词之中弄虚作假、自欺欺人。此外，还应当充满自信。若是自惭形秽，底气不足，往往会直接损害介绍的效果。

7. 总结性演讲

总结性演讲，又叫致总结词。每逢各类会议或各种活动的结尾，都少不了要由负责人致总结词。它的具体内容，既可以是对会议、活动的总结，也可以是对个人或本单位工作的总结。

所谓总结，一般指的是将某一阶段内的工作、学习以及思想上的各种情况进行分析研究，归纳出经验与教训，并作出具有指导作用的结论。由此可见，致总结词时，有三点事项应着重予以注意。

一是全面回顾。进行总结时，有必要认真、全面、系统地对自己个人或单位的基本情况进行回顾。所谓“温故而知新”，回顾过去是为了未来有所发展、有所进步。具体回顾时，既要看到成绩，又要承认不足。

二是总结经验。“前事不忘，后事之师。”必须清醒地认识到，进行总结的目的，就是为了获得宝贵的经验。

三是吸取教训。在总结经验的同时，亦应及时地从自己个人或单位过去的失误中吸取教训，防止未来犯同样的错误。

8. 汇报性演讲

汇报性演讲，又叫致汇报词，简称汇报。它通常是指综合材料，向上级或群众报告。进行汇报性演讲时，主要应注意以下四点。

一是目的明确。进行汇报，必须有其明确而具体的目的。为准备汇报而收集材料时，应有的放矢。

二是有主有次。在汇报中，各类情况与材料均应主次分明，条理清晰，逻辑性强。

三是真实无欺。进行汇报时，应坚持实事求是，一分为二。不能“报喜不报忧”，或“报忧不报喜”、弄虚作假、欺上瞒下。

四是准备全面。准备汇报时，应尽量收集各种资讯，以便完善汇报内容，积极应对他人对汇报的质疑以及其他问题。

第七节 馈 赠

在公务活动中，馈赠时有所见。所谓馈赠，是指为了向其他人表达某种意愿，而将某件物品不求报偿、毫无代价地送给对方。有时，馈赠也叫赠送。

交际应酬中的馈赠，发生于赠送者与受赠者双方之间。具体来说，学习馈赠礼仪，不仅要通晓赠送守则，同时还应当对受赠须知一清二楚。

一、赠礼守则

作为馈赠的发起之人，赠送者的选择、准备礼品以及面交受赠者的一系列活动都应当考虑周到，符合礼数，慎而又慎。

在一般情况之下，选赠礼品时，务需兼顾最佳的礼品、禁忌的回避、送礼的常规三大问题。

1. 最佳的礼品

送礼之人，无人不想赠人之物受到对方的看重。但要真正做到这一点，却并非轻而易举。依照行政礼仪的规范，在公务活动受到欢迎的礼品，通常必须符合以下几条具体的标准。

一是适应性。送与他人的礼品，首先应符合对方的某种实际需要，或是有助于对方的工作学习或生活，或是可以满足对方的兴趣、爱好。通俗地讲，就是所赠礼品应该投其所好。这就是礼品的适应性。例如，宝刀理应赠予猛士，鲜花自当送给佳人。若反其道而行之，使礼品“找错对象”，就很难使其适得其所。

二是纪念性。在绝大多数情况下，尤其是在关系普通者之间，送人的礼品务必要着重突出其纪念意义，即一定要讲究“千里送鹅毛，礼轻情意重”，而无须过分强调其价值、价格。这就是所谓礼品的纪念性。

三是独创性。送人礼品，与做其他许多事情一样，是非常忌讳“千人一面”的。选择礼品时，应精心构思，匠心独运，富于创意，力争使之新、奇、特。这就是礼品的独创性。赠送具有独创性的礼品给人，往往可以令其耳目一新，既兴奋又感动，因为这等于是“特别的爱给特别的你”。

四是时尚性。礼品的时尚性，指的是送人的礼品，在符合以上几条标准的同时，还须注意符合时尚，并未过时或落伍。送人的礼品，因个人能力所限，不一定十分前卫，但一定不要脱离时尚。否则，等于说自己“落伍”，而且还有对受赠者轻视或应付之嫌。

2. 禁忌的回避

在选择、准备礼品时，不能单凭个人意愿，“想当然”地自作主张。在努力选择上佳礼品之时，应当有意识地做到不送受赠者所不欢迎的礼品。也就是说，务必要自觉、主动地回避对方受礼的禁忌。

哪些礼品是受赠者难以接受的呢？根据一般规律，它们主要应为下列七种物品。

一是违法的物品。在现代国家中，法律体现着国民的意志，法律高于一切。在任何时候，选送礼品给别人时，都务必要首先树立法律意识，认真考虑一下是否与中国现行法律相抵触。诸如具有严重政治问题，泄露国家秘密或本单位商业秘密，涉黄、涉毒、涉枪一类的物品，在任何时候都不可赠送于人。不然的话，就会既害人又害己。赠送礼品给外国友人时，还应考虑到使之不违反对方所在国家的现行法律。

二是犯规的物品。所谓犯规之物，这里指的是所赠礼品不符合赠送双方尤其是受赠者一方的有关规定。赠送犯规的物品给人，是明知故犯，成心让对方为难，甚至有害于对方的。例如，中国规定：国家行政人员在执行公务时，不得以任何理由，因公收受礼品，或变相收受礼品。否则，即有受贿之疑。

三是败俗的物品。挑选赠品时，特别是在为交往不深的对象或外地人士和外国人挑选赠品时，还应当有意识地使赠品不与对方所在地的风俗习惯相矛盾、相抵触。在任何情况下，都要坚决避免把对方认为属于伤风败俗的物品作为礼品相赠。这样做，是尊重交往对象的应有之意。众所周知，在中国的绝大部分地区，老年人忌讳发音为“终”的钟，恋人们反感于发音为“散”的伞。在阿拉伯地区，严禁饮酒。在西方，药品不宜送人。倘若非要以此相赠，怎能令受赠者愉快呢?!

四是犯忌的物品。在日常生活之中，人们由于种种原因，往往会对某些物品敬而远之，或者存在着强烈的反感和抵触情绪。举例来说，糖尿病患者不能吃含高糖的食品，失恋或丧偶之人绝不会喜欢配对使用的“情侣用品”，而把一本畅销的画册送给一位盲人也只能让其“望洋兴叹”。诸如此类的物品，就是所谓犯忌的物品，即受赠者本人的忌讳之物。将犯忌之物送人，不仅有可能令对方难堪，而且更会使自己促进双方关系的良好愿望适得其反。

五是有害的物品。有一些东西，虽然不为法律、规章所禁止，但是对人们工作、学习、生活以及身体健康、家庭幸福不但无益而且有害。这就属于不宜送人之列的有害物品。平日，最常见的此类物品有香烟、烈酒、赌具以及庸俗低级的书刊、音像制品。将此类物品送人，有些时候或许恰能投其所好，但却难脱“助纣为虐”、存心害人之嫌。

六是废弃的物品。赠送给他人的礼品，不一定非得价格高昂，让人叹为观止。但是，除古董、文物之外，在一般情况下，绝对不要把自家的旧物、废品、淘汰货，使用不完的东西或是用了一半的东西相赠予人。把过时、无用之物送给别人，不能说明自己与对方“不见外”，而只能证明自己小瞧于人。要不是这样的话，干吗要将“处理品”处理给人家呢？他人所送之物，一般也不宜再转送于人。

七是广告类物品。广告，简单地讲，就是支付费用并借助于载体所进行的意在获利的宣传。了解了什么是广告，就应该懂得，在一般情况下，除家人之外，轻易不要把带有广告标志或广告语的物品赠送给别人。用广告物品送人，非但等于什么都没有送，而且还会使人产生利用对方替自己免费作宣传的印象。

3. 送礼的常规

现场赠送礼品时，还有一些需要注意的事项。做好这些事情，既是行政礼仪的基本要求，又是使整个赠送行为取得成功的必不可少的重要环节。

一是精心包装。送给他人的礼品，尤其是在正式场合赠送于人的礼品，在相赠之前，一般均应认真进行包装，即用专门的纸张包裹礼品，或是把礼品装入特制的盒子、瓶子之内。礼品的包装，通常被看作礼品必不可缺的重要组成部分之一。它犹如礼品的“外衣”。穿上了“外衣”的礼品，方才显得正式、高档，而且还会使受赠者感到自己备受重视。在国际交往中，此点尤其要注意。

包装礼品时，既要量力而行，反对华而不实，又要尽量争取做得好一些。在进行包装时，要讲究其材料、色彩、图案及其捆扎、包裹的具体方式。若是不搞任何包装，或者包装档次过低，马马虎虎，往往就会导致礼品本身的价值被“低估”。

二是表现大方。现场赠送礼品时，有关人士尤其是赠送者一定要神态自然，举止大方。千万不要表现得偷偷摸摸，小里小气，手足无措，态度可疑。

赠送礼品，通常是为了表达自己的心意，所以自当光明正大，泰然自若。将赠品送给受赠者，一般应在见面之后进行。届时，应当郑重其事地起身站立，走近受赠者，双手将礼品递给对方。礼品通常应当递到对方的手中，而不宜放下后由对方自取。

若礼品过大，可由他人帮助递交，但赠送者本人最好还是要参与其事，并援之以手。

若同时向多人赠送礼品，最好先长辈后晚辈、先女士后男士、先上级后下级、先外宾后内宾，按照次序，依次有条不紊地进行。

最好不要把送给他人的礼品乱掖乱塞在对方的居所之内，或者悄悄放下，而不是直言相告。

三是有所说明。当面亲送礼品时，一言不发，送上则罢，是要不得的。在以礼赠人时，有必要辅以适当的、认真的说明。

赠送礼品时所要进行的说明，大体上可分为如下四类。

其一，因何而送礼。比如，可在说过“祝您生日快乐”之后再送上礼品，这自然等于表明送的是生日礼物了。

其二，自己的态度。送礼时切勿自我贬低，说什么“没有准备，临时才买的”，“没有什么好东西，凑合着用吧”，而应当实事求是地说明自己的态度，比如，“这是我为你精心挑选的”，“相信你一定会喜欢”。

其三，礼品的寓意。在送礼时，介绍礼品的寓意，多讲几句吉祥话，往往必不可少。

其四，礼品的用途。假如礼品较为新颖，则还有必要向受赠者说明其具体特点、用途、用法，让对方明了礼品的独特之处、作何之用以及如何使用。

二、受赠须知

作为受赠者，在接受礼品时，有一些注意事项，必须了然于胸，认真遵守。不可以对他人的礼品漠然无视，也不宜在接受礼品时行为失当。

1. 欣然笑纳

在一般情况下，对于他人所诚心相赠的礼品，是却之不恭的。倘若获赠的礼品并非违法犯规之物，那么最佳的表现应当是恭敬不如从命，大大方方地欣然接受为好。

接受他人赠品之时，对下列五个细节问题应予认真对待，而不允许疏忽大意。

一是神态专注。当他人口头上宣布有礼相赠于己时，不论自己正在做什么事，都应立即中止，起身站立，面向对方，以便有所准备。在对方取出礼品，预备赠送时，不应伸手去抢，开口相询，或者双眼盯住不放，但求“先睹为快”。此时此刻，最应当注意保持风度。神态既要专注、认真，更要显得稳重、大方。

二是双手捧接。在赠送者递上礼品时，要尽可能地用双手前去“迎接”。通常不应只用一只手去接礼品，特别是不要单用左手去接礼品。在接受礼品时，勿忘面含微笑，双目注视对方的两眼。接过来的若是对方所提供的礼品单，则应立即从头至尾细读一遍。接下来需要继续应酬的话，可将礼品暂时放下。但不要信手乱丢，不到万不得已时不要把礼品直接放在地上。

三是认真道谢。在双手接过他人赠品的同时，应恭恭敬敬、认认真真地向对方立即道谢。与此同时，有条件的话，还应该即刻与对方握一下手，以示感谢之意。不要在对方递上礼品时，无所表示。也不要虚情假意，推推躲躲，反复推辞。

四是当面启封。如果现场条件许可，那么在接过他人相赠的礼品之后，应当尽可能地当着对方的面，将礼品包装当场拆封。这种做法，在国际社会里是非常普遍的。它表示自己看重对方，同时也很是看重所获赠的礼品。这种做法，比接受礼品后把它扔在一边的做法确有所长。要是当面启封礼品比较麻烦或容易产生误会的话，也可以不这样做。在启封时，动作要舒缓文明，不要乱扯、乱撕、乱丢包装用品。

五是表示欣赏。当面拆开包装之后，如果有时间的话，勿忘采用适当的动作和语言，显示自己对礼品的欣赏之意。比如说，可将他人所送的鲜花捧在身前闻闻花香，随后再将其装入花瓶，并置于醒目之处。要是别人送围巾给自己，则可以马上把它围上，照一照镜子，并告诉赠送者及其他在场者："我很喜欢它的花色与式样"，或是"这条围巾真漂亮"。切不可再三声明获赠之物不适合自己，或是对其吹毛求疵。

2. 拒绝有方

出于种种原因，有的时候，不能够接受他人所赠送的礼品。在拒绝他人礼品时，一定要讲究方式、方法，处处依礼而行，要给对方留有退路，使其有台阶可下，而切忌令人难堪。

符合行政礼仪的拒收礼品方法有以下三种，在操作中可以酌情选择，见机行事。

一是婉言相告法。婉言相告法，即采用委婉的、不失礼貌的语言，向赠送者暗示自己难以接受对方的好意。例如，当对方向自己赠送手机时，可告之："我已经有一部手机了。"当一位男士送舞票给一位女士，而对方打算回绝时，则可以说："我男朋友也要请我跳舞，而且我们已经有约在先了。"

二是直言缘由法。直言缘由法，即直截了当而又所言不虚地向赠送者说明自己之所以难以接受礼品的原因。在公务活动中拒绝礼品时，此法尤其适用。例如，拒绝他人所赠的现金时，可以讲："我们有规定，接受现金要算受贿的。"拒绝他人所赠的贵重礼品时，可以说："按照有关规定，你送我的这件东西，必须登记上缴。"

三是事后退还法。拒绝他人所送的礼品，若在大庭广众之前进行，往往会使受赠者有口难张，使赠送者尴尬异常。遇到这种情况，可采用事后退还法加以处理，即当时接受下来礼品，但不拆启其包装。事后，尽快地单独将礼品物归原主，或交给有关部门。需要强调的是，采取此方法时，退还礼品的时间不宜拖延过久，最好应于自接受礼品起的24小时之内付诸行动。此外，切勿将退还之物私下拆封，尤其是不宜用过之后才去退还。

3. 依礼还礼

古人常言："来而不往，非礼也。"在公务活动中，礼尚往来，互赠礼品，也是人之常情。在许多时候，接受他人礼品之后，即应铭记在心，在适当的时刻，以适当的方式，向对方回赠礼品。这就是人们常说的还礼。

依照行政礼仪的规范，在公务活动中选择还礼时，重点要注意还礼的时间与还礼的形式两个方面的问题。

一是还礼的时间。就还礼而言，在具体的时间上必须慎重思量。若是还礼过早，好似"等价交换"，又好比"划清界限"，会使自己显得浅薄庸俗。但要是拖延过久，遥遥无期，则又跟无此打算没有什么不同。

选择还礼的时间，要讲"后会有期"。其最佳的选择有三。

其一，适逢与对方赠送自己相同的机会还礼。

其二，在对方及其家人的某一喜庆活动中还礼。

其三，此后登门之时还礼。

需要强调的是，还礼并非"还债"，而且讲究自觉自愿。通常，还礼次数不必过多，完全没有必要再三再四地还礼，以致使其成为一种负担。

二是还礼的形式。还礼，是很讲究具体形式的选择的。还礼的形式要是不对路数，还不如不还。

在考虑还礼时，下述几种具体形式都是合乎礼仪，可以优先选择其一的。

其一，可以对方相赠之物的同类物品作为还礼。这时里所说的"同类"，指的是大的种类。例如，你送我书刊，我可还之以影碟，因为它们均为文艺类礼品。但要注意，在具体品种上，还礼不要与赠礼完全相同。

其二，可以与对方相赠之物价格大体类似的物品作为还礼。一般来讲，还礼与赠礼的价格相仿即可，没有必要有过之而无不及。即使还礼在价格上较赠礼差一些，也未见得不可。

其三，可以某种意在向对方表示尊重的方式来代替还礼。实际上，受礼以后，不必非要还礼不可。代之以其他形式，例如，在受礼之后，在口头上或书面上向对方致谢；或是在再见对方之时，使用对方的赠礼，以示不忘等，同样是可行的好办法。

三、送花

在日常交往中赠送鲜花，是馈赠的一种特殊形式，而且是目前人们最为欢迎的一种馈赠形式。送人以鲜花，既可以其表达感情、歌颂友谊，也可以提升其整个馈赠行为的品位和境界。因此，在人际交往中以花为赠，是最保险而又易于皆大欢喜的一种馈赠选择。

以花为礼时，既要遵守基本的馈赠礼仪，同时也要掌握其自身相沿成习的一些独特做法。一般来说，学习送花礼仪，需要明确的主要问题有送花的形式、送花的时机、鲜花的寓意等。

1. 送花的形式

送花的形式，即应如何将鲜花送人的问题。具体而言，送花的形式既可以人来区分，也可以花来区分。

一是以人区分。以人来区分送花的形式，通常可将其区分为本人亲送、亲友转送、雇人代送三种。它们又分别适用于不同的情况和场合。

其一，本人亲送。本人亲送鲜花，是送花的最基本形式。它可使赠送者在身临其境时见机行事。不但可以与受赠者一同分享当时的喜悦，而且可以亲自现场解说自己送花的缘由与其中的含义，不致使送花的行为“词不达意”。

其二，亲友转送。由亲友转送鲜花，一般是赠送人本人因故不能到场时所作的一种选择。在大多数情况下，它是不得已而为之的。尽管如此，由亲友转送鲜花有时也有其独到的好处。比如说，由于代送鲜花的亲友通常与受赠者并不陌生，所以他可一身二任，同时担任赠送者的最佳信使，细致周详地向受赠者传递有关信息，有时甚至可以能言赠送者所难言之事。

其三，雇人代送。有时，自己难以分身，或是为了刻意制造一种气氛，可以按有关标准支付费用，委托鲜花店的"花仙子"、"花仙女"，或是邮政局的"礼仪小姐"、"礼仪先生"，代替自己上门送花。这种送花的形式，目前越来越受欢迎。

二是以花区分。依照送人的鲜花或者组合形式的不同，送花又可以分为送束花、篮花、盆花、插花、饰花、花环、花圈等。

需要强调的是，在绝大多数情况下，送人之花以鲜花为佳，尽可能不要将凋零、衰败、发蔫的花送人。

其一，束花。束花，又叫作花束。它是以新鲜的数枝切花，捆扎成束，精心修剪或包装而成的一种鲜花组合。在以花区分的送花的具体形式中，它是适用面最广、应用最多的一种。

其二，篮花。篮花，又叫花篮。它是以形状各异的精编草篮，按一定的要求，盛放一定数量花大色艳的新鲜切花。与赠送束花相比较，赠送篮花显得更隆重、更高档。其最适宜的场合，有开业、开展、演出、祝寿等。

其三，盆花。盆花，即栽种在专门的花盆里，主要用作观赏的花草。送人的盆花，可以是自养的心爱之物，也可以是特意买来的珍稀品种。送盆花的最佳时机，有登门拜年、祝贺乔迁以及至交互访等。赠送的对象，最好是老年人、爱花人以及兼具时空条件者。

其四，插花。插花，指的是采用一定的技巧，将各种供观赏的鲜花在精心修剪之后，经过认真搭配，然后插放在花瓶、花篮、花插之中。将插花放置于室内案头，可使花香弥漫，花色宜人，春色满眼。插花主要适用于装饰居室，布置客厅、会议室、重要会议的主席台，同时也可以赠与亲朋好友。

其五，饰花。在日常生活里，往往可以单枝的鲜花进行装饰，这就是所谓饰花。按其装饰部位的不同，最常见的饰花有襟花、头花等。在二者之中，襟花可使用于各类社交场合，而头花则仅限于非正式场合使用。除亲朋好友外，饰花一般不宜送人。但是，襟花在某些庆典、仪式中，则可以统一发放。

其六，花环。花环，此处所指的是用新鲜的切花编扎而成的环状物，可以手持，也可以佩戴于脖颈、头顶或手腕上。它多用于自我装饰、表演舞蹈、迎送贵宾，有时亦可以赠人。其受赠对象，通常是贵宾或友好人士。

其七，花圈。花圈，指的是用鲜花扎成的固定的圆圈状祭奠物。它仅能用在悼念、缅怀逝者的场合，例如，参加追悼会、扫墓、谒陵等。

2. 送花的时机

在公务活动中，适合以花相赠的机会不少。不过在下述时机赠人以鲜花，或许更容易大见成效。

一是例行的时机。在人际交往中，在以下场合以花赠人，早已成为被很多人采用的方式。

其一，喜礼。碰上亲朋好友结婚、生子、做寿、乔迁、升学、晋职、出国诸般喜事，自可赠送鲜花作为喜礼，去恭喜对方。

其二，贺礼。参与某些应表祝贺之意的活动，例如，名人寿诞、企业开张、展览开幕、大厦奠基、新船下水、周年庆典、演出成功等，可赠送鲜花作为贺礼。

其三，节庆礼。逢年过节，遇到诸如春节、中秋节、国庆节、重阳节、母亲节、父亲节、妇女节、情人节、教师节、护士节、青年节之类的良辰吉日，可向亲友赠送鲜花。

其四，嘉奖礼。对于先进、模范、英雄、义士以及在各类比赛中的获胜者，或者为国家、单位赢得荣誉者，可赠送鲜花表示嘉奖鼓励。

其五，慰问礼。当亲友、邻里、同事、同学、同乡或其家人碰到不幸、挫折时，例如，失学、失业、失恋、生病，或是遭到其他一些天灾人祸时，应前去慰问，并赠以鲜花。

其六，丧葬礼。当关系密切者，或者其家人亲属举办丧事、葬仪时，可送以鲜花，以寄哀思。

其七，祭奠礼。当自己为他人祭祀、扫墓时，可以花为礼，追思、缅怀故人，或表示自己的一番敬意。

二是巧用的时机。在如下一些情况下，用鲜花赠送于人，不仅独出心裁，富有创意，令人耳目一新，而且往往会有助于赠送者与受赠者双方之间关系的发展或者改善。

其一，做客。前往他人居所做客时，选择何种礼品经常让人颇费思量。其实，此时假若以鲜花为礼，是既脱俗又不至于让对方为难或产生猜忌的。

其二，迎送。当关系密切者即将远行，或者远道归来之际，向其赠送一束鲜花，可以巧妙地向对方委婉地表达自己的亲情、友情、爱情，而不会令其无所附丽。

其三，纪念。每逢重要的私人纪念日，例如，与恋人初识之时，与配偶定情之日，以及对方生辰和双方结婚日时，送花给对方，可略表寸心，显示自己"我心依旧"地珍爱对方，并一如既往。

其四，示爱。向自己的意中人吐露自己的爱慕之意，对不少人都是一桩"心思好动口难开"的难事。此时，不妨以花为媒，借花开道，通过向对方献花来袒露自己的心扉。

其五，回绝。拒绝别人，往往也是一大难题。有时，直截了当地以实言相告是不行的，而且也难以开口。例如，拒绝他人求爱、打算中止双方关系时，就是这样。遇上这类情况，可以试一试用约定俗成的、对方知晓的送花的方式去回绝对方。

其六，致歉。有些时候，因为阴差阳错，而与其他人产生了矛盾、误解甚至严重的隔阂，可后来才知道责任却在自己一方。如果不想将错就错，彻底失去对方的话，比较可行的一个办法，是赠送鲜花给对方，以花致歉。必要时，还可附以道歉卡。这时，鲜花就会充当自己的“和平使者”，忠实地替自己“言难言之事”，犹如自己当面向对方“负荆请罪”一般。

3. 鲜花的寓意

鲜花在常人眼里之所以美丽可爱，除了其自身的先天条件比较优越而外，一个重要的因素，是因为人们往往“借物抒怀”，在鲜花身上附加了种种美好的寓意。

鲜花的寓意，是送花予人时非要正视不可的一个问题。它的本意，是指按照人们的一般看法，某一种鲜花依其品种、色彩、数目、搭配的不同，而表示什么意图，或具有何种含义。假如事先不了解鲜花的寓意，或者在选择鲜花时不顾及这一点，那么送人的鲜花往往就会出大差错。

上面主要讨论的是应当怎样送花的问题。而在此，要讨论的则是应当送什么样的花的问题。从本质上讲，它所讨论的实际上是送花的内容问题。就送花而言，内容与形式相互关联，相互作用，二者都是非常重要的。

下面所要讨论的主要问题，是鲜花的通用寓意和鲜花的民俗寓意。

一是通用寓意。在世界上，有一些鲜花的寓意是相传以久、人所共知、广为沿用的。这就是所谓鲜花的通用寓意。在许多情况下，人们习惯把鲜花的通用寓意叫作花语。准确地说，所谓花语，乃指借用花卉来表达的人类某种情感、愿望或象征的语言。简言之，花语，就是借花所传之意，以花类比之情。

根据礼仪规范，花语一旦形成，并被众人接受之后，便流传开来，需人人了解，个个遵守。不能自造花语，也不许篡改花语。在国外，花语相当普及。

人世间鲜花无数，花语也因此成千上万。事实上，任何人没有必要，也不太可能对全部花语一清二楚、熟练掌握。不过，对常用的花语，特别是下述三类花语，却有必要人人做到基本精通。在国际社会里，它们尤受重视。

其一，表示情感。在全部花语之中，有相当数量的一个部分，是被用来“寓情于景”，表达人之常情的。

例如，玫瑰表示爱情，橄榄表示和平，百合表示纯洁，石竹表示拒绝等。

有时，还可以将几种花语相近的鲜花搭配在一起送人。那些搭配、组合相对比较固定的鲜花，往往又共同形成了新的花语。

例如，用表示勤勉的红丁香、表示谨慎的鸟不宿和表示战胜困难的菟丝子组合而成的花束赠与友人，可表示：“君如奋斗，必将成功!”

其二，表示国家。有一些国家目前已拥有各自的国花。所谓国花，指的是以某种鲜花来表示国家，用她来作为国家的标志和象征。

确定国花，有些国家采用的是由议会立法决定的方式，另外一些国家则是依据本国文化传统和绝大多数人的意愿协商选定的。还有一些国家，为慎重起见，迄今尚未明确选定国花。

在正常情况下，各国的国花大都具有下列三个特点。

第一，一个国家只有一种国花。

第二，各国国花都是本国人民最喜爱的花。

第三，国花通常代表国家形象，人人对她必须尊重、爱护。既不宜滥用国花，也不可失敬于国花。在国际交往中，这一点尤其重要。

其三，表示城市。与许多国家拥有国花一样，世界上的许多城市也拥有自己的市花。所谓市花，指的是用来代表本市，作为本城标志或象征的某一种鲜花。

中国的许多城市都有自己的市花。例如，北京市的市花是月季和菊花，上海市的市花是白玉兰，天津市的市花是月季，重庆市的市花则是山茶花。

在中国香港特别行政区和澳门特别行政区的区旗里，则分别以紫荆花和荷花作为其主要图案。

根据常规，凡属市花均具有下列五个特点。

第一，全市人民对她最为喜爱。

第二，她在本市易于生长，并且兼具城市特色。

第三，她由全市人民公开选定。

第四，她被作为本市标志，在美化城市和城市之间的交往中被广泛使用。

第五，她作为本市化身，对其只能倍加尊重，绝不可予以轻视或损坏。

二是民俗寓意。同一品种的鲜花，在不同的国家和地区，往往会被赋予大不相同的含义。这在多半情况下是民俗不同使然，故可称为鲜花的民俗寓意。如果说，鲜花的通用寓意指的是鲜花寓意的共性问题的话，那么则可以说，鲜花的民俗寓意指的则是鲜花寓意的个性问题。在任何情况下，事物的共性与个性都是相辅而行的。共性寓于个性之中，没有个性就没有共性可言。研究个性，将有助于更加充分地认识共性。

在选送鲜花时，尤其是在跨地区、跨国家的公务活动中欲以鲜花赠人时，不但要看其通用寓意，而且要看民俗寓意，二者应当并行不悖。

就选送鲜花而言，应注意的鲜花的民俗寓意主要体现在鲜花的品种、色彩、数量三个问题上。

其一，品种。在不同的风俗习惯里，同一品种的鲜花往往在寓意上大为不同。不懂的话，难免就要犯忌。

例如，中国人所普遍喜爱的菊花，送给西方人是万万要不得的。在西方，菊花通常代表死亡，仅能供丧葬活动使用。

中国人赞赏荷花，是因其“出淤泥而不染，濯清涟而不妖”。可是到了日本，平白无故是不能用她来送人的。因为荷花在日本代表着死亡。

在中国的广东、海南、港澳地区，送人金橘、桃花，会令对方笑逐颜开。而以梅花、茉莉送人，则必定会招人反感。原来，在那里的人们爱“讨口彩”。金橘有“吉”，桃花“红火”，所以让人来者不拒。而梅花、茉莉则音同“霉”、“没利”，故而令人避之不及。

其二，色彩。鲜花的一大特点，是其万紫千红、色彩缤纷。但是，在不同的习俗里，对于鲜花的色彩却有着不同的理解。

举例而言，在国内，人们最喜爱红色的鲜花，因为在中国民俗里，红色象征大吉大利，兴旺发达。新人成婚时，赠以红色鲜花，方为得当。但在西方人眼里，白色鲜花象征着纯洁无瑕，将其送予新娘，将是对她的至高奖赏。然而西方人未必知道，在老一辈的中国人看来，送给新人白色鲜花则是象征着“不吉利”。

再如，在很多国家，人们送花时多以多色鲜花相组合，很少会送人清一色的红花或黄花。原来，在那里以纯红色的鲜花送人意味着向对方求爱，而以纯黄色的鲜花送人则暗示决定分道扬镳。

其三，数量。送花的具体数量，在不同国家、地区的民俗中，是大有说道的。

在中国，在喜庆活动中送花要送双数，意即“好事成双”。在丧葬仪式上送花则要送单数，以免“祸不单行”。

在西方国家，送人的鲜花则通常讲究是单数。比方说，送 1 枝鲜花表示“一见钟情”，送 11 枝鲜花则表示“一心一意”。只有作为凶兆的“13”，才是例外。

有些数字，由于读音或其他原因，在送花时也是忌讳出现的。例如，在欧美国家，送人鲜花绝对不能是“13”枝。在日本、韩国、朝鲜，以及中国的广东、海南、香港、澳门、台湾地区，送“4”枝鲜花给人，则是招人白眼的，因其发音与“死”相近。

第四章 出行的礼仪

出行，此处是指从出发地向目的地移动的交通行为。在日常工作与生活里，行政人员无论进行何种活动，都与出行密切相关。在交通设施高度发达的今天，人们的出行已经变得十分便利，相应的礼仪规范也显得更加重要。不遵守必要的出行礼仪，既会破坏交通秩序，也会因此而给人以表里不一、缺乏自律之感。出行的礼仪规范，是对与出行相关的各种具体的礼仪规范的一种泛称，主要包括徒步、行车、乘机、媒体、外事五个方面。

第一节 徒 步

徒步，指的是人们不依赖其他交通工具而举步行走。对任何一个正常人来讲，步行无一例外的都是其活动的基本方式。即使采用其他任何交通工具，例如，汽车、火车、地铁、客轮、飞机或者自行车，步行依然必不可少。

根据出行礼仪，徒步时需自尊自爱，以礼待人。徒步不但有普遍通行的礼仪守则，而且在不同的条件下还有各自不同的具体要求。

一、基本的要求

步行，不管是一个人独行，还是多人同行；不管是行走于偏僻之地，还是奔走于闹市街头，都有一些基本的礼仪要求应当遵守。这方面的基本要求如下。

1. 始终自律

步行，对一般人而言，多数情况是一种个人在室外进行的活动，并无熟人在场。在此种缺少他人监督的时刻，讲究礼仪的人尤其需要慎独。

遵守行政礼仪，在步行时就要对自己始终自律，严格约束个人行为。具体而言，特别是要做好以下几点。

一是不吃零食。在步行时大吃大喝，不仅吃相不雅，不够卫生，不利于身体健康，更重要的是还有可能给其他过往的行人造成不便，有碍于人。

二是不去吸烟。香烟是一种有害个人健康的“类毒品”。在步行时吸烟，会污染空气，甚至还有可能烧坏别人的衣物，令人望而生畏。

三是不乱扔废物。在步行之时，若有必要处理个人的废弃物品，应将其投入专用的垃圾箱。不要随手乱丢，破坏公共场合的环境卫生。

四是不随地吐痰。步行时，若需要清嗓子、吐痰，应于旁边无人时，将痰吐在纸巾里包好，然后投入垃圾箱。不要将其“自行消化”，更不能随地乱吐。直接吐入垃圾箱，也不大卫生。

五是不过分亲密。恋人或夫妻一起步行时，不应勾肩搭背、又抱又搂、边走边吻，表现得过分亲密。将这类个人隐私当众“公演”，极不自重，而且也会令在旁之人感觉不舒服，不自在。

六是不尾随围观。发现街头冲突时，应予以劝阻，但切莫围观、起哄、煽风点火。对不相识的异性，不应浅薄轻浮，频频回首顾盼，更不许尾随其后，充当“马路求爱者”，对其进行骚扰。

七是不毁坏公物。对公共场所的各种设施、物品，要自觉爱护。不要做攀折树木，采折花卉，蹬踏雕塑，在墙壁上信手涂鸦、划痕，或是践踏绿地、草坪这一类毁坏公物的事情。爱护公物，应当成为每个人主动自觉的行动。

八是不窥视私宅。对同自己毫不相干的私人居所，不要贸然上前打扰，更不趴在其门口、窗口、墙头，偷偷观望，干涉他人的活动自由。

九是不违反交通规则。步行时务必遵守交通规则，过马路要走人行横道、天桥或地下通道，必要时要看红绿灯或听从交警指挥。不要乱闯红灯，翻越隔离栏，或是在马路上随意穿行。

2. 相互体谅

在步行时，对于任何人，即使是一位素昧平生的人，也要相互关心，相互帮助，相互照顾，相互体谅，并且友好相待。这主要表现在下列几个方面。

一是热情问候。路遇熟人，通常应当问候一下对方，至少也要以适当的方式向其打个招呼，不应当对其视若不见。对于其他不相识者，如正面发生接触时，也有必要先向对方问好，然后再论其他。

二是答复问路。有人向自己问路时，应尽力相助，有可能时还可为之带路，不要不耐烦或不予理睬。向他人问路，则事先要用尊称，事后勿忘道谢。

三是帮助老幼。遇到老弱病残者，或是盲人、孩子有困难时，应主动上前加以关心、帮助，不要视若不见，甚至对其讥讽或呵斥。

四是扶正斗邪。碰上打架、斗殴、偷窃、抢劫或其他破坏公物、破坏公共秩序的行为，应挺身而出，见义勇为，与坏人坏事大胆斗争，不要事不关己，走为上策。

五是彼此谦让。通过狭窄路段时，应请他人先行，不要争先恐后。在拥挤之处不小心碰到别人，立即要说“对不起”，对方则应答以“没关系”。不要若无其事，或是借题发挥，寻衅滋事。

3. 保持距离

步行多在公共场合进行，故而应当注意随时与其他人保持适当的距离。根据行政礼仪的规范：人际距离在某种情况下也是一种无声的语言。它不仅反映着人们彼此之间关系的现状，而且也体现着其中某一方，尤其是保持某一距离的主动者对另一方的态度、看法，因此对此不可马虎大意。

通常人与人之间的距离大体可以分为四种类型，步行之时，对此应正确地加以运用。

一是私人距离。当两人相距 0.5 米之内时，即为私人距离。它又称亲密距离，仅适用于家人、恋人、至交之间。与一般关系者，尤其是陌生人、异性共处时，应避免采用。

二是交际距离。当两人相距在 0.5～1.5 米之间时，即为交际距离。此种距离主要适用于交际应酬之时。它是人们采用最多的人际距离，故又称常规距离。

三是礼仪距离。当两人相距在 1.5～3 米之间时，即为礼仪距离。它有时亦称敬人距离。该距离主要适用于向交往对象表示特有的敬重，或用于举行会议、庆典、仪式。

四是公共距离。当两人相距在 3 米开外时，即为公共距离。它又叫大众距离或者“有距离的距离”，主要适用于与自己不相识的人共处。在公共场合步行时，与陌生人之间应尽量采取这种距离。

二、具体的情况

人们在步行时往往会置身于不同的处所，面临着不同的情况。届时既要遵守上述要求，又要具体情况具体对待。

步行时遇上的具体情况，大体上包括漫步、道路上行进、上下楼梯、进出电梯、出入房间、通过走廊或拥挤之处、排队等。

1. 漫步

漫步，又叫散步。它是指以随意行走为表现形式的一种休息方法，一般不受时间、地点、速度等方面的限制。

漫步通常可分为以下两种情况。

一是个人漫步。在个人漫步时，无须顾忌太多。只要注意安全，不“误入歧途”即可。

二是多人漫步。多人一起漫步，尤其是与尊长、异性一起在较为正式的场合漫步时，重要的是要注意在位置的具体排列上符合礼仪。多人并排行走时，一般以右为尊，以内侧为尊；以左为卑，以外侧为卑。若并行者多于三个人时，则以居中者为尊。多人单行行走时，则大都以居前为尊，以居后为卑。

2. 道路上行进

在道路上行走，尤其在街头巷尾行走，讲究要比漫步时多得多。以下几点尤应关注。

一是要自觉地选走人行道，不要走行车道，并应自觉让出专用的盲道。若无人行道时，应尽量选走路边。

二是按惯例应自觉走在右侧一方，而不可为图省力，而逆行于左侧一方。大家都那样做，交通将必乱无疑。偶遇无路之时，仍应行走于右方。

三是宜单行行进，而不宜并排行走，更不允许多人携手并肩而行，否则将人为地制造路障。

四是应保持一定的速度。不要行动过于迟缓，阻挡身后之人。尽量不要在道路上停留、休息，或是与亲朋好友止步长谈。

3. 上下楼梯

上下楼梯，大致需要注意以下六点。

一是应单行行走，不宜多人并排行走。

二是不论上楼还是下楼，都应身靠右侧而行，即应当右上右下；将自己左侧留出来，是为了方便有紧急事务者快速通过。

三是若为人引导或带路，应走在前头，而不应位居被引导者之后。

四是届时因大家彼此都需要脚下留心，故不应进行交谈。站在楼梯上或楼梯转角处进行深谈，因有碍他人通过，亦不允许。

五是与尊者、异性一起下楼时，若其过陡，应主动行走在前，以防

身后之人或有闪失。

六是既要多注意楼梯，又要注意与身前、身后之人保持一定距离，以防碰撞。

除此之外，还有注意上下楼梯时的姿势、速度。不管自己事情多么急，都不应在上下楼梯时推挤他人，或是坐在楼梯扶手上快速下滑。上下楼梯时快速奔跑，也不甚适当。

4. 进出电梯

进出电梯，需要注意以下两大问题。

一是注意安全。当电梯关门时，不要扒门，或是强行挤入。在电梯人数超载时，不要心存侥幸，非进去不可。当电梯在升降途中因故暂停时，要耐心等候，不要冒险攀缘而出。

二是注意顺序。与不相识者同乘电梯，进入时要讲先来后到，出来时则应由外而里依次而出，不可争先恐后。与熟人同乘电梯，尤其是与尊长、女士、客人同乘电梯时，则应视电梯类别而定：进入有人管理的电梯，应主动后进、后出。进入无人管理的电梯时，则应当先进去，后出来；先进去是为了控制电梯，后出来同样也是为了控制电梯。

5. 出入房间

个人出入房间，若无人在场，自然不宜过分拘束。若有他人在场，尤其是遇上比较正式的情况时，则应在下面几点上多加留意。

一是开关房门。出入房门时，都应以手轻推、轻拉、轻关，绝不可以身体的其他部位代劳。例如，不能以肘推门，以脚踢门，以臀拱门，以膝顶门；也不能听任房门自由开关。

二是注意面向。进门时，如已有人在房内，则始终应面向对方，尤其是切勿反身关门、背向对方。出门时，若房内依旧有人，则行到房门、关门这一系列的过程中，都应尽量面向房内之人，不要以背示之。

三是讲究顺序。在一般情况下，应请尊长、女士、来宾率先进入房门，率先走出房门。必要时应主动为之效劳，替对方开门或关门。若出入房间时恰逢他人与自己方向相反，也要出入房间，则应对其礼让。一般的讲究是：房内之人先出，房外之人后入。倘若对方为尊长、女士、来宾，亦可不遵此例，而优先对方。

6. 通过走廊

有的房间往往由长度、宽窄不等的走廊连接在一起。走廊有室内走廊与露天走廊之分，但所讲究的步行礼仪却基本相近。

一是单排行进。平时，至多允许两人并排行走在一起。若多人一起并行，对大多数相对而言不大宽敞的走廊来说显然不适宜，因为那样有可能阻挡别人。

二是主动右行。主动右行的话，即使有人从对面走来，也会两不相扰。不过若是在通过仅容一人通过的走廊时遇上了这种情况，则应面向墙壁，侧身相让，请对方先通过。若对方先这样做了，则勿忘向其道谢。

三是缓步而行。通过走廊时，宜步伐和缓，并悄然无声。因为走廊多连接房间，若快步奔走，大声喧哗，制造噪声，难免会干扰别人。

四是循序而行。不要为了走捷径、图省事、找刺激，而去跨越某些室外的栏杆，或是行走于其上。

7. 拥挤之处

在商厦、机场、车站、码头、邮局、农贸市场、通衢大道等处行走，难免会碰上行人如织、摩肩接踵、熙熙攘攘、人来人往。在这类相对较为拥挤之处行走时，应对以下几点予以关注。

一是不要逗留过久。在此类地方，将事情处理之后，即应马上离开。千万不要没事找事干，留在这里聊天、休息、看热闹，从而使拥挤更甚。

二是不要阻挡他人。没有万分必要，最好不要在这种场合与人拉手、挽臂、搂抱而行。携带东西时，最好抱在身前，或以一只手提拎。

三是不要手舞足蹈。由于这类地方行人太多，因此最好不要做出毫无任何必要的动作，如猛然挥手、踢腿蹬脚等，以免生事端。

四是不要高声谈笑。拥挤处与人交谈，切记调低音量，能让自己的交往对象听清楚就行了，不要大喊大叫，大吵大笑。这种令人瞠目的表现，不但会制造噪声，而且还有存心吸引异性之嫌。

8. 排队

在公共场合，每逢许多人需要同时做某件事情，而又需要区分先后次序时，排队通常是解决问题的最好方法。排队，简单来说，就是人们按照先来后到的顺序，一个挨一个地排列成行，以便依次从事某事。在排队时，应当遵守的礼仪规范有三条。

一是养成排队的习惯。需要排队的时候，就要保持耐心，自觉地排队等候。不要起哄、拥挤、不排队或破坏排队。排队自觉与否虽系区区小节，但却能反映人格的一个侧面。

二是遵守排队的顺序。排队的基本顺序是：先来后到，依次而行。排队时，一定要遵守并维护这一秩序，不仅要自己做到不插队，而且还要做到不让自己的任何熟人插队。

三是保持适当的间隔。在排队时，大家均应缓步而行，人与人之间最好要保持0.5～1米的间隔，至少不能一个人紧挨着另一个人，前胸贴着后背。否则会让人很不舒服，甚至会影响他人所办的事情。例如，在排队打公用电话、在银行存钱、在自动提款机上取钱时，后边的人要是与前边的人贴得过紧，就有可能使前边的人感到很不舒服，或是心生戒备。

第二节　行　车

在来去匆匆、争分夺秒的现代生活中，人们往往需要驾驶或乘坐各种车辆，尤其是各种机动车辆，以求方便。驾驶或乘坐车辆，具有节省体力、方便舒适、快速省时、较为安全等多种优点，因而在可能的情况下，是可以优先考虑的。

人们可以驾驶或乘坐的车辆有多种类型，下面主要介绍一下有关汽车的驾驶，以及乘坐轿车、公共汽车、火车等机动车辆的礼仪规范，以供参考。

一、汽车的驾驶

在当代生活里，越来越多的人钟情于汽车的驾驶。对大多数人而言，驾驶车辆外出早已并非谋生的手段，而已是提高其生活质量与生活效率的一大乐趣了。

驾驶汽车时，每一名驾驶者都必须牢记出行有礼、礼让三先，时时刻刻不允许忘乎所以、目中无人。在技术合格、服从管理、安全驾驶、礼让他人四个方面，一定要努力表现得好上加好。

1. 技术合格

在世界各国，驾车上路均应提前取得正式的资格，并进行系统的知识学习、技术培训与正规考试。技术不合格者，绝对不准许驾驶汽车外出。

具体而言，每一名汽车驾驶者均应一丝不苟地对待下述各点。

一是掌握驾驶技术。掌握熟练的驾驶技术，是每一名汽车驾驶员畅行无阻的前提条件。只有在驾驶车辆的过程中找到“人车一体”的感觉，并且能够逐渐对车辆的速度、位置，车辆所在的空间及其周边的各种动态、静态物体的间距了然于心，才算是自己车辆的真正主人。

二是精心维护车辆。任何一名具有责任心的车辆驾驶者，都必须爱车如己，精心地对自己所驾驶的车辆进行定期或不定期的保养、检查与维护。经验证明：每一部车辆自身状况好坏、涉及行车安全的相关部件是否齐全与有效，往往是发生交通事故与否的关键因素。

三是取得正式资格。根据《中华人民共和国道路交通安全法》的规定：中国的每一名机动车驾驶者，均应经过车辆管理机关考试合格，领取驾驶证后，方可驾驶车辆。申请机动车驾驶证时，申请者在身体条件、技术掌握、交规学习、手续合法等方面，必须符合规定。此外，中国还规定：对机动车驾驶者进行定期审验。

2. 服从管理

驾驶汽车外出时，如欲高兴而出、满意而归，就必须认真遵守有关规定，虚心接受管理。

一是遵守规定。按照《中华人民共和国道路交通安全法》规定，中国的每一名机动车驾驶者都必须自觉地遵守如下各点。

其一，驾驶人应当按照驾驶证载明的准驾车型驾驶机动车；驾驶机动车时，应当随身携带机动车驾驶证。驾驶车辆时，必须携带驾驶证和行驶证。

其二，驾驶人驾驶机动车上道路行驶前，应当对机动车的安全技术性能进行认真检查；不得驾驶安全设施不全或者机件不符合技术标准等具有安全隐患的机动车。

其三，饮酒、服用国家管制的精神药品或者麻醉药品，或者患有妨碍安全驾驶机动车的疾病，或者过度疲劳影响安全驾驶的，不得驾驶机动车。

其四，机动车驾驶人应当遵守道路交通安全法律、法规的规定，按照操作规范安全驾驶、文明驾驶。

其五，定期接受公安机关交通管理部门对机动车驾驶证的审验。

二是接受管理。在驾车行驶时，每一名驾驶者为了自己与他人的安全，为了交通的畅行无阻，都应以小我服从大我，自觉地接受管理。

其一，严格地遵守交通法则。在任何时候、任何情况下，每一名汽车驾驶者均应严格地遵守各种交通法则。此乃保证自己安全驾驶的第一准则。

其二，自觉地服从交警管理。对于交通民警的指挥、检查、处罚与管理，必须无条件地予以服从。

其三，及时地了解临时状况。要及时地掌握交通管理部门就有关重大活动场所、路线所发布的有关道路交通管理通告，以便确定、调整自己的行车时间与路线。

其四，认真地进行车辆检验。依照国家的有关法规与标准，公安交通管理部门负责对机动车进行初次登记检验、核（补）发牌证、变更、转籍、过户、报废、停驶、定期检验。对驾驶机动车的交通违规、违法行为，有关部门要进行教育、处罚。此外，每一辆机动车还需定期缴纳保险费。以上环节，都不可忽略。

3. 安全行驶

俗话说："安全是金"。在驾驶汽车外出时，不论为了自己还是为了他人，都必须始终牢记安全第一。

一是树立安全意识。每一名机动车驾驶者均应认真地树立安全意识，力求有备无患。具体而言，树立所谓安全意识，就要做到"查一查"、"想一想"、"严一严"、"看一看"、"停一停"、"让一让"。

其一，"查一查"。开车出门前，一定要耐心细致地再次对所要驾驶的汽车进行例行检查。

其二，"想一想"。为了自己、家人与他人的安全与幸福，在驾驶车辆时，始终都要想到安全第一。

其三，"严一严"。在驾驶期间，律己务必从严。务必切记：开车前系上保险带，没有休息好不要开车，服用了某些容易令人嗜睡的药品不要开车，喝了酒不要开车，情绪欠佳不要开车，打手机时尤其不要开车。

其四，"看一看"。通过陌生路段时，一定要首先看清楚路况再行驶。

其五，"停一停"。遇到红灯、拥堵、道路管制时，当停则停。

其六，"让一让"。万一遇到其他车辆或车辆驾驶者不遵守交通法则时，不必与之争强好胜，当让则让，"退一步海阔天空"。

二是采取安全措施。要真正做到安全驾驶车辆，还应当采取一些必要的安全措施。

其一，掌握道路特点。通过平坦道路时，不可麻痹大意。通过高速公路时，应保持合理的车速。通过坡路、窄路、胡同、隧道、坑洼、沟槽、泥泞或涉水路段时，则需要依据不同的具体情况低速、减速、限速。

其二，注意异常天气。当遭遇大风、降雨、下雪、下雾、结冰等异常天气时，应尽量减少驾车外出。万一有此必要，要及时了解道路管制情况，并谨慎再三。

其三，重视夜间行车。有必要夜间行车时，要注意个人休息、人身安全、夜灯使用等问题。尤其要注意集中精力，保持警惕，因为夜间能见度差、视野变窄、光亮有限，往往易于产生问题。

其四，善处危险情况。在驾驶汽车出行时，万一遇到发生危险情况，不论自己车辆出了问题，还是前方道路或车辆发生问题，均应沉着冷静，机智勇敢，善于面对。

4. 礼让他人

行车之礼，让人第一！在任何条件下，汽车的驾驶者均应以自己的实际行动对其他人、其他车辆礼让三先。

一是礼让其他机动车。当大家驾驶机动车行驶时，都应当具有平等意识。小车不宜欺负大车，新车不宜欺负旧车，高档车不宜欺负低档车。同样的道理，老司机不可欺负新司机，大车司机不可欺负小车司机，本地司机不可欺负外地司机。

在行驶期间，每一名汽车的驾驶者都要遵守交通法规。不要强行超车，不要动辄挤占其他车辆的车道。万一有人那么做了，不妨主动避让，让出车道，令其先行。

一旦自己的车辆与其他车辆发生事故，不要与对方吵嘴、打架，更不要制造交通拥堵，应与对方协商自理办法，或听从交通民警的自理意见。

二是礼让非机动车与行驶人。对“实力”不如自己的非机动车与行人，机动车驾驶者更要认真礼让。切勿在行驶时“唯我独尊”、“仗势欺人”，更不可以“车匪”或“路霸”自居。

其一，礼让非机动车。对自行车、三轮车、架子车等非机动车，最好避免并行，错开行驶。

其二，礼让行人。对行人，尤其是老人、孩子、残障人士，一定要予以照顾。该避让就要避让，该减速就要减速，该停车就要停车。遇雨雪天时，要防止自己车辆通过时所溅起的污泥浊水弄脏行人。

其三，礼让外国贵宾。遇到外国贵宾乘坐的车辆通过时，不论当时是否进行了交通管制，机动车驾驶者均应对其礼让。

二、轿车的乘坐

乘坐轿车，通常是讲究快节奏、高效率的人士在“行”的问题上的首要选择。乘车之时虽然短暂，但仍有保持风度、以礼待人的必要。不要为了只求快速抵达目的地，而忘乎所以，不计其余。

乘坐轿车时，应当牢记的礼仪问题主要涉及座次、举止、上下车的顺序三个方面。

1. 座次

在比较正规的场合，乘坐轿车时一定要分清座次的尊卑，并在自己适得其所之处就座。而在非正式场合，则不必过分拘礼。在排列乘坐轿车的座次时，首先必须明确：对于座位数量不同的轿车，其排列座次的方法往往有所不同。而在乘坐同一种轿车时，驾车者的具体身份也会对排列座次产生一定影响。

一是双排四人座轿车。当主人驾车时，其座次由尊而卑依次应为：副驾驶座，后排右座，后排左座。当专职司机驾车时，其座次由尊而卑依次应为：后排右座，后排左座，副驾驶座（见图 4—1）。

二是双排五人座轿车。当主人驾车时，其座次由尊而卑依次应为：副驾驶座，后排右座，后排左座，后排中座。当专职司机驾车时，则其座次由尊而卑依次应为：后排右座，后排左座，后排中座，副驾驶座（见图 4—2）。

三是双排六人座轿车。当主人驾车时，其座次由尊而卑依次应为：前排右座，前排中座，后排右座，后排左座，后排中座。当专职司机驾

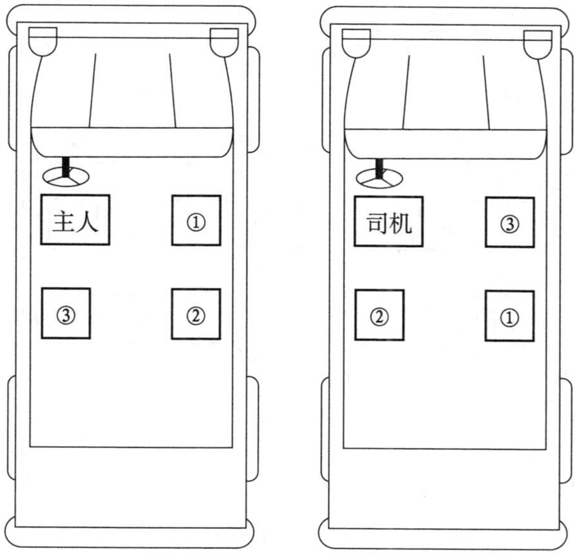

图 4—1　双排四人座轿车的排座

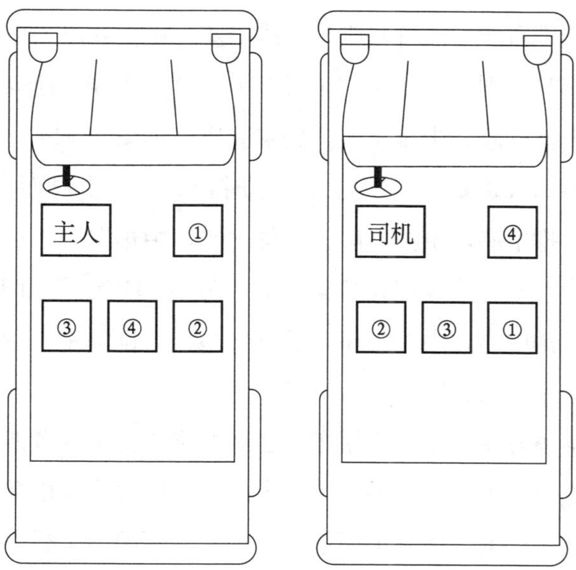

图 4—2　双排五人座轿车的排座

车时，则其座次由尊而卑依次应为：后排右座，后排左座，后排中座，前排右座，前排中座（见图 4—3）。

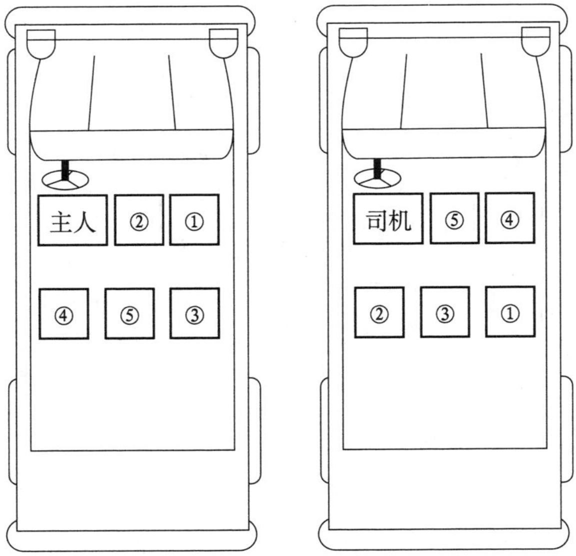

图 4—3　双排六人座轿车的排座

四是三排七人座轿车。当主人驾车时，其座次由尊而卑依次应为：副驾驶座，后排右座，后排左座，后排中座，中排右座，中排左座。当专职司机驾车时，则其座次由尊而卑依次应为：后排右座，后排左座，后排中座，中排右座，中排左座，副驾驶座（见图 4—4）。

五是三排九人座轿车。当主人驾车时，其座次由尊而卑依次应为：前排右座，前排中座，中排右座，中排中座，中排左座，后排右座，后排中座，后排左座。当专职司机驾车时，则其座次由尊而卑依次应为：中排右座，中排中座，中排左座，后排右座，后排中座，后排左座，前排右座，前排中座（见图 4—5）。

六是多排座轿车。多排座轿车，在此特指四排座或者四排以上座位的轿车。不论由何人开车，多排座轿车的具体座次均应由前而后，自右而左，依其距轿车前门的远近而依次排列。其原因，主要是考虑乘车之人上下轿车的方便与否（见图 4—6）。

2. 举止

与其他人一同乘坐轿车时，即应将轿车视为一处公共场所。在这个移动的公共场所里，同样有必要对个人的行为举止多加约束。具体来

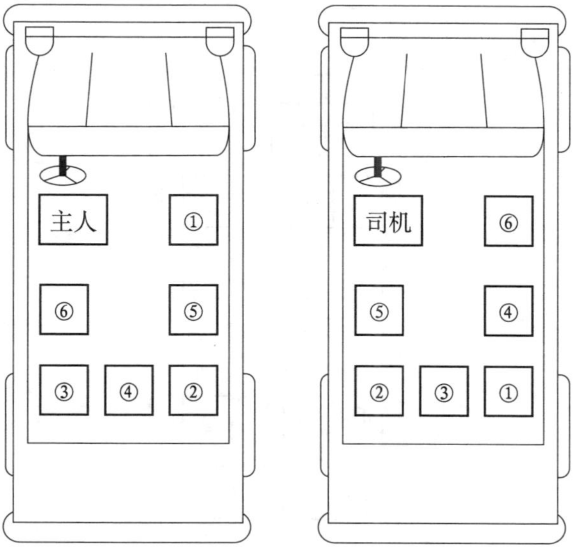

图 4—4　三排七人座轿车的排座

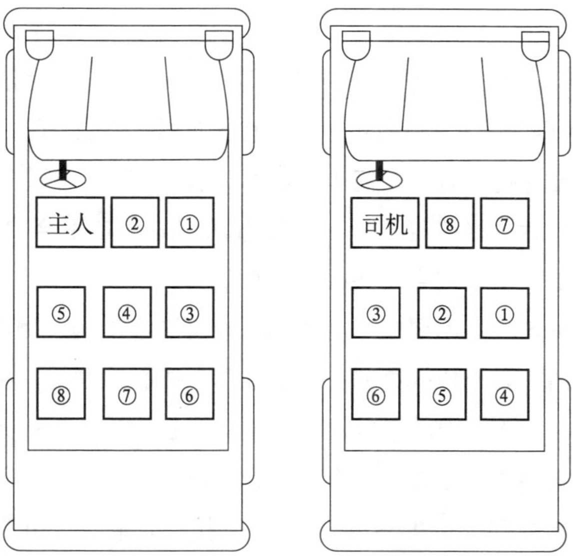

图 4—5　三排九人座轿车的排座

说，应当注意以下问题。

一忌争抢座位。上下轿车时，要井然有序，相互礼让。不要推推搡搡，拉拉扯扯，尤其是不要争抢座位，更不要为自己的同行之人抢占

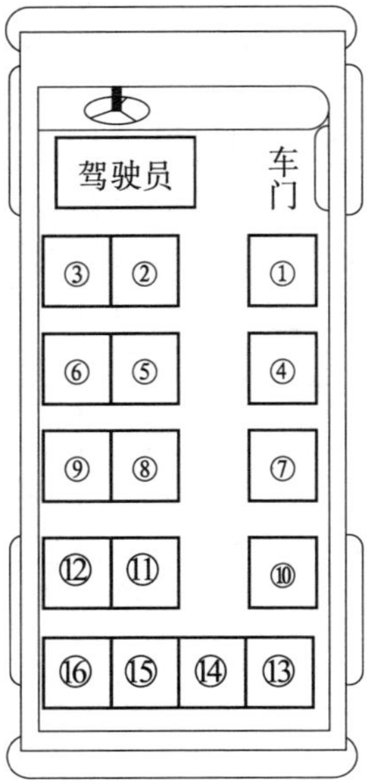

图 4—6　多排座轿车的排座

座位。

二忌动作不雅。在轿车上应注意举止，切勿与异性演出“爱情故事”，或是东倒西歪。穿短裙的女士上下车最好采用背入式或正出式，即上车时双腿并拢，背对车门坐下后，再收入双腿；下车时正面面对车门，双脚着地后，再移身车外。这样做的好处，是不会“走光”。若跨上跨下，爬上爬下，则姿态将极度不雅观。

三忌不讲卫生。不要在车上吸烟，或是连吃带喝，随手乱扔。不要往车外丢东西、吐痰或擤鼻涕。不要在车上脱鞋、脱袜、换衣服，或是用脚蹬踩座位，更不要将手或腿、脚伸出车窗之外。

四忌不顾安全。不要与驾车者交谈，以防其走神。不要让驾车者听移动电话或看书刊。协助尊长、女士、来宾上车时，可为之开门、关门、封顶。在开、关车门时，不要弄出声响、夹伤人。在封顶时，应一手拉开车门，一手挡住车门门框上端，以防止其碰人。当自己上下车、开关门时，要先看后行，切勿疏忽大意，出手伤人。

3. 上下轿车的顺序

上下轿车的先后顺序也有礼可循，其基本要求是：倘若条件允许，应请尊长、女士、来宾先上车，后下车。具体而言，又分为多种情况。

一是主人亲自驾车。主人驾驶轿车时，如有可能，均应后上车，先下车，以便照顾客人上下车。

二是分坐于前后排。乘坐由专职司机驾驶的轿车时，坐于前排者，大都应当后上车，先下车，以便照顾坐于后排者。

三是同坐于后一排。乘坐由专职司机驾驶的轿车，并与其他人同坐于后一排时，应请尊长、女士、来宾从右侧车门先上车，自己再从车后绕到左侧车门后上车。下车时，则应自己先从左侧下车，再从车后绕过来帮助对方。若车停于闹市，左侧车门不宜开启，则于右门上车时，应当里座先上，外座后上。下车时，则应外座先下，里座后下。总之，以方便易行为宜。

四是乘折叠座轿车。为了上下车方便，坐在折叠座位上的人，应当最后上车，最先下车。这是广为沿用的做法。

五是乘三排九人座车。乘坐三排九人座车时，一般应是低位者先上车，后下车。高位者后上车，先下车。

六是乘多排座轿车。乘坐多排座轿车时，通常应以距离车门的远近为序。上车时，距车门最远者先上，其他人随后由远而近依次而上。下车时，距车门最近者先下，其他人随后由近而远依次而下。

三、公共汽车的乘坐

公共汽车，指的是由单位或专人经营，有着固定线路和车站，供社会公众付费乘坐的多排座轿车。它又叫巴士，既有大型、中型、小型之分，又有机动、电动之别。公共汽车一般都是无轨的，在某些地方也有有轨的公共汽车。

乘坐公共汽车，应当注意以下四个方面的主要问题。

1. 上下车辆

乘坐公共汽车的人平日比较多，因此务必要维护上下车的公共秩序，以求大家方便。只有大家方便，才真正能使个人方便。上下公共汽车时，需要重视下述几点。

一是上车依次排队。若等候公共汽车的人较多，则一定要自觉地以先来后到为顺序，排队候车，排队上车。除规定允许被照顾的老幼病残孕之外，其他人概莫能外。

排队候车，应站在站台上。不要拥入街道之上，妨碍交通。同时还要注意，队列不要排得过度拥挤。

公共汽车进站后，只有车停稳了，方能按照排队的顺序依次上车。不要蜂拥而上，挤作一团；要么不排队去加塞，要么排了队却半途而废。

上车时，要礼让他人。对行动不便的老人、孕妇、病人、残疾人以及妇女儿童，要加以帮助，不要口有微词。上不去了，应再等下一辆，不要扒门、硬挤、“吊车”。

二是下车提前准备。在拥挤的公共汽车上，下车一定要提前准备。在自己目的地的前一站，就要向车门靠近。不要等车到站之后，才不慌不忙向外挤，让大家为自己一个人浪费时间。当然，一上车就等在门口，唯恐坐过站，从而使车门口过于拥堵，也不应该。

进行下车的准备时，如需要他人让路，应有礼貌地先打一声招呼，如说“借光”、“劳驾”或“请您让一下”，不要默不作声地猛挤猛冲，更不要发脾气，或出言不逊。

三是物品安放到位。上公共汽车后，应将随身所带的物品放到适当的位置。不要让它占座位、挡路，或有碍他人安全。

不要在车上吃东西。若上车前未吃完，应进行必要的处理。在车上吃东西，尤其是吃汁水多的东西，会弄脏车子或他人的衣服。携带的随身之物，也应不使之有碍于人，或有碍环境。

不要带有碍安全的物品上公共汽车。携带重、硬、尖或易碎品上车时，需要提醒他人留心注意。

雨雪天上车后，应将雨伞、雨衣放入塑料袋中，或提前抖掉身上的雨水和雪花，不要任其弄湿其他人。对已湿的物品，亦应妥善处理。

2. 购买车票

乘坐公共汽车，一定要遵守以下有关车票购买的规定事项。

一是使用月票。使用月票者，下车前要主动出示。不要自以为胸中有数，而不理睬售票员。若售票员查票，应主动合作，不要不耐烦或出言不逊。不要用过期月票或假月票，也不要借用他人月票。

二是用智能卡。在一些公共汽车上，并无专人售票，而由乘客自行使用事先购买的储值智能卡刷卡上车。使用智能卡车票时，要主动刷卡，不要蒙混过关，或只刷小数额。使用打孔车票，亦可对此参照。

三是购买车票。需购买车票时，应积极主动。不准逃票，不要使用假票、废票，或有意坐“过站车”。与尊长、女士一同乘车时，应主动为之购票。带小孩时，亦应按有关规定购票。

四是无人售票。在无人售票的公共汽车上，应自动投币，不要不交车费或少交车费。坐不找零的公共汽车时，还应事先备好零钞，不得以没有零钱为由赖账，或强词夺理，胡搅蛮缠。

3. 座位选择

乘坐公共汽车时，座位的选择有其特殊性，以下几点需加以注意。

一是对号入座。路途较长的公共汽车，一般按座售票，对号入座。乘这种车时，不要乱坐其他人的座位，也尽量不要找人换座位。

二是自由择座。绝大多数的公共汽车不对号入座，通常讲究就座时先来后到，自由择座。坐这种车时，切勿与人争抢座位，也不要为自己人占座，更不要为此而对他人恶语相加，甚至大打出手。

三是主动让座。与尊长、女士、来宾一同坐公共汽车时，应请其优先入座，或就座于较好的位置，比如靠前、靠窗、面向前方的位置。遇上老人、病人、残疾人、孕妇、抱孩子的人，亦应主动让出自己的座位，切勿熟视无睹。当他人为自己让座时，应立即道谢。不要自认为理所应得，而一语不发。

四是留出特殊座位。在不少公共汽车的前门附近，或中门附近，都有专门为老、弱、病、残、孕预留的特殊用座。这些座位即使空着，也不应去坐，更不能假冒身份去混此种座位坐。

五是不随处乱坐。在公共汽车上，除座位外不宜随处乱坐。诸如窗沿、地板、扶手、发动机等处，均不宜就座。挤坐他人座位，亦为不当之举。

4. 乘车表现

乘坐公共汽车时，多无熟人在场。此时应一如既往地严于律己，注意个人的表现，不可肆意放纵。

一是不勾肩搭背。与恋人、配偶乘车时，不应表现得过于亲热，让其他人受到视觉污染，让自己为人瞧不起。

二是不碰撞他人。若有可能，应与其他人的身体保持一段距离。万一因为车辆摇晃或自己不小心碰撞、踩踏了别人，应立即道歉。若他人因此向自己道歉，则应大度地表示“没关系”。届时不宜小题大做，借题发挥。任何时候，都不要用手去推、摸别人。

三是不设置路障。不管是坐是站，均应坐有坐相，站有站相。不要把腿伸在过道上，人为地设置路障。有人通过身前时，应主动相让，不要认为事不关己，高高挂起。

四是不影响安全。在公共汽车上切勿吸烟，也不要随手往地上或窗外乱扔废弃物。不要将头探出窗外，不要在过道上乱晃，站立时不要忘了去扶扶手，不要手扶门缝、窗缝。上下车时，不要起哄、硬挤、猛挤、推人、拉人。

乘坐地铁的礼仪规范与乘坐公共汽车的礼仪规范大致相仿，故不再赘述。

四、火车的乘坐

在国内，目前人们进行长途旅行时，火车往往是第一位的考虑对象。在此情况下，任何人都有必要学习有关乘坐火车的礼仪。

乘坐火车的礼仪，其内容由上车、寻位、休息、用餐、交际、下车几个方面组成。

1. 上车

上火车这一程序，由下述三个环节构成，对其中每一个步骤，都不应轻视、忽略。

一是持票上车。乘坐火车时，均应预先购票，持票上车。万一来不及买票，应上车时预先声明，并尽快补票。不要逃票或用假票、废票。持月票、磁卡上火车时，也要按规定出示、验票或检票。

二是排队上车。坐火车因为人多，停车时间短，故应提前到站，在候车室等候检票，检票时要排队。进入站台后，待火车头停稳，方可在指定车厢排队上车。不要拥挤，不要拒绝排队，更不应从车窗上车，或是从车顶上、车厢下攀缘、穿行。

三是携物定量。火车对乘客所携物品内容、数量均应规定。不应携带违禁物品或过量物品上车。必要时，应办理托运手续。当工作人员检查行李时，应主动予以配合。

2. 就座

上火车后，即应立即寻找座位。寻找座位时，要注意以下几个具体之点。

一是乘坐指定车次。坐火车一定要乘坐车票上所指定的车次，不要不分东西，上错车次，以至“南辕北辙”。明智的做法是，上车时再问一下乘务员，此次列车是否是自己所要乘坐的。

二是乘坐指定座位。车票价格不同，而使座位有所差别，如卧铺与座席、硬座与软座、商务座与普通座、有无空调等。不要为图舒适，而“另攀高枝”，去卧铺、软座、商务座、空调车厢占据本来不属于自己的座位。

三是中途上车找座。中途上车找座时，应先以礼貌用语向他人询问，不要硬挤、硬抢、硬坐。身边有空位时，则应主动请无位者就座，不要占着不让，对他人的询问不理睬，或说假话骗走对方。

四是让出自己的座位。若发现老人、孩子、病人、孕妇、残疾人无座时，应尽量挤出地方供其就座，或干脆让出自己的座位来，以照顾对方。

五是座位亦有尊卑。火车上座位的尊卑由下述几点决定：靠窗为上，靠边为下；靠边右为尊，靠边左为卑；面向前方为佳，背对前方为次。有人同行时，应为其让出上座。若座位不够，则应请其先坐下。与不相识者一同对号就座时，则不必如此讲究。

3. 休息

坐火车的人大都行程较远，因此在火车上的绝大多数时间都是在休息。在火车上休息，应当切记下列几条具体的礼仪规范。

一是着装文明。在车上休息，一般不应宽衣解带。若非在卧铺车厢就寝，脱鞋脱袜也不合适。不论天气多么炎热，都不要打赤膊，下装亦不应过于短小。不要当众更换衣服，或当众“袒露胸怀”、撩衣撩裙。

二是姿势优雅。在座席车厢休息，不要东倒西歪，倒于座席上、座席下、茶几上、行李架上或过道上。不要靠在他人身上，或把脚翘到对面的座席之上。在卧铺车厢休息，通常应当头朝通道，脚朝窗户。不要与恋人、配偶共用一张铺位，不要采用不雅的姿势。不要注视他人的睡相和睡前准备。

三是照看孩子。带孩子的人，一定要管好孩子，不要让其随地大小便、哭哭闹闹、到处乱跑，以免影响别人的休息，也不要让其乱动他人物品，或纠缠于人。

4. 用餐

在火车上用餐，应注意以下几点具体事项。

一是餐车用餐。去餐车上用餐，应预约或购票。若去时人数过多，应耐心排队等候。在用餐时，应节省时间，不要大吃大喝，猜拳行令。用餐完毕，即应离开，不要赖着不走，借以休息、聊天。

二是车厢用餐。若不去餐车，则可在自己的车厢内享用自己所带的食物，或购买服务员送来的盒饭。在一般情况下，不应索要他人的东西吃。当他人请自己品尝时，应当婉言谢绝。尽量不要在车上吃气味刺鼻的食物。吃剩的东西不要扔到过道上，或投出窗外。在茶几上，也不要过多地堆放自己的食物，别忘记它是大家公用的。

三是主动禁烟。火车上通常都实行禁烟，如有此规定，一定要认真遵守，不要若无其事照样抽。即使未明令禁烟，也最好不要吸烟。实在忍不住时，可去过道上“解决问题”。不要因自己吸烟而污染车厢里的空气，进而引起其他乘客的反感。

5. 交际

在火车上，不与他人进行任何交往是不可能的，而且也不礼貌。与他人交际，有三点要求应予注意。

一是主动问候。上车之后，即应主动向邻座之人打招呼问好。若有必要，还可对自己进行简单介绍。若对方反应一般，向其点点头，微笑一下，也是可行的，不必一厢情愿，说得过多。

二是交谈适度。与邻近的乘客交谈，要注意话题的分寸。不要瞎吹乱侃，大发牢骚，传播小道消息与政治谣言。当他人兴致不高或打算休息时，应适可而止。有人跟自己交谈，应进行合作，不要置之不理。与异性交谈，则不应过多涉及个人情况。

三是相互关照。在火车上，大家尽管萍水相逢，也算有缘千里来相会，因此彼此要相互关心，相互照顾。别人行李拿不动时，应援之以手。有人前去用餐或方便，应为之照管行李、孩子。有人晕车或病了，应多加体谅。他人帮助了自己，要多加感谢。

6. 下车

下火车时，有三个具体的细节问题不应忽视。

一是提前准备。在到达目的地半个小时前，即应开始准备下车。不要“临阵磨枪”，手忙脚乱；更不能坐过了车，或是下车时少带、忘带了行李。

二是与人道别。在下车前，应与邻人道别。遇上乘务员，也要主动说一声“再见”。在一般情况下，与邻座道别时，没有必要主动要求与之交换名片或电话号码。

三是排队下车。下车时人若较多，应当自觉排队等候。不要往前硬挤、踩在座椅背上抢行或是通过车窗上下车。下车时为争一时之早晚而惹来麻烦，是得小失大的。

第三节　乘　机

飞机，是最现代化的交通工具。它的优点是快速方便、安全可靠、轻松舒适，这些都是其他交通工具所难以比拟的。在现代生活中，乘坐飞机已成为越来越多的行政人员的选择。

乘坐飞机，必须遵守有关的乘机礼仪。惟其如此，才会使自己的旅行既饶有兴趣，又不失身份。行政礼仪对乘坐飞机的有关规范主要涉及先期的准备、登机的手续与乘机的表现三个方面。

一、先期的准备

乘坐飞机，如欲确保平安、舒适、顺畅、准时地抵达目的地，必须具有一定的有关乘坐飞机的知识，并据此提前做好准备。

为乘坐飞机而提前进行的准备工作，主要有选择航班、购买机票、打点行李等。

1. 选择航班

航班，具体指的是飞机定期从始发地点按规定航线起飞，到达终点的运输飞行。飞行于国内航线上的航班叫作国内航班，飞行于国际航线上的航班则称为国际航班。选择自己所乘飞机的具体航班时，在可能的前提下，应考虑如下几点。

一是选择直达的航班。为了节省时间、费用，减少中转飞机所带来的人力、物力的消耗，在选择航班时，应尽量选择直达自己目的地的航班，而不要选择异地中转的航班，以免自找麻烦。

二是选择白天抵达的航班。在绝大多数城市，飞机场都设在远郊区，因此应尽量选择白天抵达目的地的航班，并在时间上为自己留下充分的余地，从而保证自己顺利到达自己要去的地方。当航班在晚上，尤其是半夜抵达目的地时，将会多有不便。

三是选择安全舒适的航班。选择航班时，安全与舒适自然应当兼顾。要做到这一条，第一，要选择声誉好的大航空公司的航班；第二，要选择拥有大型、先进机型的航班。一般说来，大型、先进机型的客机的空间大、科技含量高，所以相对更舒适、更安全。

2. 购买机票

飞机一律按座位数售票，并预先售票。购买飞机票，可以预订，也可以临时购买。购票时，应注意的主要事项如下。

一是持证件购票。在中国，购买飞机票时，必须出示居民身份证或其他有效证件。无证件或证件不合乎要求者，不能购票。

二是分等级购票。机票通常分为三个等级，它们的价格各有不同。其中，经济舱机票最便宜，头等舱机票最贵，公务舱机票的价位则居于二者之间。使它们售价不同的，主要是舒适程度，而与安全无关。在购票时，最好量力而行。目前，国内一些航空公司的机票可打折销售，有的折扣还较大。但要注意，折扣机票通常有许多附加条件，如不准退票、不准签转。

三是机票有效期 1 年。中国的现行规定是：正常标价的机票有效期为 1 年。在此期限之内，一般可按规定变更旅行日期或者退票。一旦过期，机票将被视作无效。在有效期内，机票可进行变更，但以一次为限，并应在航班规定离站时间 24 小时前提出。

四是机票不得转让。在机票上，均列有旅客的姓名。它按规定只供旅客本人使用，不得擅自涂改或退让他人。

五是机票必要时需要再证实。旅客持有订妥座位的联程或回程机票，如在该联程或回程地点停留 72 小时以上，需要在该联程或回程航班飞机离站前两天中午 12 点以前，办理座位再证实手续。否则，原定座位将不予保留。

六是退票。中国民航规定：在机票上列明的航班规定离站时间 24

小时之前退票，收取客票价 5%的手续费。在航班规定离站时间 24 小时之内 2 小时以前退票，收取客票价 10%的退票费。在航班规定离站时间 2 小时以内退票，收取客票价 20%的退票费。在航班规定离站时间后退票，安排误机处理，收取客票价 50%的退票费。误机是指旅客未按规定时间办理乘机手续，或是因其旅行证件不符合规定而未能乘机。

七是电子客票。在中国，电子客票也称电子机票，是纸质机票的电子形式。电子机票将票面信息存储在订座系统中，可以像纸票一样执行出票、作废、退票、改转签等操作。目前，它作为世界上最先进的客票形式，依托现代信息技术，已实现了无纸化订票、结账和办理乘机手续。

一般来讲，通过网上查询，可以得到全面而详细的航班信息；而在线购买电子客票，不仅可以节省时间，还可以获得较大的折扣。因此，使用电子客票已经成为越来越多“乘机族”的首选。乘客在购买电子客票时，应当认真比较，谨慎选择；在使用网上支付手段时，应当注意自我保护。

3. 打点行李

因飞机载重有限，故对乘客所携带的行李有明文规定。收拾行装时，对此应有所了解，并比照办理，以防届时手忙脚乱，因行李不合规定而耽误行期。有关乘客所携带行李的现行规定如下。

一是随身携带的行李。持头等舱票的旅客，每人可随身携带两件物品，持公务舱或经济舱票的旅客，每人只能随身携带一件物品。每件物品总重量不得超过 5 公斤，其大小应限制在长 55 厘米、宽 40 厘米、高 20 厘米之内，否则不准带入机舱。

二是免费托运的行李。乘坐飞机时，每位旅客可免费托运一定数量的行李。若将随身携带的行李重量包括在内，其免费额为：头等舱 40 公斤，公务舱 30 公斤，经济舱 20 公斤。超额的行李应付费托运。可能的话，行李最好交付托运。这样可使自己行动方便，省时、省力、省心。

三是托运行李的规格。交付托运的行李，每件不得超过 50 公斤。其大小应限制在长 100 厘米、宽 60 厘米、高 40 厘米以内。另外，还应包装完好，捆扎牢固，锁闭严实，并能承受一定压力。

四是禁止托运的物品。按照国家规定，禁运物品、限制运输物品、危险物品以及具有异味或容易污损飞机的其他物品，不准托运或随身携带。重要的文件资料、外交信袋、证券、货币、汇票、贵重物品、易碎易腐蚀物品，以及其他需要专人照管的物品，不宜交付托运。枪支、弹药、刀具、利器等，不准随身携带乘机。不准随身携带登机的物品，通常还有动物、磁性物质、可聚合物质、放射性物质等。

二、登机的手续

中国民航规定：旅客必须在机票上列明的航班规定离站时间 90 分钟前到达指定机场，办理登机手续。在航班规定离站时间 30 分钟前，登机手续将停止办理。此后抵达机场者，将难以登机。

办理登机手续，既要早些抵达机场，留出充裕时间，又必须处处符合有关规定。除托运行李之外，需要办理的登机手续主要有缴纳机场建设费、换取登机牌、接受安全检查等几项。

1. 缴纳机场建设费

每一位乘坐飞机的旅客，在登机前必须缴纳机场建设费，否则不准登机。

机场建设费，是中国各地机场向所有飞机乘客普遍征收的、用以建设、维护机场的一种为国家所批准的特种附加费。其收取金额是全国统一的，乘坐国内航班的旅客，每人应缴纳 50 元人民币。乘坐国际航班的旅客，每人则应缴纳 90 元人民币。在国外乘坐飞机，通常亦应缴纳类似费用。它一般称作机场税。

目前，国内的机场建设费已在购买机票时一并收取，无须另行缴纳。

2. 换取登机牌

每位乘坐飞机的旅客在登上飞机之前必须在机场内的指定之处换取登机牌，然后凭登机牌登机。直接手持机票登机是不可能的。

换取登机牌的时候，应当注意下述几个环节。

一是所需资料。换取登机牌的时候，必须向工作人员出示身份证或其他有效证件。换取登机牌之后，应对其加以妥善保存。若其丢失，将难以登机。应当牢记的是，切勿使用假冒或过期的身份证。

二是确定座位。换取登机牌的实际意义有三：其一，要确认乘客的身份，严防冒名顶替。其二，要清点一下最终将要登上飞机的实际人数。其三，要替乘客确定其在本等舱内的具体座位。

乘客在换取登机牌时，可根据本人的实际情况和座位的剩余情况，提出自己对座位的要求，并且通常都会被予以满足。喜欢欣赏苍茫云海的人，可要求紧靠舷窗的座位。乐于活动的人，则可要求过道两侧的座位，或是靠近应急出口的座位。害怕晕机的人，则可要求尽可能靠前一些的座位。要求具体座位时，应诚恳、客气，切勿胡搅蛮缠、要求过高，更不要得寸进尺。

三是托运行李。在换取登机牌的同时，可办理托运行李的手续。此处不再重复有关事项。要强调的是，托运行李的票据一定要保存好，不然提取行李时就会有麻烦。

四是电子客票的登机。使用电子客票的乘客，应凭其在购买电子客票时获得的电子票号和本人有效证件，在机场的值机柜台换取乘机凭证登机。

目前，国内很多机场已经设置了自助服务设备。使用电子客票的乘客，只需要持本人有效证件到自助服务设备上进行简单的操作，即可选择自己喜欢的座位，并取得登机牌。

3. 接受安全检查

为了保证国家财产和人民生命的安全，在每位乘客登上飞机之前，均应接受例行的安全检查。它的对象是所有乘客及其随身携带的行李物品。接受安全检查时，应注意以下三点。

一是接受技术检查。接受此种检查时，乘客必须通过特制的安全门，或接受手提式金属探测器的检查。在检查之前，应取出自己身上全部的金属制品，以保证检查的顺利进行。

二是接受手工检查。手工检查，即旅客人身或其随身携带的行李由专门的安全检查人员进行手工触摸。进行人身检查时，通常由同性别的安检人员担任。这种检查，目前多为技术检查的辅助形式。

三是自觉进行配合。接受例行的安全检查时，务必主动、自觉地进行合作。不要以为事不关己、拒绝配合，或是态度粗暴，表现得极不耐烦，甚至对安全人员冷嘲热讽，恶语相伤。在接受检查时若态度恶劣，或胡言乱语，搞不好就会吃官司。

三、乘机的表现

乘坐飞机期间，一定要约束个人行为，在严格要求自己、尊重乘务人员、善待其他乘客等诸方面做到合乎礼仪规范。

1. 严格要求自己

在任何情况下，严于律己、宽以待人都是做人的一种美德。乘机之时自然也不例外。要特别牢记以下几方面。

一是不侵占别人的位置。上飞机后，即应在属于本人的座位上就座。不要前去高档座舱或空闲的座位抢占不属于自己的位子。坐好之后，腿、脚不要乱伸，尤其是不要伸到通道上，或是别人的座位上。不要将自己的行李放到他人的行李箱里，或是他人的座位底下。

二是不乱占小便宜。不要贪图小便宜，顺手牵羊，偷拿不属于自己的公用物品。例如，进餐所用的刀叉、阅读用的书刊、洗手间里的卫生纸、座位底下的救生衣、座位上方的氧气面罩等，均不可取走。这样做既不讲公德，还有可能触犯法律。

三是不乱动乱摸。对机上的一切禁用之物、禁动之处，都要“敬而远之”，不可出于好奇，而乱摸乱动，甚至因此而危及飞机上全体乘客的生命安全。这一点尤为重要。

四是不使用违禁物品。在机上切勿吸烟。此外还要牢记：机上禁用移动电话、激光唱机、手提电脑、调频收音机、电子游戏机以及电子玩具等有可能干扰无线信号的物品。切勿冒天下之大不韪，“铤而走险”，危害自己和他人的生命安全。

五是不破坏环境卫生。在机上绝不能乱扔、乱吐东西。万一因晕机而呕吐，应使用专用的呕吐袋。不要当众更换衣服。不要脱去鞋袜，“散发”脚臭。

2. 尊重乘务人员

登上飞机之后，即应对乘务人员平等相待。要尊重、支持、配合对方的工作，不要为对方乱出难题。

一是回应乘务人员的问候。上下飞机时，均有机组乘务人员在机舱门口列队迎送。当对方主动打招呼、道问候时，不要置之不理，而应予以友善的回应。

二是感谢乘务人员的服务。每逢乘务人员送来饮料、食物、报刊，或是引导方向、帮助搬放行李时，要主动向对方说一声“谢谢”，不要熟视无睹，安之若素。当飞机安全着陆后，应当鼓掌，以示对全体乘务人员的感谢之意。

三是服从乘务人员的管理。飞机升空或降落前，乘务人员都要巡视、检查每位乘客的安全带是否扣好、座位是否调好、身前小桌板是否收起，此刻务必要服从其指挥。对其他方面正确的管理，也要无条件服从。

四是体谅乘务人员的难处。万一遇上飞机晚点、停飞、返航或改降其他机场，应从大局着眼，少拿乘务人员出气。尤其是不要骂人、打人、侮辱人，更不要动辄聚众闹事，甚至拦截飞机起飞，或是飞机降落后拒绝下飞机。不要因为细枝末节，而向乘务人员大发脾气，或使用武力。

五是减少乘务人员的麻烦。乘务人员的工作十分辛苦，因此要尽量少给他们增加麻烦。不要动不动就按呼叫按钮，让他们跑来跑去。不要跟漂亮的空姐插科打诨，动手动脚，不讲自尊自重。对乘务人员信口开河，危言耸听，以劫机或携带违禁物品相威胁，则会惹火烧身，自讨苦吃。

3. 善待其他乘客

在飞机上跟其他旅客应当和睦相处，友好相待。不要妄自尊大，目中无人。

一是不要不守秩序。在上下飞机，以及使用卫生间时，假如人数较多，应自觉排队等候。不要不守秩序，不讲先来后到。下飞机之后领取本人行李时，也要注意这一点。使用公用物品时，要尽量快一些，以方便后来者。

二是不要高声谈笑。在飞机飞行期间，尤其是在飞机夜间飞行或身边有人休息时，切勿喋喋不休、高谈阔论，影响其他乘客的休息。

三是不要吓唬别人。与周围之人交谈片刻是允许的，但不要谈论有关劫机、撞机、坠机一类的不幸事件。不要对飞机的性能与飞行水准信口开河、随便乱讲，从而增加他人的心理压力，制造恐慌。

四是不要令人不适。不要在飞机上反复打量、窥视其他乘客。对外国人以及女士，尤其不应当这样做。这种失礼的做法，往往会无意之中令对方感到不适。没事情时，不要到处乱走瞎逛。

五是不要摇摇晃晃。在座位上休息时，不要晃动不止、摇摇晃晃。那么做，自己可能自得其乐，他人却因此受到妨碍。不要把椅背调得太朝后，从而使身后之人活动不便。不要把身前的小桌板反复收放，让身前之人由此大受“牵连”。

第四节 媒 体

当今的世界早已步入了信息化时代，大众传播与公共媒体的作用日益重要。正所谓“传播力决定影响力，话语权决定主导权”。在国内，目前大众传播媒介越来越发达，并且在现实生活里几乎无处不在、无孔不入，发挥着十分重要的作用。

行政人员在人际交往中，特别是在从事公务期间，自然难以回避媒体。在具体应对媒体时，行政人员既要掌握政策、遵守纪律、注意分寸，又要沉着机智、落落大方、举止得体，即必须遵守相关的礼仪规范。

一般而言，在应对媒体时，行政人员主要应当在了解媒体、有备而至、临场表现三个方面加以注意。

一、了解媒体

《孙子兵法》曰：“知彼知己，百战不殆”。在应对媒体时，亦应如此，要尽一切可能，提前对自己即将面对的媒体有所了解。

此处的所谓媒体，特指各种大众传播媒介。要了解媒体，对行政人员而言，主要是要着重了解其政治倾向、实际影响、具体特征，以及其他一些与之相关的具体问题。

1. 政治倾向

应对媒体时，行政人员一定要“讲政治”，即时时、事事以国家利益为重，以社会稳定为重。对各种媒体的政治倾向，必须予以高度的重视。

特别应当强调的是，尽管绝大多数境外媒体一向都标榜自己“政治中立”，但在现实生活中，它们却无一例外地会在一定程度上表现出自己的政治倾向。在接触境外媒体时，行政人员主要应当了解下述三点。

一是合法与否。由于许多国家的媒体都有合法与非法之分，因此在接触国外媒体之前务必要对此有所了解。切勿与非法媒体接触。对合法媒体，则不必再三回避。

二是所属势力。毋庸讳言，任何媒体的发展都离不开财力支持，所以在各国各式各样的媒体背后，都有一定的政治势力或党派作为其后台或靠山。各种媒体就其本质而言，往往是一定的政治势力或党派的喉舌。一旦疏忽此点，就犯了应对媒体的大忌。

三是新闻检查。由于媒体在现代生活里影响巨大，各国都对其进行着一定程度的管制。为此，许多国家还专门制定了自己的新闻检查制度。对访问国的新闻检查制度如能有所了解，将会深化行政人员对该国各种媒体政治倾向的认识。

2. 实际影响

在任何国家、任何地区、任何时候，各种媒体所发挥的实际影响通常都不尽相同。各种媒体的实际影响，主要受制于其社会认知度、受众人数以及自身实力等因素。而在境外，媒体所属国的政府及其新闻主管部门的支持与否，往往也发挥着一定的作用。

在接触各种国内外媒体前，行政人员对其实际影响所进行的了解，主要应侧重于如下两个方面。

一是了解其属于主流媒体还是非主流媒体。所谓主流媒体，一般是指社会认知度高、受众人数众多、自身实力强大的媒体。所谓非主流媒体，则是指社会认知度较低、受众人数较少、自身实力较弱的媒体。接触各种媒体时，自然应当优先接触主流媒体，但对非主流媒体亦不应予以轻视。

二是了解其属于官方媒体还是非官方媒体。所谓官方媒体，通常是指属于官方、由官方支持或控制，具有官方背景或反映官方倾向的媒体。所谓非官方媒体，则是指没有官方背景、不受官方支持或控制，以及不直接从属于官方的媒体。相对于官方媒体而言，非官方媒体有时亦称民间媒体。在世界各国，官方媒体与非官方媒体所发挥的实际作用往往相去甚远。

3. 具体特征

媒体的具体特征，从不同角度来看，可进行不同的描述。在此，它是指各种大众传播媒介在传播信息的过程中所客观体现出来的长处与不足。

一是电视。在各种传统的媒体之中，电视对受众的实际影响最大。其主要优点有：真实感强；娱乐性强；艺术性强。其主要不足之处则是：瞬间即逝，不易记录与保留；受时空限制较大，观众选择余地较小；需要专门的接收设备，所需费用不菲。

二是报纸。报纸作为一种印刷媒体，在传统媒体中的作用仅次于作为电子媒体的电视。报纸的长处主要有：信息容量较大；获取信息便利；选择范围较广；便于储藏查阅；有一定的针对性。它的不足之处则主要有：不够生动形象，感染力较差；读者需要有一定的文化知识，读者范围受到限制；印刷发售需要时间，信息传播速度较慢。

三是广播。作为一种电子媒体，广播有其独特的存在价值。它的主要优点有：传播速度快；鼓动性强；受限制较少；费用较低廉。它的主要缺点则有：收听受到时间限制；听众难以选择节目；内容难以反复品味。

四是期刊。作为印刷媒体之一，期刊具有其他媒体所不能比拟的优点：种类繁多，形式多样；内容丰富，系统性强；印刷精美，富有感染力。与此同时，期刊也有其不足之处：出版周期长，时效性差；较之电子媒体，稍显死板；有专业要求，读者群有限。

五是网络。近年来，迅速崛起的互联网对传统媒体构成了挑战。它的主要优点有：信息量巨大；传播速度快；网站选择多；形式较活泼。它的主要缺点则是：内容真假难辨；需要专用设备；要求专门知识。

二、有备而至

作为一名训练有素、见多识广的行政人员，在其各种人际交往中，尤其是在参与各种正式活动，特别是在面临公关危机时，必须正视媒体人员无处不在、大众传播至关重要这一现实，做好必要而充分的准备工作，以求有备而至，在应对媒体时发挥正常、表现出色。

具体而言，为应对媒体而提前着手进行的主要准备工作大致包括下述三项。

1. 联络媒体

不论在什么情况下与媒体人员相处，行政人员均应多交朋友、广结善缘。需要主动与媒体人员打交道时，则更加应当如此。

在不违背国家法律、制度与新闻纪律的前提下，行政人员在必要时应主动与媒体进行联络，并在两相情愿的情况下，与之保持经常性的有效沟通。

主动与媒体保持联络，至少有以下三重好处。

一是可在一定程度上得到媒体的理解与支持。

二是可经常性地与媒体进行良性互动。

三是可主动而及时地向媒体传播信息。

需要明确的是，唯有主动地与媒体保持联络，行政人员才有可能真正地提高其所在部门的影响力，才有可能真正地掌握本单位对外传播的主导权。

2. 方便媒体

想要真正赢得媒体的支持，为其提供各种方便通常是必不可少的。一般而言，方便媒体的具体措施有以下三点。

一是主动提供有益信息。在条件允许的情况下，应经常向与自己关系密切的媒体提供正确无误、时效性强的信息，以实际行动支持其工作。

二是为其提供采访便利。在力所能及的前提下，一定要诚心实意地为前来对自己进行采访的媒体提供种种便利，在人员、设备、时间、场地诸方面，给予其必要的支持。至少，也不应为之设置不必要的限制。

三是尊重媒体人员。对于辛劳工作的媒体人员，行政人员理当表示应有的尊重。必须指出，对媒体人员的尊重，实际上就是对媒体的尊重，同时也是对全社会的尊重。一旦忘记了这一出发点，方便媒体就会变为一句空话。

3. 统一口径

在本单位的各种活动中，尤其是在其各种对外交往中，行政人员应对媒体时的一言一行均事关重大，不可不慎。因此，行政人员在应对媒体时必须统一口径。具体而言，主要有下列四点要求。

一是保守秘密。在应对媒体之际，行政人员必须遵守国家法律、政府规定与社会公德，绝对不允许擅自向外泄露国家秘密，更不允许口无遮拦地违法乱纪，或有悖于社会公德。

二是统一行动。对于一些重大问题，应对有可能接触媒体的全体人员，尤其是被外界视为单位具体化身的行政人员，明确地规定其届时“什么当讲”、“什么不当讲”、“应当如何讲”、“不应当如何讲”，以便统一本单位全体人员的行动与口径。

三是专人发言。在重要的公关活动中，特别是在面临本单位的公关危机时，应专门指定本单位的某一位爱岗敬业、经验丰富的行政人员担任本单位的“新闻发言人”，由其在必要时出面应对媒体，统一回答对方所感兴趣的问题。这样一来，本单位的其他人员就不至于在媒体面前“众说纷纭”了。

四是提供文稿。在正式接受媒体采访时，为了防止对方曲解或误解我方所传递的信息，按照常规，均应向对方提供一份认真准备的、经过斟酌的、具有一定新闻价值的新闻稿，以供其发稿时核对与借鉴之用。

三、临场表现

应对媒体时，行政人员要检点自己的临场表现。一般而言，行政人员在媒体面前的表现，主要应当符合下列具体要求。

1. 泰然自若

不论“初出茅庐”，还是“久经沙场”，行政人员在应对媒体时都应努力做到泰然自若。

一是不慌不忙。应对媒体时，切勿手忙脚乱、手足无措、胡言乱语、自毁形象。一般而言，在媒体面前不慌不忙的人，往往会赢得媒体与公众的好感。

二是不骄不躁。不论求助于媒体，还是媒体有求于自己，行政人员在应对媒体时，都应当力戒骄傲自大、目中无人，切勿急躁盲动、自乱阵脚。

2. 谨言慎行

在应对媒体时，行政人员应当对自己的一言一行倍加注意，力求谨言慎行，不出差错。如下几点，尤其值得行政人员高度重视。

一是有问必答。应对媒体时。自然少不了回答其各式各样的问题。对媒体人员所提出的各种问题，行政人员必须做到有问必答。即使遇到正面难以回答或回答不了的问题，亦需换一种方式作答。一般情况下，均不可答之以“不清楚”、“不能答复”。

二是真实无欺。具有应对媒体经验的人都知道，在主动或被动地披露事实时，任何一个机关、一个部门、一个人的“公信度”，通常都取决于其“透明度”。在回答媒体的提问时，行政人员必须坚持讲真话、不讲假话，力戒自欺欺人，力求真实无欺。有些问题难以正面作答，亦应委婉应对，而不能代之以假言假语。一个讲假话的人，永远都不会为他人所信任。

三是巧妙作答。在回答问题时，虚张声势或吞吞吐吐，都会令人反感。善于巧妙回答媒体的问题，是行政人员必须练就的一项基本功。

四是行为得当。由于目前新闻媒体已经渗透到当今社会的每个角落，因此在出访之际，行政人员对自己的行为务必多加检点。不论当众演讲还是私人行动，都要对自己的一切行为负责。不要忘记，自己的一举一动，都可能成为媒体所关注的“新闻”。

3. 善待记者

在应对媒体时，每一位有教养的人士都懂得应当善待其工作人员，尤其是辛劳的新闻记者们。对对方待之以礼，往往会有投桃报李之效。

具体而言，现场应对媒体时，善待记者的最佳表现主要有四。

一是主动合作。应对媒体时，有经验的行政人员往往会变被动为主动，主动接近对方，并认真与对方合作。这样一来，对方自然会对己方产生良好印象。

二是重视时效。对媒体而言，任何信息的时效性均被其看作头等大事。对行政人员而言，不论其主动还是被动地披露信息，该信息的有效性通常取决于其时效性。有鉴于此，行政人员在具体应对媒体时必须对相关信息的时效性予以高度重视。

三是态度友善。回答记者提问时，行政人员切勿打断对方，或以表情、举止、语气对对方表达不满。即便对方的问题带有偏见或挑衅意味，亦不应为此而激动或发怒。

四是平等待人。不论在什么场合，行政人员与媒体人员在人格上都处于平等的地位，因此理当对其平等相待。

4. 弥补失误

行政人员在现场应对媒体时，一方面应当一丝不苟，避免失误；另一方面则应在出现失误时尽力弥补。

弥补应对媒体时失误的具体做法有以下三种。

一是当场弥补。在现场应对媒体时，一旦发现自己出现某种失误，应当想方设法尽快当场予以更正。切勿置之不理、一拖再拖，进而酿成事端。

二是事后弥补。假如事后发现自己或己方应对媒体时有误，亦应在力所能及的前提下，采取一切可能的措施进行补救。

三是总结教训。每次应对媒体后，一定要认真收集相关媒体的报道，并对其进行分类分析。对于所发现的问题，要探究原因并设法予以弥补。

第五节　外　事

当今的世界，全球化程度日益加深；现代的中国，已经成功地与世界接轨。国内环境国际化的趋势越来越明显地体现于各类公务活动中，因而外事礼仪亦成为行政礼仪的重要组成部分。

在学习与运用外事礼仪时，一方面应对其可操作性技巧细致观察、悉心体会、认真把握，力求精益求精；另一方面还必须认真地学习、掌握并遵守外事礼仪要则。具体来讲，外事礼仪要则主要包括求同存异、遵时守约、热情有度、不宜过谦、尊重隐私、女士优先等。

一、求同存异

同样一件事情，在不同国家、不同地区、不同民族往往存在着各不相同的处理方式；面对同一难题，来自不同国家、不同地区、不同民族的人们通常会给出截然不同的答案——人们的思维方式与风俗习惯不同使然，多元文化使然。在国际交往中，参与涉外活动的行政人员在面对不同国家、不同地区、不同民族的千差万别的风俗习惯时，只有求同存异，并遵守惯例，才能保持清醒的头脑，科学、合理、妥善地予以处理。

1. 承认差异

在进行跨国交往时，参与涉外活动的行政人员必须正视我方与外方之间在风俗习惯方面所存在的差异。“十里不同风，百里不同俗”绝非戏说之言，而是一种真真切切的客观现实。要求参与涉外活动的行政人员承认有关跨国交往中的习俗差异，既是要求其正视差异，更是要求其对这些差异保持清醒的认识，并采取正确的对策。

一是了解差异。在国际交往中，习俗差异实际上只是一种统称，其具体内容非常丰富，不可一概而论。承认习俗差异，首先必须区分清楚承认的是哪一种习俗差异，并且了解得越具体越好。

从理论上来分析，对习俗差异可根据其具体内容与适用范围的不同来加以区别。

就具体内容而言，习俗差异遍及人类物质生活与精神生活的方方面面。在衣食住行、婚丧嫁娶、生产劳动、交往应酬、节庆假日等方面，世界各地的习俗可谓千差万别。

就适用范围而言，习俗差异则存在着明显的空间性区别。国家与国家之间存在习俗差异，地区与地区之间存在习俗差异，民族与民族之间存在习俗差异，宗教与宗教之间存在习俗差异……对于这些不同类型的习俗差异，既不能将其混为一谈，也不能将其中某一类型的差异无限度地“扩大化”。

二是重视差异。要求参与涉外活动的行政人员在国际交往中重视我方与外方的习俗差异，具体来说包括下列三个要点：第一是心中要想到这种差异；第二是眼里要看到这种差异；第三是工作中要注意到这种差异。这样一来，参与涉外活动的行政人员在实际工作中才能更好地做到“有所为”、“有所不为”。

例如，如果能兼顾到如上三点，在宴请外方人士时，参与涉外活动的行政人员自然就会尊重外方人士的习俗，必定不会“待人如己”，不会以自己喜爱的菜肴待客，而是会优先考虑对方在习俗上有何饮食禁忌，强调“主随客便”，真正做到“目中有人”。

2. 入乡随俗

在国际交往中，“入国而问禁，入乡而问俗，入门而问讳”，是参与涉外活动的行政人员人人须知的一项常识。作为一项对参与涉外活动的行政人员的基本要求，入乡随俗的基本含义是：出于对外方人士的尊重，在与对方直接打交道时应尊重其独具的风俗习惯。当我方人员正式前往其他国家、地区进行工作、学习、访问、参观、旅行或进行其他公务时，则更要注意了解和尊重当地所特有的风俗习惯。在外事工作中，如果做不到入乡随俗，或者对其缺乏应有的重视，实际上就是对外方人士最大的不尊重。

在国际交往中，要求参与涉外活动的行政人员入乡随俗，主要是提醒其关注如下三点。

一是“入国问禁”。在国际交往中，坚持入乡随俗的最大益处，是易于借此促进中外双方的理解与沟通，恰如其分地向外方人士表达我方人员与人为善之意。

要坚持入乡随俗，最重要的前提条件，是要充分地掌握交往对象的相关习俗。倘若不能如此，那么在实际操作中就很难保证做到入乡随俗。

在国际交往的具体实践中，鉴于交往双方相互了解程度的不同、沟通渠道的障碍、信息的准确性难以保证，以及在时间上存在一定的仓促性，我方人员一时之间往往不可能对交往对象所特有的风俗习惯全盘掌握。这就要求参与涉外活动的行政人员必须善于抓住主要矛盾，即做到“入国问禁”，首先不冒犯外方人士在风俗习惯方面的特殊禁忌。如此一来，通常就不至于在异国他乡做客时“伤风败俗”。

二是处处谨慎。要做到入乡随俗，就必须在国际交往中处处谨慎。毕竟中外习俗大相径庭，稍不留意就可能有违外方人士的独特习俗。

要做到入乡随俗，就必须拥有一种认认真真的态度。在外方人士面前，对遵守其习俗马马虎虎、敷衍了事，是很失礼的。

要做到入乡随俗，还必须规规矩矩地操作。只有采用正规的操作方式，才可以“名正言顺”。

三是掌握范围。必须明确，讲究入乡随俗，并非一概而论。在此，也存在一个适用范围的问题。一旦超出其特定的适用范围去讲究入乡随俗，就有可能出现错误的做法。

一方面，入乡随俗主要适用于参与涉外活动的行政人员“独在异乡为异客”之时。根据国际惯例，当我方人员身在异国他乡时，应讲究“客随主便”，做到入乡随俗。而当我方人员身在自己国家充当东道主之时，则应讲究“主随客便”。

另一方面，参与涉外活动的行政人员在有必要入乡随俗时，则应以无损于我方的国格与人格为前提。在国际交往中，尊重从来都是相互的，因此我方人员在尊重外方人士的同时必须不失自尊，外方人士也应对我方人员表示应有的尊重。倘若外方的某些特有习俗不合时宜，例如其有辱我方的国格与人格、有悖社会公德或有碍我方人员的生命安全，则我方人员就不能够无原则、无条件地对其予以盲从。

3. 区别对待

在实际工作中，参与涉外活动的行政人员必须尊重他国的习俗。不论礼仪也好，习俗也好，往往都有其特定的适用范围：有的礼仪与习俗为中国所特有；有的礼仪与习俗为外国所独具；有的礼仪与习俗则通行于国际社会。因此，在外事工作的具体实践中涉及礼仪与习俗时，就要求参与涉外活动的行政人员必须有所区别。任何礼仪与习俗，都只有在其特定的适用范围之内才能发挥作用。一旦超出其特定的适用范围，它不仅可能失效，或许还会造成一些不必要的麻烦。

一是“以我为主”。所谓“以我为主”，就是要求参与涉外活动的行政人员在国际交往中，主要应当遵守中国的正式礼仪与习俗。在一切正规的官方活动中，特别是在我方充当东道主时，一般都需要这么做。

在国际交往中要求礼仪与习俗“以我为主”，并非夜郎自大、盲目排外，而主要是为了体现中国的国家尊严，维护中国的国家主权。在国际交往中，作为一个泱泱大国，中国所特有的礼仪与习俗理应得体地展现于世人面前、“发出中国好声音”，并得到国际社会所应有的尊重。

二是“兼顾他方”。“兼顾他方”的主要含义是：参与涉外活动的行政人员在其国际交往中应用礼仪与习俗时，一方面必须“以我为主”，另一方面则需对特定的交往对象所在的国家、地区或民族的礼仪与习俗有所了解，并予以应有的尊重。对对方主要的礼仪与习俗中的相关禁忌，尤其需要一清二楚，并不得冒犯。显而易见，“兼顾他方”意在表示对对方的尊重，而绝非照抄照搬、崇洋媚外。

三是遵守惯例。在国际交往中，一些有关礼仪与习俗的约定俗成的国际惯例，是每一名参与涉外活动的行政人员都必须恪守的。这里所说的惯例，实际上就是“求同存异”之中的“同”。遵守惯例，是“求同存异”要则的必然要求。

在国际交往中，需要在礼仪与习俗方面遵守国际惯例的主要场合有下述两个：一是多国所参与的多边性活动；二是两国所参与的双边性活动有此必要之时。

应当承认，外事礼仪中的许多基本规则与操作技巧，通常都是来自此类国际惯例。遵守惯例本身，在国际社会里即为一项国际惯例。

二、遵时守约

人所共知，在各种公务活动特别是跨国家、跨地区、跨民族、跨文化的国际交往中，取信于人，早已被公认为是建立良好人际关系的基本条件之一，同时也是生活于文明社会的现代人所应具备的一种优良品德。要求参与涉外活动的行政人员在国际交往中遵时守约，实际上就是为了使之更好地取信于人。

1. 信守承诺

遵时守约要则的核心点，就在于信守承诺。在国际交往中，参与涉外活动的行政人员倘若言而无信，不仅有可能失去所有的朋友，而且还有可能因此而使自己在工作上一事无成。

一是重视承诺。在现代社会里，尤其是在国际交往中，信誉往往无比重要。从某种意义上来讲，信誉就是生命，信誉就是形象，信誉就是社会关系，信誉就是工作效率。对于一个人、一个组织、一个民族乃至一个国家而言，莫不如此。个人不讲信誉，在社会上就会难以立足；组织不讲信誉，在工作中就会难以有所进展；民族或国家不讲信誉，在国际上则会失去自身的尊严。

二是慎于承诺。参与涉外活动的行政人员在国际交往中要想做到慎于承诺，主要应当对以下三个方面予以注意。其一，三思而行。其二，认真遵守。其三，说明原委。

2. 遵守时间

目前，遵守时间在国际社会里已成为衡量、评价一个人文明程度的重要标准之一，因此，参与涉外活动的行政人员对此绝对不可疏忽大意。

一是有约在先。对参与涉外活动的行政人员而言，要做到珍惜外方人士的时间，不浪费对方的时间，最为切实可行的做法，就是要对彼此双方进行交往的具体时间有约在先。

若要做到有约在先，关键是要提前约定有关交往的具体时间。它主要包括双方交往的具体起始时间与延续时间两个方面。对于它的约定要尽可能地具体、详尽，约定得越具体、越详尽越好。

在约定具体时间时，还要考虑交往对象的习惯和方便与否。尽量不要占用对方的休息时间或工作过于繁忙的时间。参与涉外活动的行政人员必须谨记：一般而言，凌晨、深夜、午休时间、就餐时间以及节假日，外方人士大都忌讳被外人打扰。总之，在约定具体时间方面，应当尽可能地做到两相情愿。

二是如约而行。在参加正式的官方活动，或者出席会议、会见以及其他类型的社交聚会时，参与涉外活动的行政人员一定要养成正点抵达现场的良好习惯。在此类活动中，姗姗来迟或提前到场都会显得不合时宜。前者会令其他人士久久等待，后者则会使外方人士措手不及。

对其他不论有关工作还是有关生活的具体时间约定，例如，承诺给予对方答复的时间、约好双方一同出行的时间，以及许愿给对方写信、打电话、发传真、发电子邮件的时间等，参与涉外活动的行政人员同样需要言出必践。

对双方有约在先的交往时间，我方人员轻易不要改动。万一因特殊原因而需要变更时间或取消约定，应尽快向交往对象进行通报，切忌让对方对此一无所知、空候良久。

三是适可而止。对一些事先约定了交往时间长短的活动，如限时发言、限时会晤、限时会议以及其他限时活动等，到场的参与涉外活动的行政人员一定要心中有数，绝不能超过规定的时间。即使对方“网开一面”，参与涉外活动的行政人员也绝对不要纵容自己。

对一些并未事先约定其交往时间长短的活动，例如，私人拜访、出席家宴、接打电话等，通常都讲究宜短不宜长。宁肯“提前告退”，也不应当无节制地拖延时间。

三、热情有度

作为外事礼仪中的一项要则，“热情有度”就是要求参与涉外活动的行政人员在与外方人士进行接触时，既要为人热情，以示友善之意，又要充分把握好为人热情的具体分寸，否则就有可能事与愿违。这里所说的“具体分寸”，指的就是所谓“热情有度”之中的“度”。

1. 关心有度

在国际交往中，对待外方人士理应表示出必要的关心。但考虑到“热情有度”的因素，参与涉外活动的行政人员对外方人士所表示的关心没有必要“无微不至”，而是应当有意识地加以一些限制，此即所谓“关心有度”。它主要体现在以下三个方面。

一是无碍对方个人自由。在一些国家，人们对个性独立十分推崇。在很多外国人眼里，没有任何东西可以与其个人自由相提并论。没有个性独立、没有个人自由，对他们而言，实际上就等于没有任何个人尊严。因此，参与涉外活动的行政人员对外方人士所表示的关心，在任何时候都应以不妨碍其个人自由为前提。

二是不令对方感觉不便。对外方人士表示关心时，无论如何都不应令对方产生“多此一举”的感觉。因此，在对对方表示关心之前，参与涉外活动的行政人员务必要首先明确“应当关心什么”与“不应当关心什么”。

三是勿使对方勉为其难。对外方人士所表示的关心，在任何情况下都应恰到好处，令对方愉快地接受，甚至感到幸福。实际上，只有恰当地给予对方此时此刻最为迫切需要的关心，才会收到如此功效。对方所不需要的关心，就是给予得再多也没有任何益处。参与涉外活动的行政人员一定要对此加以注意。一旦发现自己给予对方的关心不受欢迎，就应适可而止，千万不要“再接再厉”、强人所难。

2. 批评有度

与外方人士打交道时，参与涉外活动的行政人员必须做到“批评有度”。即对对方何处可以批评、何处不可以批评，一定要心中有数。如果对外方人士的批评不加任何限制，甚至加以滥用，那么对双边关系是极有危害的。

一是讲究内容。一般而言，在大是大非的问题上，诸如关系到国格、人格、道德、法律、身体健康、人身安全、正常工作等问题时，参与涉外活动的行政人员对外方人士的错误、缺点完全有必要给予批评指正。在事关国家利益与国家安全的重大原则问题上，则更是有此必要。

但是在涉及因民族风俗不同、文化背景不同、生活习惯不同、个人选择不同而导致的某些个人的不同做法时，参与涉外活动的行政人员则没有必要对外方人士的所作所为小题大做、上纲上线，没有必要动辄评判其是非曲直。

二是讲究方式。即使参与涉外活动的行政人员对外方人士有进行批评的必要，仍需注意其具体的方式、方法。对任何人而言，简单粗暴的批评都不会受欢迎。批评同样应当做到让被批评者如沐春风，如饮朝露，并欣然接受。

根据经验，对外方人士应当力戒“命令式”、“训斥式”、“讽刺式”与“侮辱式”的批评，同时也不应给人以居高临下之感。采用“平等式”、“讨论式”、“寓言式”或“设问式”进行批评，往往更容易为外方人士所接受。

三是讲究场合。除非情况极为特殊，参与涉外活动的行政人员对外方人士所进行的批评通常都不宜当众进行。当众对其进行批评，往往容易产生伤害对方自尊心的副作用。

倘若有可能，对外方人士的批评最好是在私下单独进行，不要有意搞“公开化”，切勿将对方的缺点与错误“公开示众”。

3. 交往有度

在与外方人士相处时，参与涉外活动的行政人员还必须坚持“交往有度”。所谓“交往有度”，具体是指参与涉外活动的行政人员在与外方人士进行接触时，不论双方之间的具体关系如何，均应与对方保持一定的距离。唯有这种距离保持得适当，参与涉外活动的行政人员与外方人士之间的关系才能够保持正常。

具体而言，“交往有度”的主要要求是：不妨碍对方的工作；不妨碍对方的生活；不妨碍对方的休息。

一是不妨碍对方的工作。与外方人士进行交往，一定要以不妨碍对方的工作为前提。此处所说的“不妨碍对方的工作”，主要有如下三重含义。

其一，不能影响外方人士正常的公务。

其二，不能给外方人士工作增加麻烦。

其三，不能妨碍外方人士工作的开展。

二是不妨碍对方的生活。在与外方人士相处时，参与涉外活动的行政人员一定尽量将工作与生活、公事与私事区分开来。在一般情况下，切忌在工作中处理私人生活问题。同样的道理，若非万不得已，也不宜让例行公事去打扰外方人士的私人生活。

三是不妨碍对方的休息。在与外方人士交往时，参与涉外活动的行政人员没有必要与对方形影不离。当对方需要休息，特别是在其表现出明显的疲倦困乏时，一定要主动为之创造休息的条件。

四、不宜过谦

在国际交往中需要进行自我评价时，参与涉外活动的行政人员既不应该自吹自擂、自我标榜、骄傲自大，也没有必要妄自菲薄、自轻自贱、自我贬低、自我否定，或者过分地谦虚、客套，以至于给人以缺乏自信、虚情假意之感。如有必要，在坚持客观、公正、实事求是的前提下，参与涉外活动的行政人员要善于从正面对自己进行评价或肯定。用德国哲学家叔本华的话来说就是：“伟大就是伟大，不凡就是不凡，实在无须谦逊。”上述要求，就是外事礼仪要则之一“不宜过谦”的基本含义。在与外方人士进行交往时，参与涉外活动的行政人员务必要将此项要则牢牢记住。

1. 自我肯定

对自己的评价务必要客观、公正、实事求是，绝对不能对自己无条件地一概进行否定。在实事求是的前提下，要善于发现自己的长处，并且要善于将其在外方人士面前恰到好处地表现出来。

一是充满自信。在公务活动中，一个人对自己有无自信是非常重要的。只有自信的人才会获得别人的尊重，而缺乏自信的人则往往难以获得别人的好感。一般而言，外国人通常认定：唯有自信的人，才敢于进行自我肯定。

二是具备实力。在多数外方人士看来，只有具备一定实力的人，才拥有进行自我肯定的资本。从某种意义上说，进行自我肯定，实际上就是公开承认自己具有一定的实力。而肯定自我，也就等于是确认了自身的实力。对现代人而言，在激烈的竞争中，自身拥有一定的实力是应当为之自豪的，完全没有必要对此进行否认。

三是光明磊落。在与外方人士相处时，参与涉外活动的行政人员理当坦诚相见、光明磊落。凡是需要自我评价时，只要不违反有关禁忌即应直言不讳、实事求是。因为在外方人士的心目中，敢于正面肯定自己，意味着为人诚实无欺，反之则会给人以虚伪、做作之感。

四是体现自尊。从根本上看，肯定自我是对个人自尊的必要维护。英国人哥尔斯密说过：人皆有错，过分谦虚即是一错。在外方人士的意识里，过分谦虚的最大过错，就是对个人自尊造成了伤害。

2. 展示实力

在外方人士面前，参与涉外活动的行政人员应当将自身所具备的实力尽可能地展示出来。不懂得这一点，自我肯定往往就会成为一句空话。

一是自身相貌。每一个人的相貌，都有其自身特征，都有其与众不同的特点。从这种意义上来说，每一个人的相貌都具有一种独一无二的美感。对此点，理当自我肯定。

二是服饰品位。由于每个人各自的审美习惯不同，也就决定了其对自身日常服饰的不同选择。其实，每个人所选择的自身服饰都具有一定的相对合理性。因此，就一般意义而言，没有任何必要在外人面前否定自己的服饰品位。

三是文化素养。一个人所具有的文化素养，有的来自其所受到的正规教育，有的来自其个人的独特经历，有的则来自其家庭传承。在国际交往中，尽管提倡参与涉外活动的行政人员“学人之长，补己之短”，但却没有必要全盘否定自身的文化素养。将中国传统文化或个人所受过的教育说得一无是处，显然是不应该的。

四是生活情趣。热爱生活，是一种美德。对自己的生活习惯、生活情趣、个人爱好等，只要其无害于人就可以坚持下去，并且可以不断地充实、提高、调整。其实，生活情趣并无高雅与庸俗之别，关键在于自己有没有生活情趣。

五是社会地位。虽然人与人之间存在着性别、年龄、职业、民族、国籍以及实际职务的差异，但是大家的社会地位理当完全平等。在外方人士面前，参与涉外活动的行政人员务必要做到平等待人、不卑不亢。在任何情况下，参与涉外活动的行政人员既不能盛气凌人，也不应自惭形秽。

3. 突出业绩

在与外方人士进行接触时，不论与双方共事与否，参与涉外活动的行政人员均应对自己取得的有关业绩进行必要的肯定。外方人士在介绍自己的个人业绩时，一般非常注意以下两个具体方面：一是讲究突出重点，扬长避短；二是讲究“以例服人”，即喜欢以大量的实例来具体说明问题。在需要介绍个人业绩时，参与涉外活动的行政人员不妨对此予以借鉴，并且应当注意突出以下三点。

一是学习成绩。人的一生应当在学习上永不停步，就像古语“活到老，学到老”所言。对学而不厌者，外方人士会十分钦佩。因此，在介绍本人的学习情况时，不妨直截了当地说明自己读过什么书、发表过什么论文、掌握了何种外语，以具体“成果”说话。

二是工作成绩。对自己的专业技术水平、实际工作能力、爱岗敬业态度以及因之而获得的荣誉嘉奖，要敢于在外方人士面前适时地有所展示，并且引以为荣。只有这样，才会使对方了解自己的实际能力，从而受到对方的尊重。

三是生活成绩。在国外，人们对自己的家庭生活十分重视。在他人面前，外方人士不仅对自己的婚姻美满、妻贤子孝、全家幸福等生活情节津津乐道，而且也欢迎其交往对象这样做。他们通常认为，美满的家庭生活，是一项十分重要的个人成绩。

4. 表达敬意

"不宜过谦"要则的一项具体要求是：参与涉外活动的行政人员，应当敢于和善于对外方人士表达自己所应有的敬意。具体原因有三：其一，没有必要隐瞒对外方人士的敬意。其二，没有必要否认为外方所做的工作。其三，没有必要贬低对外方人士的礼遇。

五、尊重隐私

目前，尊重个人隐私已经逐渐发展成为一项国际交往的惯例。因此，在国际交往中，参与涉外活动的行政人员有必要对其予以高度重视。

1. 莫问隐私

按照常规，如下九个方面的私人问题均被外方人士视为"不可告人"的"绝对隐私"，在国际交往中，参与涉外活动的行政人员切不可向对方主动打探：收支情况、年纪大小、恋爱婚姻、健康状况、个人经历、信仰政见、生活习惯、所忙何事、家庭住址。

2. 保护隐私

参与国际交往时，参与涉外活动的行政人员除了要做到莫问他人隐私之外，还应努力做到保护隐私。只有在这两个方面都做好了，才可以说是真正地做到了"尊重隐私"。

所谓保护隐私，在此特指参与涉外活动的行政人员在国际交往中应尽力不传播、不泄露隐私问题。换言之，就是要主动采取必要的措施去维护个人隐私。具体要求如下：其一，保护自己的个人隐私。其二，保护我方人员的隐私。其三，保护外方人士的隐私。其四，保护其他人士的隐私。

六、女士优先

在国际交往中，人们在与妇女打交道时强调最多的就是“女士优先”。不仅如此，“女士优先”在人们的交往应酬中还逐渐演化为一系列具体的、具有可操作性的方法。在社会舆论的监督下，男士们唯有奉行“女士优先”，才会被人们看作有教养的绅士；反之，就会被看作没有修养之人，甚至会被视为莽夫粗汉。

作为外事礼仪要则之一，“女士优先”的主旨是：每一名成年男子都有义务主动而自觉地以自己的实际行动去尊重妇女、照顾妇女、体谅妇女、保护妇女，并应想方设法、尽心尽力地为妇女排忧解难。倘若因为男士的不慎而使妇女陷于尴尬、困难的处境，则意味着男士的失职。

1. 适用的范围

在国际交往中，虽然“女士优先”要则早已是家喻户晓、人人皆知，但是它仍然存在其特定的适用范围。只有在其适用范围之内，“女士优先”要则才会生效。一旦超出其特定范围，“女士优先”要则便不起任何作用。

一是地域的差别。就当今世界而言，“女士优先”要则主要通行于西方发达国家、中东欧地区、拉丁美洲地区以及非洲的部分地区。在这些国家与地区范围内，一名对“女士优先”要则一无所知的成年男士在其交际应酬中必将四处碰壁。

但是，在有些国家与地区，尤其是在以崇尚自身传统文化而著称的一些中东及东方国家里，“男尊女卑”的传统观念还相当流行。在绝大多数情况下，人们对“女士优先”要则并不买账。

二是场合的差别。即使在讲究“女士优先”要则的国家，人们也并非不区分具体场合而时时处处讲究“女士优先”。

根据惯例，只有在社交场合中讲究“女士优先”要则，才是最为得体的。

在公务场合中，人们普遍强调的是“男女平等”。此时此地，性别差异并不为人们所看重，因此也就没有必要煞有介事地讲究“女士优先”。

至于在休闲场合中，“女士优先”要则讲究亦可，不讲究亦可，完全可以悉听尊便。

三是个人的差异。从总体上讲，“女士优先”要则的适用对象应当包括所有成年妇女在内。但在实践中，参与涉外活动的行政人员则必须切记：即使在传统上讲究“女士优先”要则的欧美国家里，仍有一些人并无此种讲究，甚至对此颇为反感。其中最具典型意义的，当推所谓“女权主义者”。她们提倡“女权”，要求“男女绝对平等”，认为“女士优先”要则是歧视妇女的另一种极端表现。对“女权主义者”的此种要求，在必要时也应予以尊重。

2. 操作的方式

“女士优先”要则是非常讲究其具体操作方式的。离开了种种具体的操作方式，“女士优先”要则就会成为一句空话。

一是尊重妇女。在正式的社交场合里，男士必须对每一名成年妇女无一例外地给予应有的尊重。尊重妇女，乃是“女士优先”要则的第一要旨。

一般而言，尊重妇女应当通过男士的下述具体行动得以体现：

其一，发表讲话、演说时，若需要对当时在场的来宾加以称呼，应以“女士们，先生们”，或“玛丽小姐，威廉先生”为顺序，将女士的称呼排列在前面。

其二，在聚会上同时与男女主人相遇，应首先问候女主人，然后再问候男主人。

其三，由室外进入室内后，应主动问候先行抵达的女士。

其四，在需要为初次谋面的男女双方进行相互介绍时，标准的方式是首先介绍男士，然后再介绍女士。

其五，在男女双方有必要握手为礼时，正规的做法是由女士首先伸出手来与男士相握，男士率先伸出手来则是失礼之举。

其六，在室外活动时，戴着帽子的男士在向妇女打招呼之前，一般应首先向女士脱帽致意。

其七，在正式宴会上，出于对妇女的尊重，通常不宜雇用女性充当侍者。

其八，在就餐时，女主人往往是“法定”的第一顺序。按照惯例，在正式宴会上，女主人打开餐巾，等于宣布宴会开始；女主人拿起餐具，意味着可以开始用餐；女主人把餐巾放回到餐桌上，则表示宴会到此结束。

二是照顾妇女。在必要时，男士应给予妇女必要的照顾。但在照顾妇女时需要注意两点：第一要注意具体时机是否适当；第二要讲究两相情愿。无论在什么时候，男士所给予妇女的照顾都不应当强加于人。

其一，在公共场合内稍事休息时，男士有义务为妇女寻找座位。

其二，当座位不够使用时，男士应当请女士首先就座。

其三，在外出之际，男士应当责无旁贷地负责搬运行李。

其四，在行进中，男士通常应当请与自己同行的妇女先行一步，以便由对方“选择前进的方向”。

其五，在需要通过大门时，男士一般应当主动替与自己同行的妇女开门或关门。

三是体谅妇女。在正式的社交场合中，任何一名具有良好个人教养的男士都应给予妇女必要的体谅。体谅妇女，在此特指男士应当善解人意，应当善于设身处地地替妇女着想，并且善于谅解妇女。

其一，当妇女在大庭广众之前面临某种困境时，如不了解某种商品的用法、不知道如何点菜、不通晓某种外语或方言时，男士应“知难而上”主动为其解围，而不是落井下石，或幸灾乐祸。

其二，考虑到绝大多数妇女的空间感、方位感往往不及男士，所以在外出之际理当由男士充当向导。

其三，男女并排就座时，若彼此之间不属于夫妻、情侣或亲属关系，一般不应当安排一名妇女在两位男士之间就座。

其四，单行行进时，通常要求男士随行于妇女身后，主要原因之一在于男士一般步幅比妇女大。

其五，在一些过于狭窄的路段与其他妇女“狭路相逢”时，不论是否熟悉对方，男士都应当礼让，请对方先行通过。

其六，上楼梯时，男士一般应请身穿裙服的妇女随行于其后。

其七，在出席宴会、舞会、音乐会或观看演出、体育比赛时，如果没有领位员提供服务，男士一般应主动为同行的妇女带路或寻找座位。

其八，在正式的交谊舞会上，通常应当由男士邀请妇女。不过由于“女士优先”，所以妇女拥有选择舞伴、谢绝男士邀请的权利。

四是保护妇女。在必要的场合或情况下，男士应当挺身而出主动保护妇女。保护妇女的本意，在此是指男士应当采取主动行动，不使自己身边的妇女受到伤害。

其一，与妇女交谈时，男士的谈吐应高雅脱俗，并且应在具体内容上掌握好分寸。

其二，惯于吸烟的男士在妇女面前必须有所克制，无条件地实行“禁烟”。

其三，在室外同妇女一道并排行走时，男士应自觉地遵守“把墙让给妇女”的规则，即请妇女在人行道内侧行走，而自己则主动走在人行道的外侧。

其四，当男女一起经过拥挤之处，或是通过存在着危险、障碍的路段时，男士应主动走在前面，以便为身后随行的妇女开道、探险。

其五，邀请妇女与自己一起外出参加活动时，男士不仅需要提前前往妇女的居所迎接，而且需要在活动结束后将其送回居所。

其六，在交谊舞会上，当妇女无人邀请或遭逢个别男士骚扰时，在场的每一名男士都有义务前去为妇女解决难题。

其七，当妇女因为种种原因而需要救助或是需要获得支持、帮助、保护时，男士均应鼎力相助，热情支持，为对方提供必要的保护。

第五章 餐饮的礼仪

餐饮礼仪，一般来说，指的主要是人们在餐饮活动之中所必须认真遵守的行为规范。行政人员应用餐饮礼仪，首先应当着重规范自己在安排餐饮与享用餐饮期间所必须掌握的基本技巧，以求令自己吃好、喝好、表现好。

餐饮礼仪的基本原则叫作“六M原则”。它是在世界各国广泛受到重视的一条礼仪原则。其中的“六M”指的是六个以M为字头的单词：费用、会见、菜单、举止、音乐和环境，它们都是人们安排或参与餐饮活动时所应注意的重要问题。此项原则的主要含义是：在安排或者参与餐饮活动时，必须优先对费用、会见、菜单、举止、音乐、环境六个方面的问题加以高度重视，并应力求使自己在这些方面的所作所为符合律己、敬人的行为规范。

第一节 中 餐

中餐，是中式餐饮的简称。它所指的是一切具有中国特色的、依照传统方法制作的、为中国人日常生活之中所享用的餐食和饮品。其中最主要的，则是具有中国传统风味和特色的饭菜。

在一般情况下，学习中餐礼仪，主要需要掌握用餐的方式、时空的选择、菜单的安排、席位的排列、餐具的使用、用餐的表现六个方面的规则与技巧。

一、用餐的方式

中餐的用餐方式，在此是指以哪一种具体形式用餐的问题。依据不同的划分标准，中餐的用餐方式可有多种多样的具体划分。

站在行政礼仪的角度上来说，划分中餐的用餐方式主要可以依据用餐的规模和餐具的使用进行区分。

1. 根据用餐的规模区分

按照目前约定俗成的做法，根据中餐用餐规模的不同，可将其用餐方式划分为宴会、家宴、便餐等具体形式。

一是宴会。宴会，通常指的是出于一定的目的，由机关、团体、组织或个人出面组织的，以用餐为形式的社交聚会。

一般而言，宴会又可以分为正式宴会与非正式宴会两种类型。正式宴会，顾名思义，自然是一种隆重而正规的宴请。它往往是为宴请专人而精心安排的，在较为高档的餐馆或是其他特定的地点举行的，讲究排场、气氛的大型聚餐活动。正式宴会，尤其是正规的正式宴会，对于到场人数、穿着打扮、席位排列、菜肴数目、音乐演奏、宾主致辞等，往往有着十分严谨的要求。

非正式宴会，亦称便宴。它也适用于正式的公务活动，但多见于日常交往，尤其是常来常往的友好人士之间的聚餐。它的总特征是：形式从简，偏重于公务活动，而不注重规模、档次。一般而言，它只安排相关人员参加，不邀请配偶，对穿着打扮、席位排列、菜肴数目往往不作过高的要求，而且也不安排音乐演奏和宾主致辞。

二是家宴。家宴，此处所指的是在家中所举行的宴会，可见它是宴会的一种特殊类型。在一般情况下，家宴是由主人以某种名义在自己的私人居所内所举行的，招待自己的亲朋好友的一种非正式宴会。因此，相对于正式宴会而言，家宴最重要的是要制造亲切、友好、温馨、自然的气氛，从而使赴宴的宾主双方轻松、自然、随意，彼此增进交流，加深了解，促进信任。

通常，家宴在礼仪上往往不作特殊要求。为了使来宾感受到主人的重视与友好，家宴大都要由女主人亲自下厨烹饪，男主人充当侍者，家人一道共同招待客人，使客人产生宾至如归之感。

三是便餐。宴者，请人吃饭也。餐者，自己吃饭也。由此可见，所谓便餐，在这里主要是指供自己在日常生活里所吃的家常便饭。有时候，它就直接被称作便饭。

尽管人们享用便餐的地点往往多有不同，例如，在家里、单位、餐馆，甚至人在旅途之际，均可以享用便餐，但它从本质上是有共性可寻的。享用便餐时，礼仪讲究最少。只要用餐者讲究公德，注意卫生、环境和秩序，在其他方面便不必介意过多。

2. 根据餐具的使用区分

就餐具的使用而言，中餐的用餐方式又可以被区分为分餐式、公筷式、自助式、混餐式四种具体形式。

一是分餐式。分餐式用餐，指的是在用餐的整个过程之中，为每一位用餐者所上的主食、菜肴、酒水，以及所提供的其他餐具，一律每人一样一份，分别使用，不容混杂、共用或共享。

分餐式用餐的最大优点是：既讲究了用餐卫生，避免了用餐时的交叉感染；又体现了用餐公平，体谅了害羞者、动作迟缓者。它主要适用于各种宴会，尤其是正式宴会。

二是公筷式。公筷式用餐，是一种较为形象的说法，指的是中餐的一种特殊的用餐方式。在用餐时，主食、菜肴等不必人各一份，分装开来。但是在取用主食、菜肴时，却不允许直接使用自己入口的餐具，如筷子、汤匙等取用，而必须首先借助于带有特殊标记的、公用的餐具，选取适量，放入自己专用的食碟、汤碗之内，然后再使用自己专用的餐具享用。

公筷式用餐的长处在于，它既体现了中餐传统用餐方式的和睦、热烈的气氛，又兼顾了现代人讲究个人卫生的要求。它比较适合在家宴时采用。

三是自助式。自助式用餐，是近年来借鉴西方的一种现代用餐方式。它的主要特点是：不排席位，不安排统一的菜单，将所能提供的全部主食、菜肴、酒水陈列在一起，由用餐者完全根据个人爱好自主地选择、加工、享用。

自助式用餐的优点至少有下列三条：第一，节省费用；第二，礼仪讲究不多，宾主两厢方便；第三，用餐者在用餐时完全可以悉听尊便。在举行大型活动，招待为数众多的来宾时，采用此种方式安排用餐是最为明智的一项选择。

四是混餐式。混餐式，又称合餐式。它是中餐传统用餐方式的一个主要特点。它是指多人一道用餐时，主食、菜肴被置于公用的碗、盘之内，而由用餐者根据自己的口味嗜好，使用自己的餐具，直接从前者之中取用。

采用混餐式用餐，容易体现出家庭般的和睦、团结的气氛，但也带有显而易见的不够卫生的缺陷。因此，它仅仅适用个人吃便餐或是家人一道聚餐。以这种方式举办宴会，尤其是宴请外国友人，是非常不合适的。

二、时空的选择

安排中餐，特别是举办正式的中餐宴会时，必须兼顾其举办的具体时间和地点，这就是所谓中餐的时空选择问题。以下将分别从时间的选择与地点的选择这两个方面，来认真讨论这一问题。

1. 时间的选择

依照礼仪惯例，安排中餐用餐尤其是中餐宴会的具体时间，主要应当兼顾下述三个具体问题。

一是民俗惯例。根据人们的用餐习惯，中餐依照用餐的具体时间的不同，可以分为早餐、午餐、晚餐三种。至于在宴请他人时，究竟应当选择早餐、午餐还是晚餐，不好一概而论。不过在绝大多数情况下，确定正式宴请的具体时间主要应遵从民俗惯例。

例如，在国内外举办正式的宴会，通常都安排在晚上进行。因工作交往而安排工作餐，大都选择在午间进行。而在广东、海南、港澳地区，亲朋好友聚餐，则多爱选择"饮早茶"。

二是主随客便。在决定公务聚餐的具体时间时，主人不仅要从自己的客观能力出发，更要讲究主随客便，即优先考虑被邀请者，尤其是主宾的实际可能，切勿对此不闻不问，勉强从事。如有可能，应先期与主宾协商一下，力求两厢方便，达成一致。至少也要尽可能地为之多提供几种时间上的选择，以显示自己的诚意。

三是适当控制。用餐时间，通常都有必要加以适当的控制。在安排宴会时，主人更要注意此点。适当控制用餐时间，需要注意两个问题。

其一，尽量避开宾主双方不方便的时间。例如，重要的活动日、纪念日、节假日，某一方面不方便的日子或忌日等。

其二，对用餐时间的具体长度进行必要的控制。既不能匆匆忙忙走过场，也不能拖拖拉拉地耗时间。一般认为，正式宴会的用餐时间宜为1.5～2个小时，非正式宴会与家宴的用餐时间应为1个小时左右，而便餐的用餐时间则大抵半个小时。

2. 地点的选择

在聚餐时，用餐地点的选择非常重要。在考虑这一问题时，应着重注意如下四点。

一是环境幽雅。对现代人来讲，宴请不仅仅是为了"吃东西"，而且也讲究环境，讲究"吃文化"。若是用餐地点档次过低，环境不佳，即便菜肴再有特色，也会令宴请大打折扣。因此，在可能的情况下，一定要选择清静、优雅的用餐地点。

二是卫生良好。外出用餐时，人们最担心的往往就是"病从口入"。

在确定公务聚餐的地点时，一定要优先关注其卫生状况如何。倘若用餐地点脏、乱、差，不仅卫生问题令人担忧，而且还会破坏用餐者的食欲。

三是设施完备。确定较为正规的公务聚餐的用餐地点时，还应注意其设施是否完备。这个问题具体来说又分为两个侧面：第一，该有的设施是不是有？第二，已有的设施能不能用？对这两点，都不能漠不关心。

四是交通方便。选择用餐地点时，对交通方便与否也要加以高度关注。要充分考虑聚餐者来去交通是否方便、有无停车场所、有无交通线路通过此处、是否有必要为聚餐者预备交通工具等一系列的具体问题。

三、菜单的安排

国人请客时往往称之为“请你吃饭”。其实，这一表述未必准确。因为无论便餐还是宴请，唱主角的都不是“饭”，而是“菜”。从这个意义上讲，吃中餐实际上主要是吃中国菜。因此，对于中餐菜单的选择与安排，有必要认真学习。

按照行政礼仪的规范，安排菜单主要涉及两个方面的问题：第一是如何点菜；第二是如何准备菜单。前者，涉及的主要是非正式宴会和便餐，后者则主要是正式宴会与家宴的主人必须考虑的问题。

1. 点菜的礼规

外出用餐时，不论请客还是自请，都少不了会遇到如何点菜的问题。要处理好这一问题，需要解决三个难点。

一是量入为出。在用餐点菜时，最重要的是不仅要吃饱、吃好，而且必须量力而行。假如为了讲排场、图虚荣、装门面，而在点菜时大点、特点，甚至乱点一通，不仅于自己无益，而且还会令人嘲笑。

因此，在点菜时，务必要量入为出，心中有数，力求做到不超支，不乱花钱，不铺张浪费。

二是相互体谅。在公务聚餐时，做东的一方和吃请的一方，在点菜时都要宽厚待人，体谅对方。做东的一方既不要过于殷勤，也不宜过于吝啬。被请的一方，在不失自尊的同时，切勿抱有“不吃白不吃，吃了也白吃”的不平衡心态，嘴下不留情，大“宰”做东者。

有必要强调的是，不论做东者怎样点菜，都应当尽量征求一下被请者，特别是主宾的意见，不要只凭个人喜好行事。

被请者在点菜时，有两个好办法可供借鉴。办法之一，是告诉做东者，自己没有特殊要求，请对方做主，这实际上正是对方所欢迎的做法。办法之二，是自己点上一个价格不太贵的菜，随后请其他人再去各点各的。这样做既符合做东者的要求，又没有对其他人实行“包办代替”。

三是上菜次序。一顿标准的中餐大餐，其上菜的次序一般都是相同的。通常，首先上桌的是冷盘，接下来是热菜，随后上的是主菜，然后上点心和汤，最后上的则是水果拼盘。如果上咸点心的话，讲究上咸汤；如果上甜点心的话，则要上甜汤。

2. 菜单的准备

在宴请他人之前，主人应事先对所选的菜单再三斟酌。在准备菜单时，应着重考虑哪些菜肴宜选、哪些菜肴忌选，这两点本质上属于同一个问题的两个不同方面。

一是宜选的菜肴。一般而论，在准备菜单时，有以下四类菜肴应被主人优先加以考虑。

其一，具有中餐特色的菜肴。吃中餐自然要首选具有中餐特色的代表性菜肴。在宴请外籍人士时，这一条更应当被高度重视。例如，中餐里的龙须面、炸春卷、炒豆芽、咕老肉、狮子头、宫保鸡丁、北京烤鸭等，均为寻常百姓之食，但因其具有鲜明的中餐特色，所以受到众多外国人的推崇。

其二，具有本地特色的菜肴。中国的饮食文化既有共性，也个性鲜明，名扬天下的八大菜系便是中餐在各地分支的主要代表。在宴请他人，尤其是宴请外地人时，如有必要的话，应尽量安排一些具有本地特色的菜肴。举例而言，扬州的大煮干丝、杭州的龙井虾仁，与云南的过桥米线、四川的火锅一样有名，在那里宴请外地客人时，上一些当地特色菜，恐怕要比上“千人一面”的生猛海鲜更受欢迎。

其三，本餐馆的看家菜。大凡名声在外的餐馆，自然都少不了自己的看家菜，高档餐馆尤其如此。在知名餐馆点菜时，应尽量安排一些它的看家菜。不然的话，就有可能让被请之人产生看法。

其四，主人的拿手菜。在举办家宴时，主人一般都要当众露上一手，多做几个自己的拿手菜。其实，这种所谓的拿手菜大可不必追求十全十美。仅仅主人动手为来宾烧菜这一点，就会让对方倍感尊重和友好之意。

二是忌选的菜肴。在安排菜单时，还必须兼顾来宾的饮食禁忌，尤其是要对主宾的饮食禁忌予以高度的重视。一般的规则是：主人在为来宾安排菜肴时，首先需要了解对方“不吃什么”，而非对方“想吃什么”。一般而言，饮食方面的禁忌主要有四条。

其一，宗教禁忌。对来宾宗教方面的禁忌，一定要认真对待，不能疏忽大意。例如，穆斯林不食猪肉和未诵安拉之名宰杀之物，印度教徒不食黄牛之肉。对此要是不求甚解，或是贸然犯禁，都会带来很大的麻烦。

其二，地方禁忌。在不同的地区，人们的饮食偏好往往多有不同。对于这一点，在安排菜单时也应予以兼顾。例如，英美人通常不吃宠物、稀有动物、淡水鱼、动物内脏、动物的头部和脚爪。非要为其提供，那可就强人所难了。

其三，职业禁忌。有些职业，出于某种原因，在餐饮方面往往也有各自不同的特殊禁忌。例如，国家公务人员在执行公务不准吃请；驾驶员在工作期间，绝对不得饮酒。要是忽略了这一点，不仅是对对方的不尊重，而且还有可能使其因此而犯错误、惹麻烦。

其四，个人禁忌。有一些人，由于种种因素的制约，在饮食上往往会有一些与众不同的特殊要求。例如，有的人不吃葱，有的人不吃蒜，有的人则不吃辣椒等。对此类个人饮食禁忌，亦应充分予以照顾。不要明知故犯，或是对此说三道四。

四、席位的排列

在中餐礼仪中，席位的排列是一项十分重要的内容。它关系到来宾的身份和主人给予对方的礼遇，所以受到宾主双方的同等重视。

中餐席位的排列，在不同情况下存在一定的差异。下面所要讨论的主要是宴请与便餐的席位排列。一般认为，宴请包括宴会与家宴，对席位排列的礼仪讲究要更多一些，并更为严谨。

1. 宴请时的席位排列

宴请，往往是一种较大规模的公务聚餐活动，因此它所涉及的席位排列问题，又可分为桌次排列与位次排列两个具体方面。根据行政礼仪的规范，两者各有各的具体要求。

一是桌次排列。中餐宴请活动中，往往采用圆桌布置菜肴、酒水。采用一张以上圆桌安排宴请时，便出现了桌次的尊卑问题。

排列圆桌的尊卑次序，大抵会遇到两种基本情况。以下对这两种情况分别加以介绍。

其一，由两桌所组成的小型宴请。这种情况又可以分为两种具体形式：一为两桌横排，一为两桌竖排。

当两桌横排时，其桌次是以右为尊，以左为卑。这里所讲的右与左，同由面对正门的位置来确定的。这种做法也叫面门定位（见图 5—1）。

当两桌竖排时，其桌次则讲究以远为上，以近为下。这里所谓的远近，是以距离正门的远近而言的（见图 5—2 ）。此法亦称以远为上。

其二，由三桌或三桌以上的桌数所组成的宴请。通常，它又叫多桌宴请。在安排多桌宴请的桌次时，除了要注意面门定位、以右为尊、以远为上三条规则之外，还应兼顾其他各桌距离主桌，即第一桌的远近。

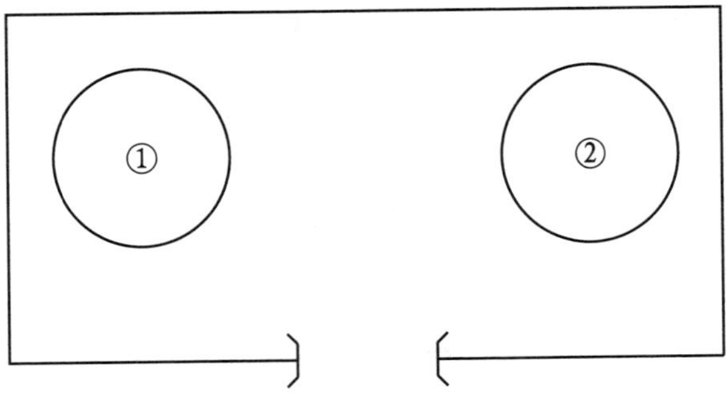

图 5—1　桌次排列之一

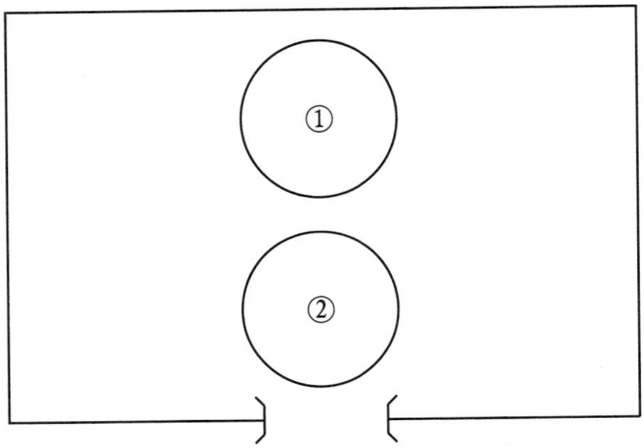

图 5—2　桌次排列之二

通常，距离主桌越近，桌次越高；距离主桌越远，桌次越低。这项规则亦称主桌定位(见图 5—3、图 5—4、图 5—5、图 5—6)。

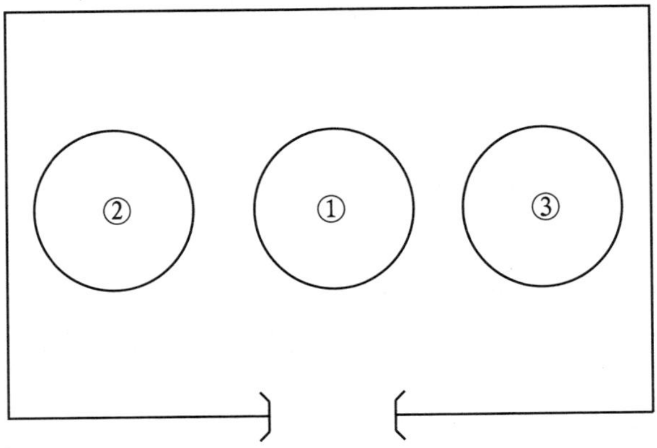

图 5—3　桌次排列之三

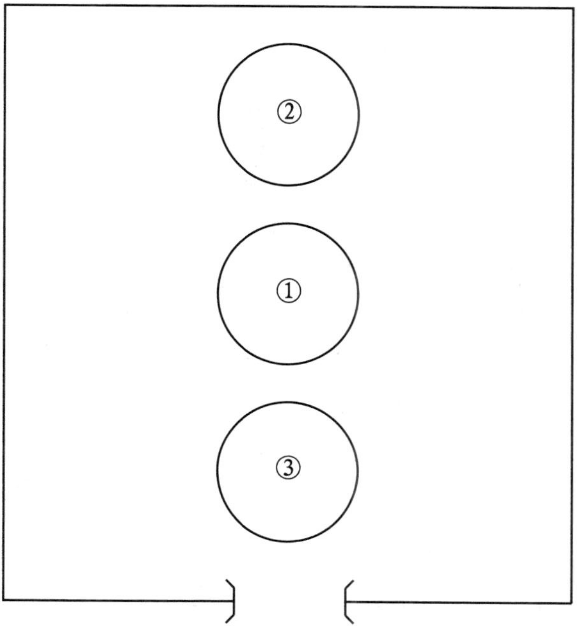

图 5—4　桌次排列之四

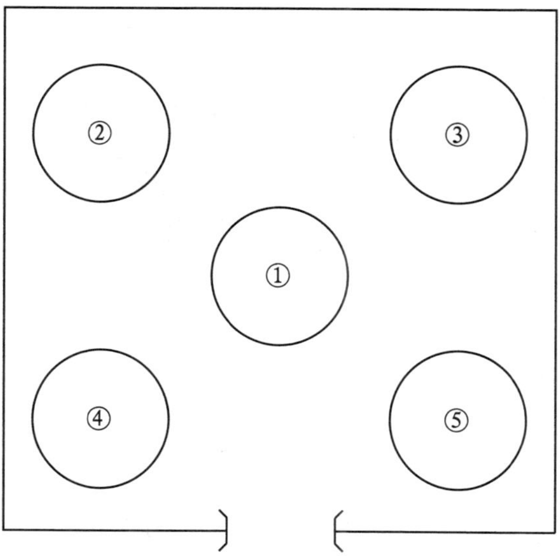

图 5—5　桌次排列之五

许多时候，以上规则往往是交叉使用的。除此之外，在排列桌次时，通常还讲究：除主桌外，其他各桌一般距主桌越近，桌次便越高；距主桌越远，桌次便越低（见图 5—7、图 5—8）。

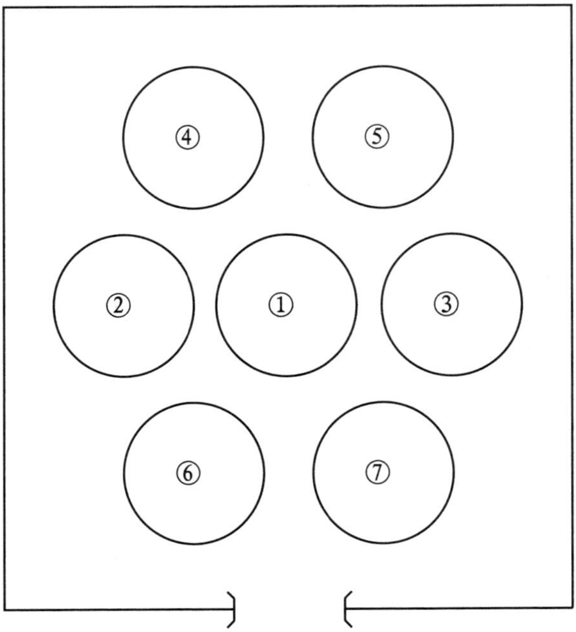

图 5—6　桌次排列之六

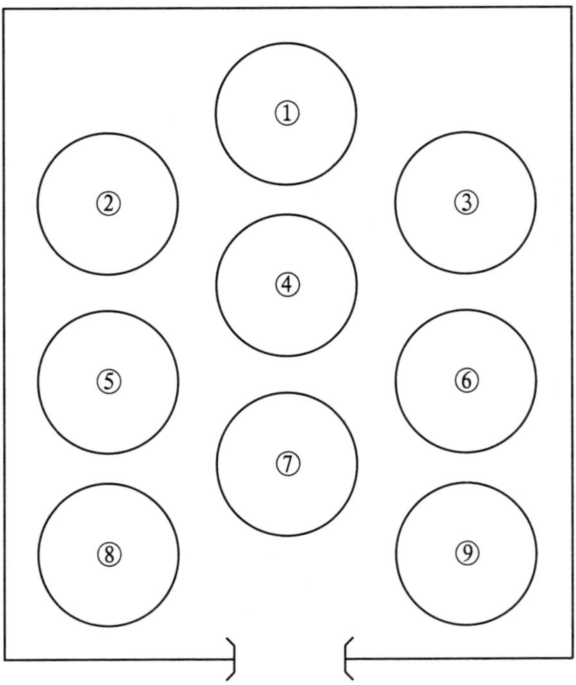

图 5—7　桌次排列之七

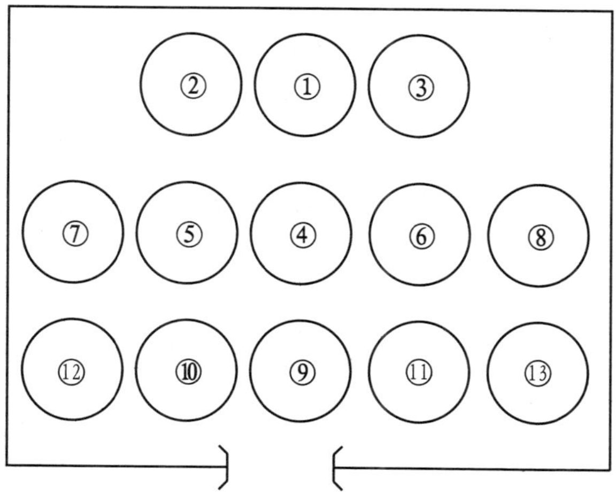

图 5—8　桌次排列之八

在安排桌次时，所用餐桌的大小应大体相仿。除主桌可略大之外，其他餐桌不宜过大或过小。

二是位次排列。宴请时每张餐桌上的具体位次也有主次尊卑之别。排列位次的基本规则有四。

规则之一，主人大都应当面对正门而坐，并在主桌就座。

规则之二，举行多桌宴请时，各桌之上均应有一位主桌主人的代表（亦称各桌主人）在座。其位置一般应与主桌主人同向，有时也可以面向主桌主人。

规则之三，各桌之上位次的尊卑，应根据其距离该桌主人的远近而定，以近为上，以远为下。

规则之四，各桌之上距离该桌主人相同的位次，讲究以右为尊，即以该桌主人面向为准，其右为尊，其左为卑。

另外，每张餐桌上所安排的用餐人数应大体上限于 10 人之内，并宜为双数。人数如果过多，不仅不容易照顾，而且也可能坐不下。

其一，圆桌座次的排列。目前，中餐的餐桌往往是圆桌。根据上述四条位次的排列规则，圆桌上位次的具体排列又可分为两种具体情况。它们的共同特点，是均与主位即主人的坐处有关。

第一，每桌一个主位。其特点是每桌只有一名主人，主宾在其右首就座（见图 5—9），每桌只有一个谈话中心。

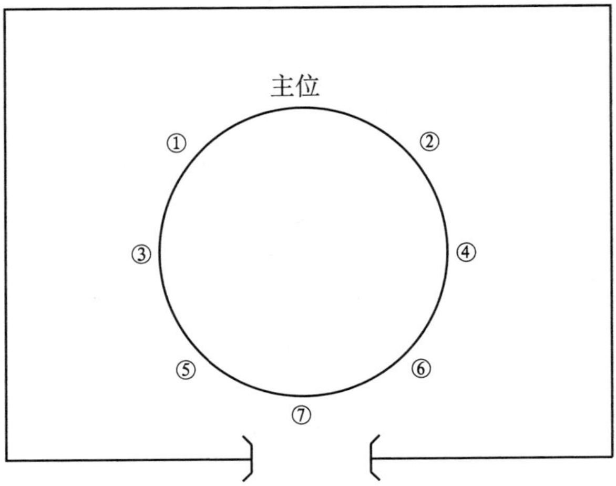

图 5—9　圆桌座次的排列之一

第二，每桌两个主位。其特点是主人夫妇就座于同一桌，以男主人为第一主人，以女主人为第二主人，主宾和主宾夫人分别在男女主人右侧就座（见图 5—10、图 5—11）。每桌从客观上形成了两个谈话中心。

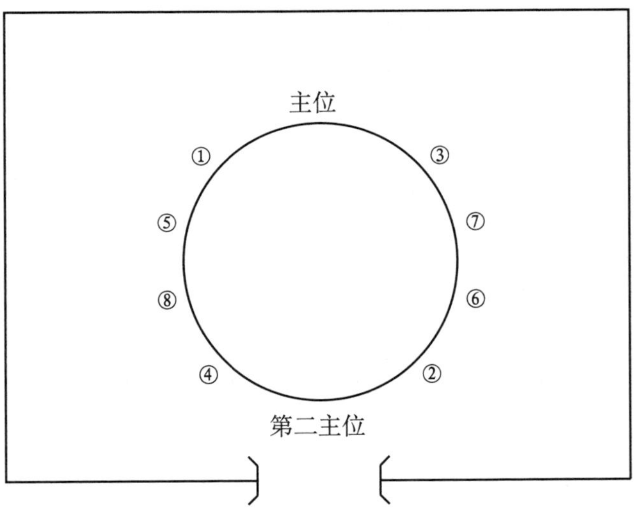

图 5—10　圆桌座次的排列之二

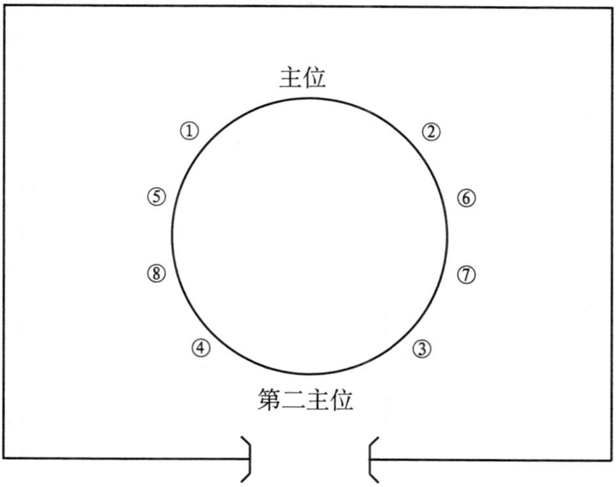

图 5—11　圆桌座次的排列之三

其二，长桌座次的排列。长桌在一般宴请之中也时有所见。排列长桌时，既可以单独排列一桌，亦可将多桌摆放在一起，构成其他图形。但一般而言，长桌比较适合双主人的情形（见图 5—12、图 5—13、图 5—14、图 5—15、图 5—16、图 5—17、图 5—18）。

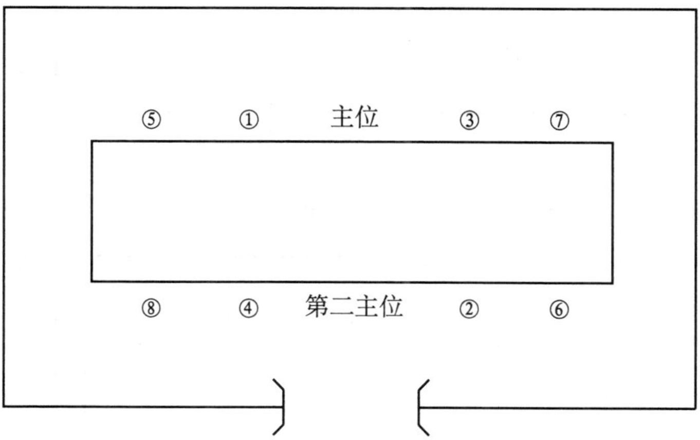

图 5—12　长桌座次的排列之一：双主人

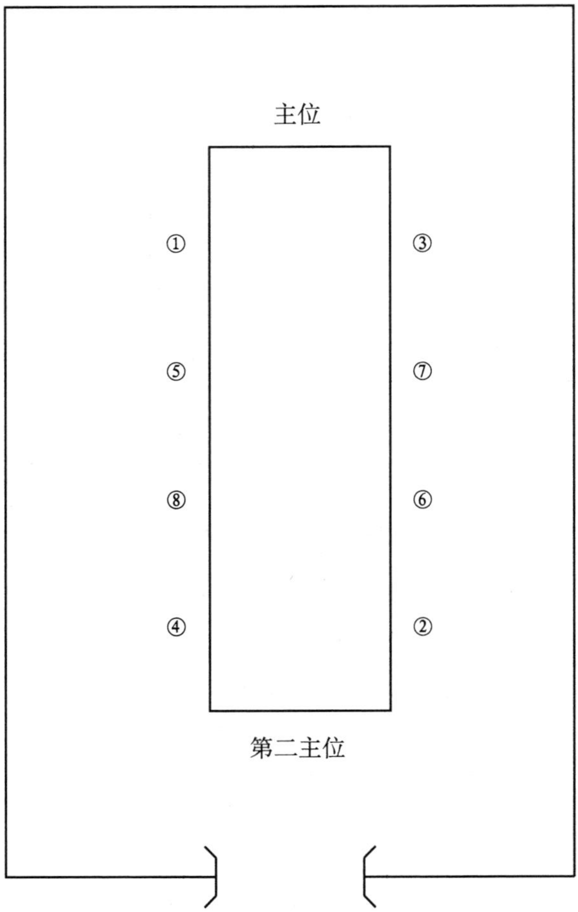

图 5—13　长桌座次的排列之二：双主人

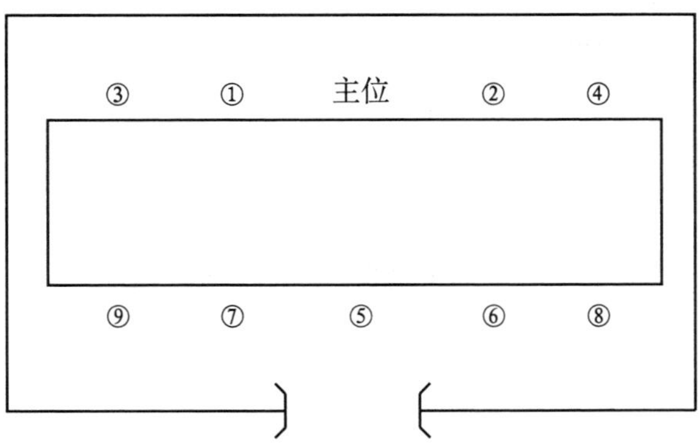

图 5—14　长桌座次的排列之三：单一主人

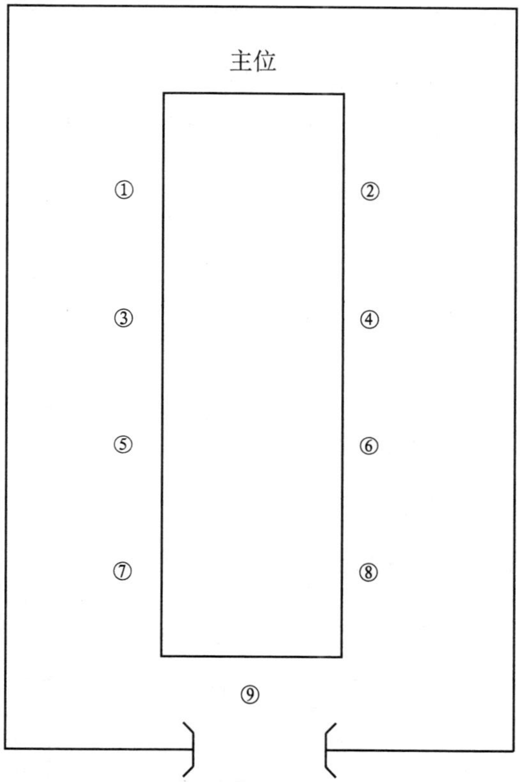

图 5—15　长桌座次的排列之四：单一主人

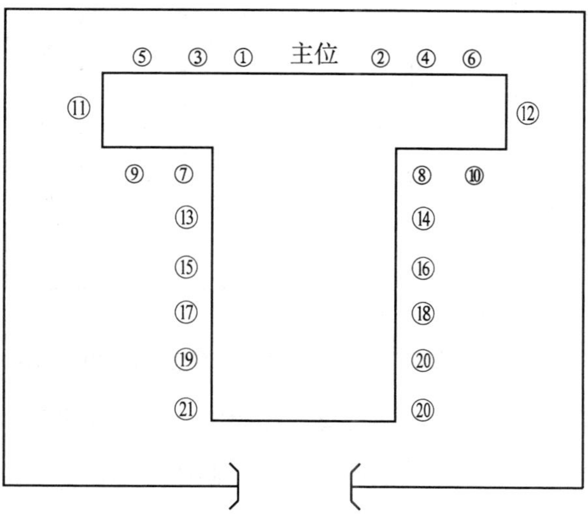

图 5—16　长桌座次的排列之五：单一主人之“T”形

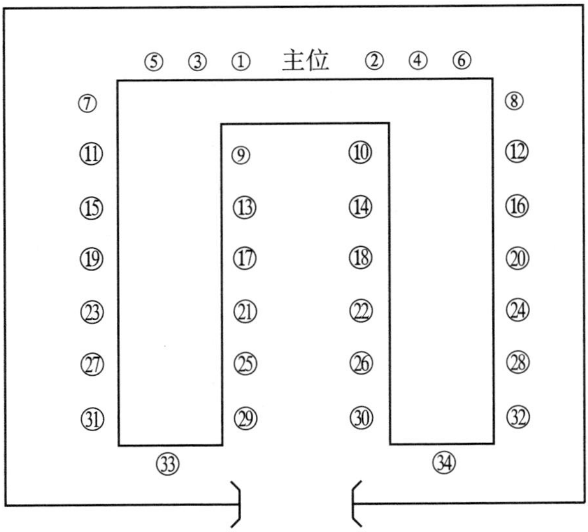

图 5—17　长桌座次的排列之六：单一主人之“∩”形

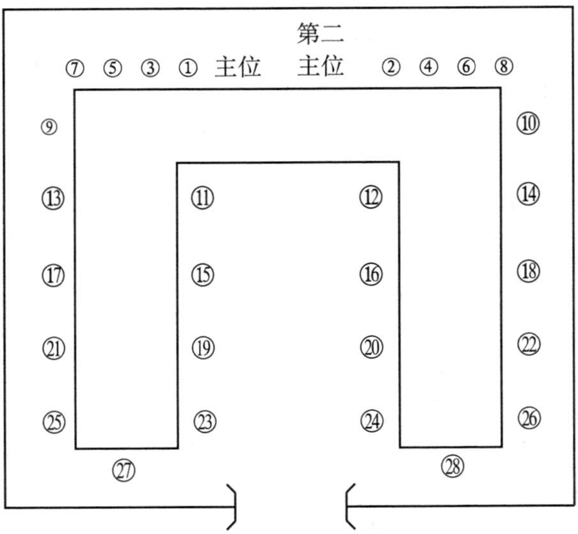

图 5—18　长桌座次的排列之七：双主人之“∩”形

其三，方桌座次的排列。方桌在国内宴会中较少使用，在西式宴会中则时有出现，它亦可分为单一主人（见图 5—19）与双主人（见图 5—20）两种基本情况。

有时候，倘若主宾身份高于主人，为表示尊重，可安排其在主人位

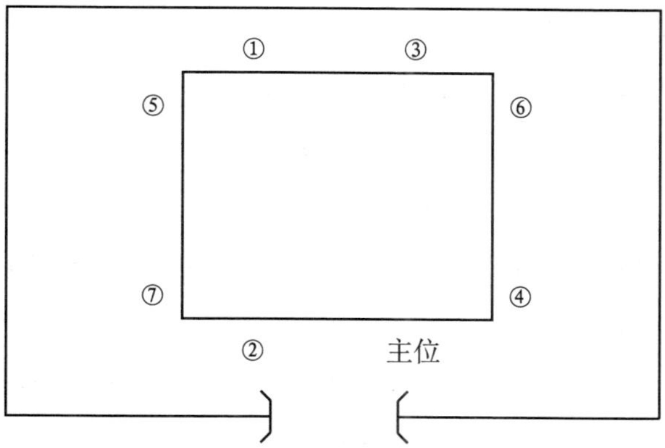

图 5—19　方桌座次的排列之一：单一主人

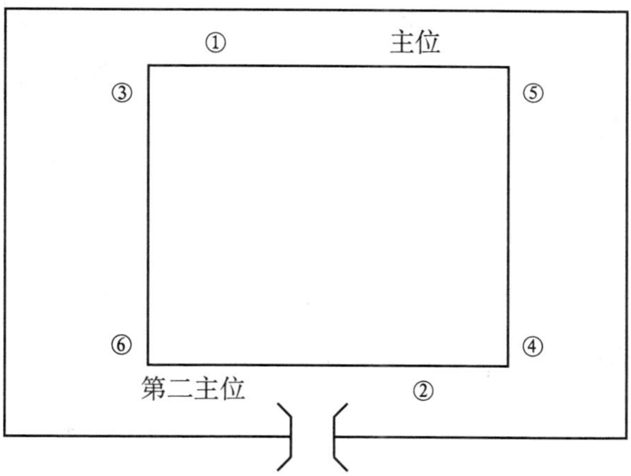

图 5—20　方桌座次的排列之二：双主人

次上就座，而由主人坐在主宾的位次上。

若是本单位出席人员中有高于主人者，可请其居于主位而坐，而请实际上的主人坐在其左侧。

当然，遇到以上两种特殊情况亦可遵守常规，不作变动。

2. 便餐时的席位排列

在一般情况下，便餐时的席位排列，可参照宴请时桌次的排列进行。至于所见较多的位次排列，则主要有五种方法可循。

一是右高左低。当两人一同并排就座时，通常以右为上座，以左为下座。这是因为中餐上菜时多以顺时针为上菜方向，居右而坐者因而要比居左而坐者优先受到照顾。

二是中座为尊。三人一同就座用餐时，居于中座者在位次上要高于在其两侧就座之人。这种位次排列方法，叫作中座为尊。

三是面门为上。倘若用餐时，有人面对正门而坐，有人背对正门而坐，依照礼仪惯例，则应以面对正门者为上座，以背对正门者为下座。这就是所谓的面门为上。

四是观景为佳。在一些高档餐厅用餐时，在其室内外往往有优美的景致或高雅的演出，可供用餐者观赏。此时，应以观赏角度最佳之处为上座。此即观景为佳。

五是临墙为好。在某些中低档餐馆用餐时，为了防止过往侍者和食客的干扰，通常以靠墙之位为上座，以靠过道之位为下座。这种方法被叫作临墙为好。

五、餐具的使用

中餐餐具，即享用中餐时所使用的工具。在一般情况下，它又分为主餐具与辅餐具两类。

1. 主餐具

中餐的主餐具，是指进餐时主要使用的、往往必不可少的餐具。通常，享用中餐时使用的主餐具有筷、匙、碗、盘等。

一是筷。筷，又叫筷子。它是用中餐时必不可少的最主要的餐具。筷子的主要功能，是用餐时以之夹取食物或菜肴。

使用筷子，首先要方法正确。一般应以右手持筷，以其拇指、食指、中指三指前部，共同捏住筷子的上部约 1/3 处。通常，筷子必须成双使用，而不可只用单根。

使用筷子取菜、用餐时，需要注意下列问题。

其一，不“品尝”筷子。不论筷子上是否残留着食物，都不要去舔它。在取菜前切不可这样作，长时间把筷子含在嘴里也不合适。

其二，不“跨放”筷子。当暂时不用筷子时，可将它放在筷子座，或搭放在自己所用的碗、碟边缘上。不要把它直接放在餐桌上，更不要把它横放在碗、盘，尤其是公用的碗、盘上。掉到地上的筷子，一般不要再用。

其三，不“插放”筷子。不用筷子时，将其“立正”插放在食物、菜肴之上，尤为不可。根据民俗，只有祭祀先祖时才可以这么做。此外，也不要把筷子当叉子，去叉取食物。

其四，不“舞动”筷子。与人交谈时，应暂时放下筷子。切不可以其敲击碗、盘，指点对方，或是拿着它停在半空中，好像迫不及待地要去夹菜。

其五，不“滥用”筷子。不要以筷子代劳他事，如剔牙、敲桌，或是夹取菜肴、食物之外的东西。

二是匙。匙，又叫勺子。在享用中餐时，它的主要作用是舀取菜肴、食物，尤其是流质的羹、汤。有时，以筷子取食时，亦可以勺子加以辅助。

在一般情况下，尽量不要单用勺子去取菜。以其取食时，不宜过满，免得溢出来弄脏餐桌或自己的衣服。必要时，可在舀取食物后，在其原处“暂停”片刻，待其汤汁不会再流时，再移向自己享用。

使用勺子，有四点注意事项。

其一，暂且不用勺子时，应置之于自己的食碟上。不要把它直接放在餐桌上，或是让它在食物之中“立正”。

其二，用勺子取用食物后，应立即食用，不要把它再次倒回原处。

其三，若取用的食物过烫，不要用勺子将其折来折去，也不要用嘴对它吹来吹去。

其四，食用勺子里盛放的食物时，尽量不要把勺子塞入口中，或反复吮吸它。

三是碗。碗，在中餐里，主要是盛放主食、羹汤之用的。在正式场合用餐时，用碗的注意事项主要有五点。

其一，不要端起碗来进食，尤其是不要双手端起碗来进食。

其二，食用碗内盛放的食物时，应以筷、匙加以辅助，切勿直接下手取用，或不用任何餐具以嘴吸食。

其三，碗内若有食物剩余时，不可将其直接倒入口中，也不能用舌头伸进去乱舔。

其四，暂且不用的碗内，不宜乱扔东西。

其五，不能把碗倒扣过来放在餐桌之上。

四是盘。盘，又叫盘子。稍小一些的盘子，则被称作碟子。盘子在中餐中主要用以盛放食物，其使用方面的讲究与碗略同。盘子在餐桌上一般应保持原位，不被搬动，而且不宜多个摞放在一起。

需要着重加以介绍的，是一种用途较为特殊的被称为食碟的盘子。食碟的主要作用，是用来暂放从公用菜盘里取来享用的菜肴。使用食碟时，需要注意的问题有三：

其一，不要一次取放的菜肴过多，那样做看起来既繁乱不堪，又有欲壑难填之嫌。

其二，不要将多种菜肴堆放在一起，免得它们会彼此“相克”，相互“串味”，既不好看也不好吃。

其三，不宜入口的残渣、骨、刺不要吐在地上、桌上，而应将其轻轻取放在食碟前端，必要时再由侍者取走、换新。需要注意的是，不要让“废物”与菜肴交错，搞得杯盘狼藉。

2. 辅餐具

中餐的辅餐具，指的是进餐时可有可无、时有时无的餐具，它们主要在用餐时发挥辅助作用。最常见的中餐辅餐具，有水杯、湿巾、水盂、牙签等。

一是水杯。中餐中所用的水杯，主要供盛放清水、汽水、果汁、可乐等软饮料时使用。需要注意的，一是不要去盛酒，二是不要倒扣水杯，三是喝入口中的东西不能再吐回去。

二是湿巾。在中餐用餐前，比较讲究的话，会为每位用餐者上一块湿巾。它只能用来擦手，绝对不可用以擦脸、擦嘴、擦汗。擦手之后，应将其放回原处，由侍者取回。有时，在正式宴会结束前，会再上一块湿毛巾。与前者所不同的是，它只能用来擦嘴，却不能揩脸、抹汗。

三是水盂。有时，品尝中餐者需要手持食物进食。此刻，往往会在餐桌上摆上一个水盂，也就是盛放清水的水盆。它里面的水并不能喝，而只能用来洗手。在水盂里洗手时，不要乱甩、乱抖。得体的做法是：两手轮流沾湿指尖，然后轻轻浸入水中刷洗。洗毕，应将手置于餐桌之下，用纸巾擦干。

四是牙签。牙签，主要用来剔牙之用。享用中餐时，尽量不要当众剔牙。非剔不行时，应以餐巾或另一只手掩住口部，切勿大张“血盆大口”。剔出来的东西，切勿当众观赏或再次入口，也不要随手乱弹，随口乱吐。剔牙之后，不要长时间叼着牙签没完。取用食物时，不要以牙签扎取。

六、用餐的表现

在用餐时，每一位用餐者均应使自己的临场表现合乎礼仪。细而言之，享用中餐时的用餐表现又可分为餐前的表现与餐时的表现。

1. 餐前的表现

餐前的表现，指的是准备用餐、等候用餐时的所作所为。无疑，它是用餐表现的有机组成部分之一。要使餐前表现符合礼仪规范，主要应注意以下问题。

一是适度修饰。外出用餐，尤其是外出赴宴或聚餐时，应适度地进行个人修饰。总的要求是：整洁，优雅，个性化。一般而言，男士可穿套装，并剃须。女士则应穿时装或裙服，并化淡妆。倘若不加任何修饰，甚至仪容不洁、着装不雅，则会被视为不尊重主人，不重视此次聚餐或宴请。

二是准点抵达。应邀赴宴，或参加聚餐时，一定要准点抵达现场。严格地讲，抵达过早或过晚，均为失礼。早到的话，主人往往还未作好准备，因而措手不及。晚到的话，则会令他人望眼欲穿，甚至打乱整个原定的计划。若无特殊原因，切勿早退。

三是各就各位。在正式一些的用餐活动中，一定要按照指定的桌次、位次就座。倘无明确排定，亦应遵从主人安排，或与其他人彼此谦让。切勿争先恐后，不守座次。一般而言，在入座时，应于主人、主宾之后就座，或与大家一道就座。抢在他人之前就座，显然是不合适的。

四是适度交际。大凡宴请或聚餐，其主要目的是在交际，而不仅仅是为了大快朵颐。所以在用餐前后，尤其是用餐前稍事等候时，不要忘记尽可能地进行适当的交际活动。要问候一下主人，联络一下老朋友，并争取认识几位新朋友。假若一言不发，显得与其他人完全格格不入，则难免会给人以“专为吃喝而来”的印象。

五是倾听致辞。在正式宴会开始前，主人与主宾大都要先后进行专门的致辞。当宾主致辞时，务必要洗耳恭听，专心致志。此刻开吃，闭目养神，与人交谈，或是打打闹闹，都是不对的。若此刻暂时离去，则更会令人生疑。

2. 餐时的表现

餐时的表现，指的是在用餐期间的全部活动。它是用餐表现之中的核心之点。注意餐时表现，关键需要重视下列十个具体问题。

一是不违食俗。任何国家的餐饮，都有自己的传统习惯，中餐自然也不例外。例如，过年时，吃中餐少不了鱼，这表示“年年有余”。而渔家、海员吃鱼时，则忌讳将鱼翻身，因为那有“翻船”之嫌。对这类中餐食俗，轻易不要有意违反。

二是不坏吃相。在用餐之时讲究吃相，是注重用餐表现之中的一大重点。倘若不重视吃相，吃得摇头摆脑，满脸油汗，汁汤横流，响声大作，不但失态欠雅，而且还会败坏他人的食欲。

三是不胡布菜。在用餐时，讲究“己所不欲，勿施于人”。可以劝人多用一些某道菜肴，但切勿越俎代庖，主动为他人夹菜、添饭。姑且不说那样做不够卫生，而且还会让人勉为其难。

四是不乱挑菜。取食菜肴，要稳、准、快，不要左顾右盼，翻来覆去，在公用的菜盘内挑挑拣拣。要是夹起来发现不合心意后再放回去，则更是少调失教之举。

五是不争抢菜。多人一桌用餐时，取菜要注意相互礼让，依次而行，取用适量。不要好吃的只顾自己多吃，争来抢去，而不考虑其他人用过没有。不要只吃好菜，把住好菜不放，或是总把好菜一人“包干”。

六是不玩餐具。在用餐期间，不宜随意玩弄餐具，如对其敲敲打打，比比画画，瞄来瞄去，说三道四等。敲打餐桌，晃动座椅，亦应禁止。

七是不去吸烟。不论用餐地点有无规定，主人有无要求，在用餐时都应自觉做到不吸烟，免得污染空气，有损他人健康。当他人向自己敬烟时，不应接受，但也不必对其进行指责。

八是不清嗓子。用餐时，千万不要当众表演“吐故纳新”的“废物清理”活动，例如，切勿清嗓子、擤鼻涕、吐痰等。此类举止，不但有碍观瞻，而且倒人胃口。

九是不作修饰。在用餐之际，尤其是在与初识之人或异性一道用餐时，尽量不要进行修饰，例如，不要梳理头发、化妆补妆、脱袜脱鞋等。必要时，可去专用的化妆间做这些事。

十是不乱走动。没有必要的话，在用餐时不宜离开自己的座位四处走动。够不到想吃的菜，可请人帮助，但不要起身离座去取。

第二节　西　餐

西餐，是对西式饭菜的一种约定俗成的统称。客观地讲，所谓西餐，其实是一个十分笼统的概念，因为无论从形式上还是从内容上讲，西方各国的饭菜都存在很大的差异。不过在中国人眼里，除了与中餐在口味上存在区别之外，西餐还是有着两个鲜明的特点的。其一，它们源自西方国家。其二，它们必须以刀、叉取食。久而久之，凡符合以上两个特点者，皆可以西餐相称。

根据礼仪规范，要吃好西餐，并且不失风度，就必须对西餐的菜序、西餐的座次、西餐的餐具、西餐的品尝、西餐的要求五个方面的问题，有一定程度的了解。

一、西餐的菜序

品尝西餐，少不了首先要搞明白西餐的菜序问题。西餐的菜序，在此所指的是西餐用餐的先后顺序问题。与中餐、日餐等东方国家的餐式相比，西餐的菜序具有明显的不同。例如，享用西餐时，通常要先上汤，而在中餐里汤则大都是用餐的“结束曲”。

了解西餐的菜序，至少有两大好处。其一，在用餐时成竹在胸，能够量力而行，依据个人食量吃好、吃饱。其二，在自己点菜时，能够加以比照，进行经济而适当的组合、搭配。

严格地讲，西餐的正餐与便餐的菜序是有很大差异的，以下分别对其进行介绍。

1. 正餐的菜序

西餐的正餐，尤其是正式场合所用的正餐，其菜序既复杂多样，又讲究甚多。在大多数情况下，西餐正餐的菜序由下列八道菜肴构成。一顿内容完整的正餐，一般要吃上一两个小时。

一是开胃菜。所谓开胃菜，即用来打开胃口之物，它亦称西餐的头盘。在西餐里，它往往不被列入正式的菜序，而仅仅充当着“前奏曲”。

在大多数情况下，开胃菜是由蔬菜、水果、海鲜、肉食所组成的拼盘。它多以各种调味汁凉拌而成，色彩悦目，口味宜人。

二是面包。在西餐正餐里所吃的面包，一般都是切片面包，或是需要当时从整个的大面包上切片而食。有时，也有刚刚烤好的小面包。在吃面包时，通常可根据个人嗜好，涂上各种果酱、黄油或奶酪。

三是汤。西餐之中的汤，大都口感芬芳浓郁，具有很好的开胃作用。按照传统说法，汤是西餐的“开路先锋”。只有开始喝汤时，才算正式开始吃西餐了。常见汤类，有白汤、红汤、清汤等。

四是主菜。西餐里的主菜有冷有热，但以热菜为主角。在比较正规的正餐上，大体上要上一个冷菜、两个热菜。两个热菜中，通常还讲究应当一个是鱼菜，另一个则是肉菜。其中的肉菜必不可少，而且往往代表着此次用餐的档次、水平。

五是点心。吃过主菜后，一般要上一些诸如蛋糕、饼干、吐司、馅饼、三明治之类的小点心，供没有吃饱的人借以填满肚子。吃饱的人，也可以不吃点心。

六是甜品。吃毕点心，接着要上甜品。最常见的甜品，有布丁、冰激凌等。

七是果品。接下来，用餐者还需在力所能及的情况下，酌情享用干、鲜果品。常见的干果，有核桃、榛子、腰果、杏仁、开心果等。草莓、菠萝、苹果、香蕉、橙子、葡萄等，则是最常见于西餐桌上的鲜果。

八是热饮。在用餐结束之前，应为用餐者提供热饮，以此作为“压轴戏”。最正规的热饮，是红茶或什么都不加的黑咖啡。二者只能选择其一，而不宜同时享用。它们的作用，主要是帮助消化。西餐的热饮，可以在餐桌上喝，也可以换上一个地方，离开餐桌去客厅里喝。

2. 便餐的菜序

在普通情况下，出于节约金钱和时间方面的考虑，人们并不总是要去吃西餐全餐。假如不是为了尝鲜、犒劳自己，而只是为了完成任务的话，点上几个有特色、有代表的西菜，也就足够了。

通常，一顿西便餐的标准菜序应当是方便从简，由下列五道菜肴构成：开胃菜→汤→主菜→甜品→咖啡。

二、西餐的座次

用西餐时，对座次的问题十分关注。越是正式的场合，这一点就越是显得重要。与中餐相比，西餐的座次排列既有不少相同之处，也有许多不同之点。

1. 座次排列的规则

在绝大多数情况下，西餐的座次总是更多地表现为位次问题。桌次问题，除非是极其隆重的盛宴，一般涉及较少。因此，以下主要讨论西餐的位次问题。

排列西餐的位次，一般应依照一些约定俗成、人所共知的常规进行。了解了这些基本规则，就可以轻而易举地处理好位次排列问题。

一是女士优先。在西餐礼仪里，女士处处备受尊重。在排定用餐位次时，尤其是安排家宴时，主位一般应请女主人就座，而男主人则宜退居第二主位。

二是恭敬主宾。在西餐之中，主宾极受尊重。即使用餐的来宾之中有人在地位、身份、年纪方面高于主宾，但主宾仍是主人关注的中心。在排定位次时，应请男、女主宾分别紧靠着女主人和男主人就座，以便进一步受到照顾。

三是以右为尊。在排定位次时，以右为尊依旧是基本原则。就某一特定位置而言，其右侧之位理应高于其左侧之位。例如，应安排男主宾坐在女主人右侧，安排女主宾坐在男主人右侧。

四是距离定位。一般来说，西餐桌上位次的尊卑，往往与其距离主位的远近密切相关。在通常情况下，距主位近的位子高于距主位远的位子。

五是面门为上。面门为上，有时又叫迎门为上。它所指的是，面对餐厅正门的位子，通常在序列上要高于背对餐厅正门的位子。

六是交叉排列。用中餐时，用餐者经常有可能与熟人，尤其是与其恋人、配偶在一起就座。但在用西餐时，这种情景便不复存在了。正式一些的西餐宴会，一向被视为交际场合。所以在排列位次时，要遵守交叉排列的原则。依照这一原则，男女应当交叉排列，生人与熟人也应当交叉排列。因此，一名用餐者的对面和两侧，往往是异性，而且还很有可能与其不熟悉。这样做的好处，是每一位用餐者都可以因此而广交朋友。

不过，这也要求用餐者最好是双数，并且男女人数应当各半。

2. 座次排列的详情

在西餐用餐时，人们所用的餐桌有圆桌、方桌和长桌。有时，还会以之拼成其他各种图案。目前，最常见、最正规的西餐餐桌当属长桌。下面就来介绍一下西餐排位的具体情况。

一是长桌。以长桌排位，一般有两个办法。

其一，是男女主人在长桌中央对面而坐，餐桌两端既可以坐人（见图 5—21），也可以不坐人（见图 5—22）。

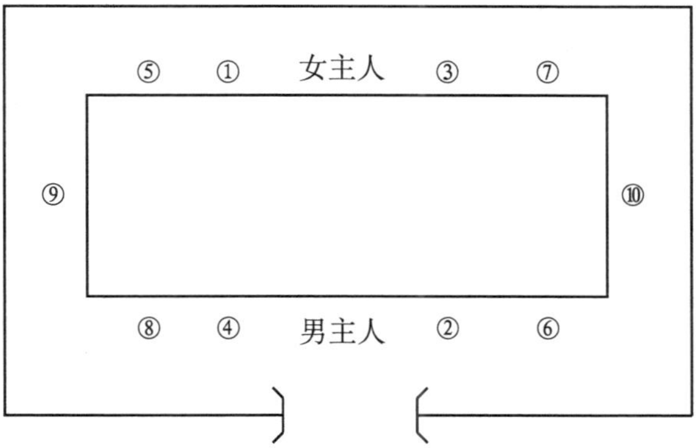

图 5—21

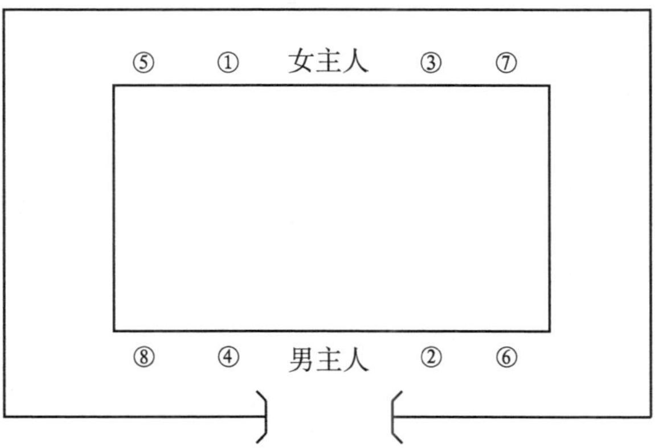

图 5—22

其二，是男女主人分别就座于长桌两端（见图 5—23）。

某些时候，如用餐者人数较多之时，还可以参照以上办法，以长桌

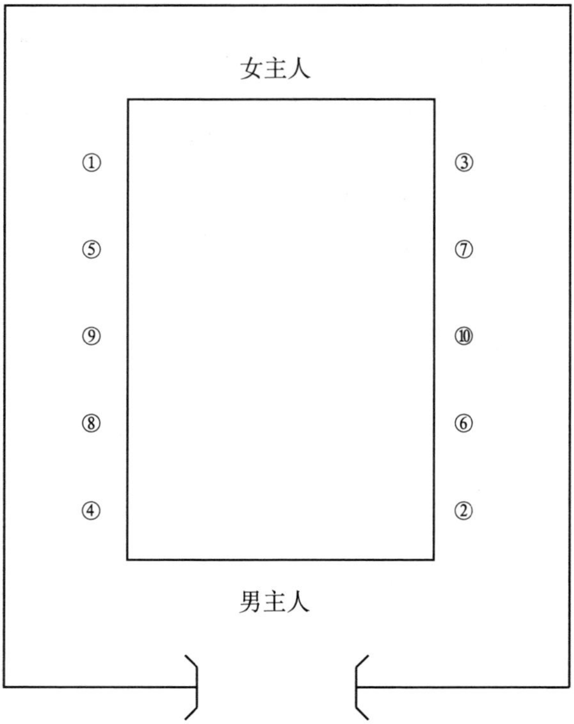

图 5—23

拼成其他图案，以便安排大家一道用餐（见图 5—24）。

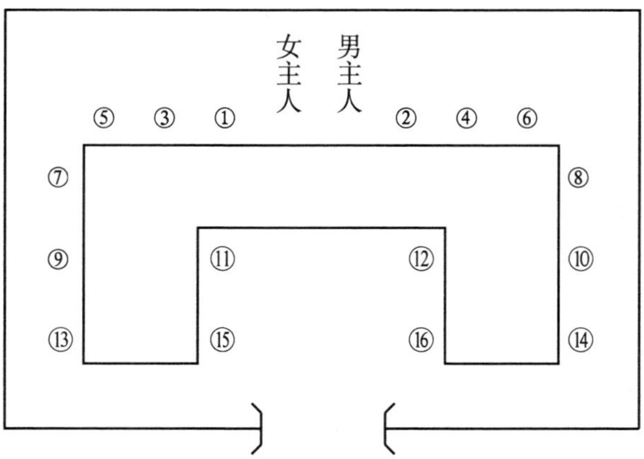

图 5—24

二是圆桌。在西餐里排列座次时，采用圆桌的情况并不常见，在正式的西餐宴会上，则尤其罕见。若使用圆桌，其具体的排列方法，基本上属于前述各项规则的综合运用（见图 5—25）。

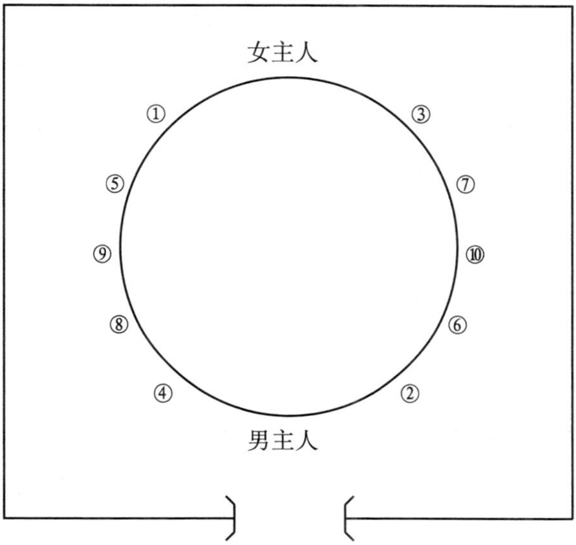

图 5—25

三是方桌。以方桌排列位次时，就座于餐桌四面的人数应当相等。在一般情况下，一桌共坐八人，每侧各坐两人的情况比较多见。在进行排列时，应使男、女主人与男、女主宾对面而坐，所有人均各自与自己的配偶或恋人坐成斜对角（见图 5—26）。

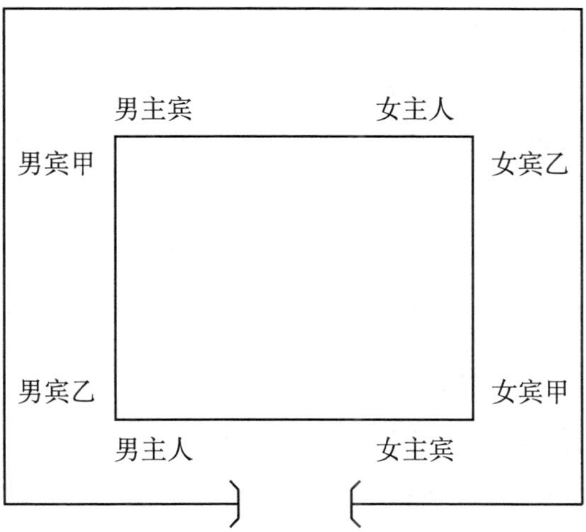

图 5—26

三、西餐的餐具

品尝不同国家、地区的菜肴时，所借助的餐具往往大不相同。有的餐式要用筷子，有的餐式要用刀叉，有的餐式则需要直接以手来取食。

除了刀叉之外，西餐的主要餐具还有餐匙、餐巾等。以下分别对它们进行系统的介绍。至于西餐桌上出现的盘、碟、杯、水盂、牙签等餐具，其用法与中餐大同小异，在此不再赘述。

1. 刀叉

刀叉，是对餐刀、餐叉两种餐具的统称。二者既可以配合使用，也可以单独使用。不过，在更多的情况下，刀叉是同时配合使用的，因此，人们在提到西餐餐具时，喜欢将二者相提并论。

学习刀叉的使用，主要应掌握刀叉的区别、刀叉的用法、刀叉的暗示三个方面的问题。

一是刀叉的区别。在正规一点的西餐宴会上，通常讲究吃一道菜要换一副刀叉。也就是说，吃每道菜时，都要使用专门的刀叉。既不可以胡拿乱用，也不可以从头至尾只使用一副刀叉。

享用西餐正餐时，在一般情况下，出现在每位用餐者面前的餐桌上的刀叉主要有：吃黄油所用的餐刀，吃鱼所用的刀叉，吃肉所用的刀叉，吃甜品所用的刀叉等。它们不但形状各异，更重要的是其摆放的具体位置各不相同。掌握后一点，对于正确地区分它们尤为重要。

吃黄油所用的餐刀，没有与之相匹配的餐叉。它的正确位置，是横放在用餐者左手的正前方。

吃鱼所用的刀叉和吃肉所用的刀叉，应当餐刀在右、餐叉在左分别纵向摆放在用餐者面前的餐盘两侧。餐叉的具体位置，应处于吃黄油所用的餐刀的正下方。有时，在餐盘左右两侧分别摆放的刀叉会有三副之多。要想不把它们拿错，其实一点儿也不困难。主要是要记住，应当依次分别从两边由外侧向内侧取用。

吃甜品所用的刀叉，应于最后使用。它们一般被横向放置在用餐者面前的餐盘的正前方。

二是刀叉的用法。使用刀叉，一般有两种常规方法可供借鉴。

其一，英国式。它要求在进餐时，始终右手持刀，左手持叉，一边切割，一边叉而食之。通常认为，此种方式较为优雅。

其二，美国式。它的具体做法是，先是右刀左叉，一口气把餐盘里所要吃的东西全部切割好，然后把右手的餐刀斜放在餐盘前方，将左手中的餐叉换到右手里，再来以之大吃一气。这种方式的好处，据说是比较省事。

在以刀叉用餐时，不论采用上述哪一种方式，都应注意以下五点。

第一，在切割食物时，不可以发出声响。

第二，进行切割时，要切记双肘下沉，而切勿左右开弓。那样做，一是有碍于人；二是“卖相”不佳。搞不好还有可能使正在被切割的食物“脱逃而去”。

第三，被切割好的食物，应刚好适合一下子入口。切不可叉起它之后，再一口一口咬着吃。应当以叉铲着它吃，不能用刀扎着它吃。

第四，注意刀叉的朝向。将餐刀临时放下时，不可刀口外向。双手同时使用刀叉时，叉齿应当朝下；右手持叉进食时，则应叉齿向上。

第五，掉落到地上的刀叉切勿再用。如还要再用，则可请侍者另换一副。

三是刀叉的暗示。使用刀叉，可能向侍者暗示用餐者是否吃好了某一道菜肴。其具体方法是：

如与人攀谈时，应暂时放下刀叉。届时可将刀叉刀右、叉左、刀口向内、叉齿向下，呈汉字的“八”字形状摆放在餐盘之上。它的含义是：此菜尚未用毕。但要注意，不可将其交叉放成“十”字形。西方人认为，那是一种令人晦气的图案。

如果吃完了，或不想再吃了，则可以刀口内向、叉齿向上、刀右叉左地并排纵放，或者刀上叉下地并排横放在餐盘里。这种做法等于告知侍者：本人已用好此道菜，请他连刀叉带餐盘一块收掉。

2. 餐匙

品尝西餐时，餐匙是一种不可或缺的餐具。学习餐匙的使用，应重点掌握其区别、用法两大问题。

一是餐匙的区别。在西餐的正餐里，一般会至少出现两把餐匙，它们形状不同、用途不一，摆放的位置也有各自的既定之处。

一把个头较大的餐匙叫作汤匙，通常它被摆放在用餐者右侧的最外端，与餐刀并列纵放。

另一把个头较小的餐匙，则叫作甜品匙。在一般情况下，它应当被横向摆放在吃甜品所用刀叉的正上方，并与其并列。如果不吃甜品，用不上甜品匙的话，有时，它也会被个头同样较小的茶匙取代。

一定要记住，上述两种餐匙各有各的用途，不可相互替代。

二是餐匙的用法。使用餐匙，有下述几点必须予以高度重视。

其一，餐匙除可以饮汤、吃甜品之外，绝对不可直接舀取其他任何主食、菜肴。

其二，已经开始使用的餐匙，切不可再放回原处，也不可将其插入菜肴、主食，或是令其“直立”于甜品、汤盘或红茶杯之中。

其三，使用餐匙时，要尽量保持其周身的干净清洁，不要动不动就把它搞得“色彩缤纷”，“浑身挂彩”。

其四，用餐匙取食时，动作应干净利索，切勿在甜品、汤或红茶之中搅来搅去。

其五，用餐匙取食时，务必不要过量，而且一旦入口，就要一次将其用完。不要一餐匙的东西，反复品尝好几次。餐匙入口时，应以其前端入口，而不是将它全部塞进嘴去。

其六，不能直接用茶匙去舀取红茶饮用。

3. 餐巾

在西餐餐具里，餐巾是一个发挥多重作用的重要角色。以下，主要介绍餐巾的铺放和餐巾的用途。

一是餐巾的铺放。西餐里所使用的餐巾，通常会被叠成一定的图案，放置于用餐者右前方的水杯里，或是直接平放于用餐者右侧的桌面上。它们面积上有大、中、小之分，形状上也有正方形与长方形之别。

不论是大是小，还是哪一种形状，餐巾都应被平铺于自己并拢的大腿上。使用正方形餐巾时，应将它折成等腰三角形，并将直角朝向膝盖方向。若使用长方形餐巾，则可将其对折，然后折口向外平铺。打开餐巾并将其折放的整个过程应悄然于桌下进行，万勿临空一抖。

尤其需要注意，在外用餐时，一定不要把餐巾掖于领口，围在脖子上，塞进衣襟内，或是担心其掉落而将其系在裤腰上。

二是餐巾的用途。在正餐里，餐巾所发挥的作用主要有如下几条。

其一，用来为服装保洁。将餐巾平铺于大腿之上，其主要目的就是为了“迎接”进餐时掉落下来的菜肴、汁汤，以防止其弄脏自己的衣服。

其二，用来揩拭口部。在用餐期间与人交谈之前，应先用餐巾轻轻地揩一下嘴，免得自己“落嘴生辉”。但又不要乱涂乱抹，搞得“满脸开花”。女士进餐前，亦可以餐巾轻印一下口部，以除去唇膏。以餐巾揩口时，其部位应大体固定，最好只使用其内侧。通常，不应以餐巾擦汗、擦脸，擦手也要尽量避免。特别需要注意，不要用餐巾去擦餐具。那样做，等于向主人暗示餐具不洁，要求其另外调换一套。

其三，用来掩口遮羞。在进餐时，尽量不要当众剔牙，也不要随口吐东西。万一非作不可时，应以左手拿起餐巾挡住口部，然后再以右手去剔牙，或是以右手持餐叉接住“出口”之物，再将其移到餐盘前端。倘若这些过程没有遮掩，是颇为失态的。

其四，用来进行暗示。在用餐时，餐巾可用以进行多种特殊暗示。最常见的暗示又分三种：第一，暗示用餐开始。西餐大都以女主人为“带路人”。当女主人铺开餐巾时，就等于是在宣布用餐可以开始了。第二，暗示用餐结束。当主人，尤其是女主人把餐巾放到餐桌上时，意在宣告用餐结束，请各位告退。其他用餐者吃完了的话，亦可采用此法示意。第三，暗示暂时离开。若中途暂时离开，一会儿还要返回继续用餐，可将餐巾放置于本人座椅的椅面上。见到这种暗示，侍者就不会马上动手“撤席”，而会维持现状不变。

四、西餐的品尝

西餐里的各道菜式，在具体的品尝方法上均有所不同。不了解各种菜肴的具体品尝方法，同样也吃不好西餐。以下，扼要介绍一下西餐里常见的开胃菜、面包、汤、主菜、点心、甜品、果品等的具体吃法。

1. 开胃菜

在一般情况下，开胃菜多以色拉为主。在个别时候，也会上一些海鲜或果盘。

一是色拉。吃色拉时，通常只宜使用餐叉。因为色拉在上桌前已被切割完毕，故不应再煞有介事地去持刀大切。

二是海鲜。开胃菜里的海鲜，主要有鲜虾、牡蛎、蜗牛。吃小虾时，可以叉取食。吃大虾的话，则应先用手剥壳，再送入口内。有时亦可以叉取食，但不必切割。

吃牡蛎时，应采用专门的餐叉，一只一只地吃。

吃带壳的蜗牛，可先用专门的夹子将肉夹出食之，然后再吮吸壳内的汤汁。若蜗牛已去壳，则可直接以餐叉取用。

2. 面包

在西餐中所吃的面包，主要有鲜面包、烤面包两种。二者在吃法上小有差别，对此应予以注意。

一是鲜面包。吃未烤过的鲜面包，不可一下拿得过多。正确的吃法是：用左手拿大小适当、刚好可以一次入口的一小块，涂上黄油、果酱或蜂蜜后，再送入口中。不要像吃汉堡包那样双手捧着吃，或是拿着一大块，一口接一口地咬着吃。吃未烤的切片面包，也可以这样一小块、一小块撕着吃。

二是烤面包。吃已烤过的面包，是不能撕食的，否则将使面包屑乱飞。在吃的时候，可慢慢地咬着吃。吃的时候，可配以黄油、鱼子酱。

挤些柠檬，味道会更好。不论吃哪种面包，都不能用它蘸汤或擦盘子。

3. 汤

不管喝哪一种汤，都需知道应当如何有所为与有所不为。在西餐里，汤乃是一道菜，故对其不可轻视。

一是正确之法。喝汤时，讲究以右手持握汤匙，由近而远，向外侧将汤舀起，然后就嘴而饮之。

倘若以盘盛汤，盘内之汤所剩无几时，可以左手由内侧托起盘子，使其外倾，然后以右手持匙舀之。

二是错误之法。在喝汤时，要做到三不：第一，不端汤来直接喝；第二，不趴到汤盆、汤盘上去吸食；第三，不用嘴吹汤，或是用盆、盘或汤匙去反复搅汤降温。

4. 主菜

西餐的主菜花样甚多。冷菜里的冻子、泥子与热菜里的鱼、鸡、红肉，平时最为多见。下面，就对其分别加以介绍。

一是冻子。冻子，即用煮熟的食物和汤汁冷却凝结而成的一种菜肴。最常见的冻子，有肉冻、鱼冻和果冻。吃冻子时，必须以刀切割，并以叉取食。

二是泥子。泥子，通常指的是以虾、蟹或动物的肝、脑为主料，配以鸡蛋、芹菜，加上佐料，搅拌而成的一种菜肴。吃泥子时，主要应使用餐叉。

三是鱼。西餐中所吃的鱼，往往骨、刺很多。必要的时候，可先用餐刀将其切开，轻轻将刺剥出后，再把它切成小块，以餐叉入口。对不想吃的鱼皮，亦可照此办理。要是鱼的腥味太重，可在吃前用手挤上一点柠檬汁。

四是鸡。吃鸡的时候，切勿直接下手。应先设法去骨后，再以刀叉切割成小块，然后分而食之。

五是红肉。在西餐里，肉菜往往指的是猪肉、牛肉、羊肉。平常所说的西餐主菜，往往只与肉菜画等号。在肉菜里，牛排、羊排、猪排，尤其是牛排，通常处于“重中之重”的位置。吃肉菜时，一般要从左往右，以大小一次入口为宜，将其以刀叉切割后进食。

5. 点心

在西餐里，经常所吃的点心有饼干、馅饼、三明治、通心粉、土豆片、烤土豆等。

一是饼干。吃饼干时，应当用右手单独拿着吃。吃蛋糕时，亦应如此。

二是馅饼。吃馅饼时，应当先用刀叉切成大小适当的小块，然后再用右手托着吃。

三是三明治。吃三明治，一般应当用双手捧着吃。如果它不太大，则可仅用右手捏着吃。

四是通心粉。通心粉，又叫意大利面。吃它的时候，不应一根一根挑着吃。标准的方法是：右手握叉，在左手所握的汤匙的帮助下，把它缠绕在餐叉上，然后入口而食。吸食它的做法，肯定是不对的。

五是土豆片。油炸土豆片，在西餐里多被用作点心。吃它的时候，应以手取食。但数量不要过大，也不要先捏碎再吃。

六是烤土豆。烤土豆大都是连皮一起上桌的。吃的时候，应用左手轻按住它，右手持刀先在其上切个口子，令其散热。过一会儿，再用餐叉从口子里取食之。必要的话，还可略作切割之后再吃。吃时还可浇上一些专用的肉汁。

6. 甜品

西餐里最常见的、最受欢迎的甜品有布丁、冰激凌等，其食用方法如下。

一是布丁。西餐里上桌的布丁一般是流质的，故不应直接以手取食，或以刀叉助餐。正确之法，是以专用的餐匙取食之。

二是冰激凌。在西方国家里，冰激凌是正餐所必备的主要甜品，而非可有可无的一种冷饮。冰激凌上桌时通常被置于专用的高脚玻璃杯内，应以餐匙食之。

7. 果品

吃西餐时，所提供的水果有干果、水果之分，不过水果是最常见的。以下，分别介绍一下草莓、菠萝、苹果、香蕉、橙子、葡萄等水果的食用方法。

一是草莓。普通的草莓，可用手取食，蘸些糖或酸奶油也可以。吃带调味汁的草莓，则必须使用餐匙。

二是菠萝。吃菠萝时，首先应当将其切割成小块，然后再以餐叉进食。不要用手抓食，或举而咬食。

三是苹果。最正规的吃苹果的方法，是取一只苹果，先切成大小相仿的四块，然后逐块去皮，再以刀叉食之。不过，现在绝大多数人都是用手拿着去皮的小块苹果直接吃了。

四是香蕉。对付整只的香蕉，应先剥除其外皮，再用刀叉切成小段，逐段食之。但是，不应当一边用手拿着剥皮，一边慢慢咬着吃。

五是橙子。吃橙子有两种方法。正规的吃法是：先用刀除去其外皮，再用刀叉将其内皮剥离，然后用刀叉分瓣而食。大众的吃法，则是在用刀去皮后，切成几小块，然后用手取食。

六是葡萄。吃葡萄时，可取过一小串，一粒一粒用手揪下来吃。其皮、核，可先悄然吐入手中，再转移至餐盘内。吃果盘内不成串的单粒葡萄时，则宜以餐叉相助取食。

五、西餐的要求

吃西餐时，尤其是参加正式的西餐宴会时，礼仪方面的要求既繁多，又严格。扼要而论，一般人在吃西餐时，必须谨记如下四条。

1. 举止高雅

正统的西餐礼仪出自古代宫廷，并相沿以久，故此其程式化的规定甚多。其中最重要的，是要求用餐者严格约束个人举止，力求使之高雅动人。所以有人曾说：吃中餐，主要是吃美味佳肴。而吃西餐，则主要是在“吃”其风度与气氛。

对国人而言，在用餐时要检点个人举止，重点是要注意在下述诸方面表现良好。

一是进食无声。用餐之际，不论有意还是无意，吃东西还是喝东西，绝对都不要发出声来，更不要搞得铿锵作响。西方人认为，唯独缺乏教养者，才会在进食时出声作响。

二是防止异响。除用餐之外，体内的任何声响，不管是咳嗽、打喷嚏，还是打嗝、放屁，都应自觉控制，不要当众出丑。另外，在就座、用餐时，也不要把座椅、餐桌、餐具弄出怪异之声来。

三是慎用餐具。用餐时，务必要正确使用各种餐具。不懂的话可以现场观摩他人，尤其是女主人的做法，以免贻笑大方。不要把餐具用作他用，尤其是不要以之相互敲击，或指点别人。

四是正襟危坐。就座时，应从左侧进入，并使身体与餐桌保持两拳左右的距离。上身要呈挺拔之态，不要东倒西歪。双手不要支在桌上，或藏于桌下，而应扶住桌沿。双腿切勿乱伸，掉在地下的东西不宜拾取，别忘了自己的对面与两侧皆为异性。

五是吃相干净。在用餐时，要维护环境卫生，并注意个人卫生。不要吃得自己“四处开花”，身上、脸上到处“留痕”，也不要把餐盘、餐桌和地面上搞得一塌糊涂。

2. 衣着考究

在吃西餐时，特别是在赴宴时，西方人非常讲究个人的穿着打扮。若是不谙此道，或明知故犯，既会为人所轻视，也会失礼于人。

根据用餐规模、档次的不同，用餐时的衣着也不尽相同。大体上说，有礼服、正装、便装之分。

一是礼服。西式的礼服，男装为黑色燕尾服，扎黑色领结；女装则为拖地袒胸式长裙，并配长筒薄纱手套。其他国家的人士，可以本民族的盛装，如中国的中山装、旗袍，代替西式礼服。目前，在隆重的宴会上，往往要求必须穿礼服。

二是正装。在普通的宴会上，通常要求穿正装。在一般情况下，正装指的是深色，特别是黑色或藏蓝色的套装或套裙。需要注意的是，男装不要色彩过浅、过艳，女装则切勿过短、过小。

三是便装。在一般性的聚餐时，可以穿便装。这里所谓的便装，是有严格界定的。男士可穿浅色西装，或仅穿单件的西装上衣。女士则可以穿时装，或是以长西裤代替裙装。但是，绝对不能随心所欲地乱穿一通。

不论穿什么服装，在用餐时都不允许当众整理衣饰，例如，不准脱外套、换衣服、松领带、卷袖子、挽裤腿、解腰带、拉袜子、脱鞋子等。

3. 尊重女士

如果说中餐礼仪讲究尊重长者的话，那么则完全可以说，尊重女士则是西餐礼仪的一大特点。西餐礼仪所讲的尊重女士，并非纸上谈兵，而是广泛地融入了可操作层次。

通常，尊重女士这一要求，在西餐礼仪之中主要体现于下列三个方面。

一是礼待女主人。在西餐宴请活动中，女主人往往处于“第一顺序”。其具体表现是：女主人要坐主位，要由女主人“宣布”用餐开始或结束等。用西餐时，让女主人忙里忙外，到处张罗，甚至难以入席的情况，是绝对见不到的。

二是照顾女宾客。在吃西餐时，不论是否相识，男士都要处处积极、主动地对女士多加照顾。例如，在用餐之前，要帮助其存外套，或寻位就座。在用餐期间，要帮助女士取菜，拿调味品，并陪其交谈。

三是忌用女侍者。正规的西餐馆里，绝对讲究“女尊男卑”。所以在那里只能见到清一色的男侍者迎来送往，忙忙碌碌，却绝对难以见到一名女侍者。根据传统，西餐馆是概不使用女侍者的。

4. 积极交际

参与西餐宴会，除品尝美食之外，不要忘记进行适当的交际活动。根据西餐礼仪，西餐宴会的主旨就是要促进人们的社交活动。

一是宾主的交际。应邀赴宴时，不要忘记抽空向主人致意，并且最好找一个时间与其叙一叙旧，联络联络感情。不要吃了就走，不把主人放在眼里。

二是来宾的交际。在用餐时，中餐礼仪不提倡多讲话，西餐礼仪却要求人们非谈上几句不可。不仅要与老朋友寒暄，而且还要借机多交一些新朋友。不要只吃不说，或是只找老朋友、年轻貌美的异性交谈，而对其他人不置一词。与周围之人都交谈上几句，才是明智之举。

第三节　自　助

目前，在国内外许多大型公务活动中，多以自助作为常规的就餐方式。所谓自助，亦称自助餐，在此是指就餐者在用餐时，可在既定的范围之内，自主选择、享用自己所中意的任何菜肴，而不受数量、时间上的限制。自己动手，自我帮助，自选菜肴，数量不限，是自助餐最为显著的特征。

一般而言，自助餐虽然可供应一些热菜，但其主角多为冷食、冷菜，因此国外亦称之为冷餐会。

平时，不论内部活动还是对外接待，不少单位都喜欢以自助作为基本的就餐方式，这主要是因为自助餐具有其他用餐方式难以替代的一些明显的长处。

第一，它适合于多方、多人就餐。当用餐者人数较多，尤其是当来宾方不止一家时，接待方为之安排正式宴会往往勉为其难。以自助餐待客，通常就不存在类似问题。

第二，它可以节省不少饮食开销。一般的自助餐，均不提供高档的菜肴、酒水，因而可令主办者节约许多开支，并避免浪费。

第三，它可以免除席次与座次排列的难题。在自助餐上，就餐者用餐时可坐、可站。但是，主办方却没有必要为之安排正式的席次与座次。这样一来，便可省去不少麻烦。

第四，它可以方便就餐之人各取所需。正规宴会上，不论实行分餐还是一道接一道地上菜，就餐者遇上任何菜肴均应略加品尝。万一遇到忌食之物或厌食之物，往往便会陷入尴尬境地。而在自助餐上，人们完全可以各取所需，这方面的难题，一下子便迎刃而解了。

第五，它可令在场之人自主交际。在享用自助餐时，所有用餐之人不仅可以自寻方位、自定饮食，而且可以自选现场的交际对象，甚至还可以不与任何人进行应酬。

总而言之，自助餐的最大优点是简便易行，可使所有就餐之人节省时间、费用或精力。

关于自助餐，通常所需要掌握的礼仪规范主要涉及备餐与用餐两个方面。

一、备餐的惯例

有些时候，行政人员需要以主人的身份来筹备、主办自助餐。准备自助餐时，大体上应对备餐的时机、用餐的时间、就餐的地点、食物的预备、来宾的招待五大问题予以认真关注。

1. 备餐的时机

自助餐在严格意义上并非正式宴会，故此它大多作为单位重大活动中的一个附属环节，而很少独立出来。

在实践中，诸如庆典、仪式、会议、参观等活动进行之后，为参加者准备自助餐，往往都是恰到好处的。但是，一般不应以自助餐作为公务活动的焦点。

在一些大单位里，以自助餐作为日常待客的工作餐或内部员工的就餐方式，当前也时有所见。

2. 用餐的时间

在公务活动中，自助餐大都不会像正式宴会一样，对用餐的具体时间做出正式的通知。按照惯例，自助餐并无正式的起止时间，就餐者通常可以随到随吃，而不必等候“统一行动”的号令。用餐完毕后，就餐者亦可随时离开，而不必恭候大家集体退场，或是专门要向主人辞行。在一般情况下，就餐者在享用自助餐时并无时间方面的任何特殊限制。

若自助餐作为大型活动的附属项目，通常应安排于活动之后举行，其具体时间可比照人们平时所习惯的就餐时间。为了衔接顺利，可规定大型活动结束后，为之配套的自助餐即告开始，万勿拖延过久。

3. 就餐的地点

选择自助餐的就餐地点时，不必像举办正式宴会一样反复推敲。一般而言，本单位内部餐厅、自己的内部花园、宾馆的内设餐厅或是营业性自助餐餐厅，都是很好的选择。

选择具体的就餐地点时，往往应当注意下列四点。

一是提供一定的活动空间。除就餐区域之外，还应在用餐现场酌情布置好一块专用的交际区或休息区，以供就餐者届时进行必要的交际应酬。

二是关注现场的通风状况。由于自助餐就餐者较多，倘若现场通风状况不佳，不仅会破坏大家的食欲，而且会大大降低自助餐本身的档次。

三是注意届时的气候变化。主办自助餐，尤其是拟在室外举办较大规模的自助餐时，雨、雪、风、雹，冷、热、干、湿，都有可能对其构成干扰，所以对当地届时的气候不可不知，对天气的变化不可不防。

四是预备足量的用餐位置。在用餐现场，一定要保证就餐者位置稍有空余。为此不仅要提前了解大体的就餐人数，而且还应多备一些桌椅以应不时之需。

4. 食物的预备

在为自助餐准备食物时，对下列要点必须一一加以明确。

一是原则性要求。准备自助餐的食物时，首先要了解以下几项原则性的要求。

其一，安全卫生。食物的安全卫生，可谓准备自助餐食物时必须高度重视的头等大事。

其二，体现特色。条件允许时，自助餐上的食物应当有其一定的特色。

其三，中西兼顾。为了适应就餐者的不同需求，自助餐上所供应的食物可以中西并举。

其四，配合时令。正所谓“不时不食”，假若自助餐上的食物因季节而有所变化，往往都会大受欢迎。

其五，分类摆放。在正规的自助餐上，食物均应一目了然地分类摆放。

其六，保证供应。在一般情况下，自助餐上所供应的食物不宜出现短缺。

其七，品种多多。可能的话，应尽量令食物在其品种上能多有几种选择。

二是程序化规定。按照惯例，标准的自助餐以冷菜、汤、热菜、点心、甜品、水果为规范的取食先后顺序。上述品种以及饮料，在自助餐上往往均不可或缺。

5. 来宾的招待

普通的自助餐上，都会有专门的服务生提供必要的服务。在一般情况下，由服务生为来宾服务即可。

倘若现场找不到服务生，或是没有服务生进行服务时，主人亦可主动对来宾加以关照。大体上讲，在自助餐上，主人可以为来宾做四件事：一是安排坐席；二是介绍菜肴；三是引见他人；四是照看衣物。未经要求，切莫越俎代庖，擅自为客人选取菜肴。

二、用餐的要求

享用自助餐时，对下列八条基本要求必须认真遵守。越是正式的自助餐，越应当对此重视。

1. 排队选取

享用自助餐时，虽说要求就餐者自己关照自己，但这并不意味着届时完全可以肆意妄为。不论只身前往，还是与大家结队成行，均应在选取菜肴时自觉地遵守公共秩序，讲究先来后到，老老实实地排队。不允许出现争抢、乱挤，或是不排队、乱插队等不文明的情形。

一般而言，排队时应与前后之人保持一定间隔。取菜时最好与其他人同向行进。行进的标准方向应为顺时针方向，排队时切忌逆行。取菜时不应瞻前顾后、挑三拣四，而是应当从速，取菜之后即应迅速离去。

2. 循序取用

在正规的自助餐上，想要做到既吃饱又吃好，最好的方法就是要依照合理的取菜顺序选取菜肴。那样去做，还可以防止食物彼此相克或就餐者当众出丑。下述两点，一定要在取用时加以牢记。

一是至少取菜三次。取菜时，切勿乱七八糟胡装一气。通常在享用自助餐时，至少应分三次分门别类地取菜。头一次宜取冷菜；接下来宜取热菜；最后才宜取点心、甜品或水果之类。将其本末倒置、冷热杂陈，往往会令人见笑。

二是先行掌握情况。有经验的人在取菜时并非每道菜都不放过，一一加以取用，而是先绕场一周，对全局有所了解后，再酌情加以取舍。

3. 量力而行

享用自助餐时，完全可以爱吃什么吃什么，能吃多少吃多少，这是自助餐给予每一位就餐者的权利，也是其大受欢迎之处。但是，就餐者亦应牢记，取用任何菜肴均应量力而行。切忌贪多，选取过量甚至造成盘内堆积如山的情形出现，到头来却力不从心，从而导致浪费。严格地讲，取用菜肴时多吃无可厚非，浪费则绝不允许。这一条规则通常称为“每次少取”，亦称“少取”规则。

4. 多次取菜

多次取菜，亦称“多次”规则，指的是就餐者在享用自助餐时如果偏爱某一种类的菜肴，完全可以一而再、再而三地反复去取，直至自己吃得满意为止。但是每次只宜适可而止，而不该一下子装得盘满杯溢，更不可将同一品种的菜肴同时装上几盘，甚至将其包干。

在自助餐上，遵守“多次”规则与遵守“少取”规则实际上应当是同步并举的。“少取”是为了防止浪费，“多次”亦是为了量力而行。在享用自助餐时，“多次少取”是人人须知的一项最基本的规则。

5. 文明用餐

享用自助餐时，每一名用餐者均应表现得文明得体。以下各点，尤应注意。

一是使用公用餐具取菜。切切不可直接使用自己的餐具选取菜肴。使用公用餐具时，亦应注意其定向专用。

二是自觉远离餐台就餐。站在摆放菜肴的餐台附近就餐，不但有碍观瞻，而且还会影响他人。

三是废弃之物不宜乱扔。废弃之物应置于自己餐盘的一端，切莫乱吐、乱放、乱扔。

四是用餐完毕送回餐具。餐毕，可将自己的餐具送到指定之处，亦可稍加整理之后放在原处。

6. 禁止外带

所有的自助餐都有一条不成文的规定：向就餐者所供应的任何菜肴，只可在用餐现场自行享用，而绝对不允许将其带出场外。即便提出此类要求，同样也是失礼的表现。

在任何情况下，自己在自助餐上选取的菜肴务必要自己负责彻底解决。剩下来绝对不可以，指望“打包”带回家去亦为不妥。

7. 关照他人

与他人一同参加自助餐时，尤其是身为主人之时，理当对对方主动加以关照。倘若对方对自助餐的具体就餐方式或是对自助餐上所供应的菜肴不甚熟悉，可向对方扼要加以介绍。在对方不反感的前提下，亦可向对方提出一些有关选取菜肴的建议。

在一般情况下，陪同他人一起享用自助餐时，应与对方一同就座。与对方适当地交谈是允许的，但不应因此而有碍对方用餐。

8. 交际适度

在自助餐上，人们应当利用机会，及时而恰到好处地联络老朋友，结交新朋友，积极地进行交际。以下两点，在交际时尤需注意。

一是扩大自己的交际圈。倘若时间允许、气氛适宜，参加自助餐的人不妨多转换几个交际圈，以多交朋友、广结善缘。

二是介入陌生的交际圈。可能的话，应积极介入陌生的交际圈。其具体方法有三：求人引见；毛遂自荐；借机加入。

第四节　饮　茶

茶水，是中国各族人民最喜爱的一种日常饮料。它在中国的种植与利用，至今已有四千多年的历史。在世界上，它也同样深受许多国家人民的欢迎，并且与咖啡、可可一道并称为世界三大饮料。

在正式的情况下，不论是自饮还是待客，饮茶都颇有讲究。至少，在茶叶的品种、沏茶的水温、饮茶的茶具等方面，都丝毫马虎大意不得。以茶待客时，对此尤应注意。茶艺，亦称茶道。它具体所指的就是饮茶的讲究和以茶待客之道。

目前，就以茶待客而论，饮茶的礼仪主要涉及茶叶的品种、茶具的选择、敬茶的程序、品茶的方法四个方面。

一、茶叶的品种

饮茶，首先需要区别茶叶的品种。不同的地区、不同的民族、不同的饮茶者，对茶叶的品种往往会有不同的偏好。

区分茶叶的品种，可以采取多种方法。目前，在中国采用最广的方法是根据加工、制作方法的不同来区分茶叶的品种。根据这一标准，茶叶可分为绿茶、红茶、乌龙茶、花茶、砖茶、袋茶等几个品种。

1. 绿茶

绿茶，是对新鲜茶叶进行炒制，利用高温破坏其中所含的酶，制止其发酵之后制作而成的。饮用绿茶，讲究要选用当年的新茶，尤其是要选用“明前茶”，即清明之前所采的茶叶。

精心沏出来的绿茶，茶叶碧绿，茶汤清澈，入口之后，饱含沁人心脾的清香，并且清凉宜人。在夏日饮用，还可消暑降温。

中国生产的绿茶品种甚多，其中闻名遐迩的有：产于浙江杭州的龙井茶，产于江苏太湖洞庭山的碧螺春，产于安徽黄山的黄山毛峰，产于湖南洞庭湖青螺岛的君山银针，产于河南信阳大别山区的信阳毛尖，产于贵州黔南都匀山区的都匀毛尖等。

2. 红茶

红茶的加工制作方法恰好和绿茶相反，它是以新鲜的茶叶经过控制，使之完全发酵之后制作而成的。在冲泡沏水之前，它的色泽油润乌黑。在冲泡沏水之后，它则具有独特的浓香与爽口的滋味，并且暖胃补气，提神益智。

一般而言，红茶其性温热，故适宜在冬天饮用，而不宜作为夏日饮品。

中国生产的红茶品种不少，其中最著名的当推产于安徽祁门的祁门红茶、产于云南西双版纳的滇红、产于广东英德的英红等。

3. 乌龙茶

乌龙茶的制作加工方法，介乎绿茶、红茶之间。准确地说，它是一种半发酵的茶叶。其外形粗硕、松散，茶叶边缘发酵，中央不发酵，整体外观上呈黑褐色。它的别名叫作青茶。

沏水冲泡后的乌龙茶色泽凝重鲜亮，芳香宜人。喝过之后，不仅可以化解油腻，而且健胃提神，令人心旷神怡。

中国著名的乌龙茶多产于福建省，其中大名鼎鼎的有产于闽南安溪县的铁观音、产于闽北武夷山的武夷岩茶、产于台湾地区的冻顶乌龙等。

4. 花茶

花茶，又叫香片，是以绿茶经过各种香花熏制而成的茶叶。它的最大特点，是冲泡沏水之后芳香扑鼻，口感浓郁，味道鲜嫩。一年四季之中，都有可以饮用的花茶。

根据用来熏制花茶的鲜花的具体品种的不同，花茶又可以分为茉莉花茶、桂花花茶、玫瑰花茶、白兰花茶、米兰花茶等多个品种。其中，尤以茉莉花茶最为知名。

5. 砖茶

砖茶，又叫茶砖。它是特意将茶叶压紧之后，制作而成的一种类似砖块形状的茶叶品种。它颇受一些少数民族的喜爱，多用于煮饮，尤其是添加奶、糖等之后煮饮。

6. 袋茶

袋茶，并不是茶叶的某一个品种，而是为了饮用方便，将绿茶、红茶、乌龙茶或花茶分别装入纸袋之内。饮用时只需将纸袋置于杯内，然后冲泡即可。简而言之，袋茶是一种茶的方便饮品。

概括地讲，生活于不同地区的人们对茶叶品种的偏好往往大相径庭。在一般情况下，南方人爱喝绿茶，北方人爱喝花茶，东南沿海一带的人爱喝乌龙茶，而欧美人则爱喝红茶，尤其是袋装红茶。因此，在以茶待客时，理当因人而异，适其所好。

二、茶具的选择

饮茶是一种文化，所以在选择茶具时，既要干净、卫生、实用，又要美观、大方、悦目。

饮茶之时，所选茶叶的具体品种不同，所需茶具的品种也会有所不同，不过在一般情况下，饮茶大都少不了储茶用具、泡茶用具、饮茶用具。下面简单介绍一下选择这些茶具时应注意的要点。

1. 储茶用具

储茶用具，指的是平日存放茶叶的专用器皿。它的基本要求是：防潮、避光、隔热、无味。因此，用来存放上佳的茶叶，最好选用特制的茶叶罐，如铝罐、锡罐、竹罐，尽量不要使用不符合要求的玻璃罐、塑料罐，更不要长时间以纸张包装存放茶叶。

待客饮茶之际，最好不要当着客人的面从储茶用具之内取茶冲泡。万一非此不可，则切记不要直接下手抓取茶叶，而应以匙去取，或是直接用茶罐将茶叶倒入茶壶、茶杯。

2. 泡茶用具

讲究饮茶的人，对泡茶用具是十分挑剔的。在比较正规的情况下，泡茶用具与饮茶用具往往一分为二，以确保饮茶有滋有味，有模有样。

正规的泡茶用具，最常见的是茶壶。其大小各异、外观不同，但多以有助于茶水味道纯正的紫砂陶、陶瓷制成。

使用茶壶泡茶之前，应对茶壶洗涮干净，不要使其茶垢遍布。不要使用浑身伤残的茶壶去招待尊贵的客人。特别要注意的是，不要使用茶壶内剩余的旧茶待客。

3. 饮茶用具

饮茶用具，这里所指的是饮茶时所用的茶具。在大多数情况下，饮茶用具主要是茶杯、茶碗。就目前而言，以茶杯饮茶较之以茶碗饮茶更为常见。使用茶碗饮茶，则多见于古色古香的茶馆之内。

最好的茶杯，应当有助于茶汤纯正味道的发挥。符合这一要求的，当首推紫砂陶茶杯和陶瓷茶杯。若为了欣赏茶叶的形状与茶汤的清澈，也可以选用玻璃杯。搪瓷茶杯，一般不应选用。

若饮茶时同时使用茶壶，则最好使茶杯与其配套，以使之美观而和谐，相得益彰。尽量不要东拼西凑，使二者质地不一，造型各异。若同时使用多个茶杯，也应注意其配套问题。

若非自己使用，千万不要选用破损、残缺、有裂纹的茶杯，尤其切勿以带有茶垢或污垢的茶杯装茶待客。

三、敬茶的程序

自古以来，中国人待客就有“坐，请坐，请上座；茶，上茶，上好茶”的说法，由此可见，以茶待客在待客之际是一种绝对不可缺少的重要礼仪。

以茶待客时，最重要的是要注意客人的嗜好、上茶的规则、敬茶的方法、续水的时机等几个要点。

1. 客人的嗜好

俗语说众口难调，饮茶也是如此。有人喜欢喝绿茶，有人喜欢喝花茶；有人喜欢喝热茶，有人喜欢喝凉茶；有人喜欢喝糖茶，有人喜欢喝奶茶。在以茶待客时，若有可能，应尽可能照顾来宾，尤其是主宾的偏好。

有可能的话，应多备几种茶叶，使客人可以有多种选择。在上茶之前，应先询问一下客人喜欢用哪一种茶并为其提供几种可能的选择。切勿自以为是，强人所难。当然，若只有一种茶叶，则务必实事求是地说清楚，不要客套过了头。若客人点出自己没有的茶叶品种，可就难以下台了。

与此同时，也应考虑到，有一些人出于各种原因不喜欢饮茶。因此，如有可能，在上茶前，应征询一下来宾个人的意见："请问您想喝哪一种饮料?"并随之向对方提供自己力所能及的几种选择，诸如白开水、矿泉水、咖啡、麦乳精、果茶、果珍、可口可乐、雪碧、芬达等。

一般认为，饮茶不宜过浓，否则极可能使饮用者"醉茶"，即因摄入过量的咖啡因而神经过分兴奋，甚至惊厥、抽搐。所以，若客人没有特殊要求，所上的茶水不应过浓。通常，民间以茶待客讲究要上热茶，而且还有"茶满欺人"、"七茶八酒"之说。其含义是：斟茶不可过满，而以七分满为佳。那样做，热茶便不会从杯中溢出来烫伤人了。

2. 上茶的规则

上茶时，有下列具体规则可循。

一是奉茶之人。以茶待客时，由于要为来宾奉茶，往往涉及对来宾重视的程度问题。在家中待客时，通常可由家中的晚辈或是家庭服务员为客人上茶。接待重要的客人时，则应由女主人甚至由主人自己为其亲自奉茶。

在工作单位待客时，一般应由秘书、接待人员、专职人员为来客上茶。接待重要的客人时，则应由本单位在场的职位最高者亲自为之上茶。

二是奉茶顺序。若来访的客人较多时，上茶的先后顺序一定要慎重对待，切不要肆意而为。合乎礼仪的做法应当是：

其一，先为客人上茶，后为主人上茶。

其二，先为主宾上茶，后为次宾上茶。

其三，先为女士上茶，后为男士上茶。

其四，先为长辈上茶，后为晚辈上茶。

如果来宾甚多，且其彼此之间差别不大时，可采取下列四种顺序上茶：其一，以上茶者为起点，由近而远依次上茶；其二，以进入客厅之门为起点，按顺时针方向依次上茶；其三，在上茶时，以客人的先来后到为顺序；其四，上茶时不讲顺序，或是由饮用者自己取用。

3. 敬茶的方法

以茶待客时，一般应当事先将茶沏好，装入茶杯，然后放在茶盘之内端入客厅。如果来宾较多时，务必要多备上几杯茶，以防届时供不应求。

在上茶时，应当借此机会，向客人表达自己的谦恭与敬意。标准的上茶步骤是：双手端着茶盘进入客厅，首先将茶盘放在临近客人的茶几上或备用桌上，然后右手拿着茶杯的杯托，左手附在杯托附近，从客人的左后侧双手将茶杯递上去，置于客人左前方。茶杯放置到位之后，杯耳应朝向右侧。若使用无杯托的茶杯上茶时，亦应双手捧上茶杯。

从客人左后侧为之上茶，意在不妨碍其工作或交谈的思绪。万一条件不允许时，至少也要从其右侧上茶，而尽量不要从其正前方上茶。

有时候，为了提醒客人注意，可在为之上茶的同时，轻声告之："请您用茶"。若对方向自己道谢，不要忘记答以"不客气"。如果自己的上茶打扰了客人，应对其道一声"对不起"。

为客人敬茶时，尽量不用一只手上茶，尤其是不要单用左手上茶。双手奉茶时，切勿将手指搭在茶杯杯口上，或是将其浸入茶中污染茶水。

在放置茶杯时，千万不要以之直撞客人，也不要把茶杯放在客人的文件上，或是其行动时容易撞翻的地方。将茶杯放在客人面前与右手附近，是最适当的做法。

4. 续水的时机

为客人端上头一杯茶时，通常不宜斟得过满，更不允许动辄使其溢出杯外。得体的做法是应当斟到杯深的 2/3 处，不然就有厌客或逐客之嫌。

主人若是真心诚意地以茶待客，最适当的做法，就是要为客人勤斟茶，勤续水。一般来讲，客人喝过几口茶后，即应为之续上，绝不可让其杯中茶叶见底。这种做法的寓意是："茶水不尽为客添，慢慢饮来慢慢叙"。

当然，为来宾续水让茶一定要讲主随客便，切勿神态做作，再三再四地以斟茶续水搪塞客人，而始终一言不发。以前，中国人待客有"上茶不过三杯"一说。第一杯叫作敬客茶，第二杯叫作续水茶，第三杯则叫作送客茶。如果一再劝人用茶，而又无话可讲，则往往意味着提醒来宾"应该打道回府了"。有鉴于此，在以茶招待较为守旧的老年人或海外华人时，切勿再三为之斟茶。

在为客人续水斟茶时，仍以不妨碍对方为佳。如有可能，最好不要在其面前操作。非得如此不可时，则应一手拿起茶杯，使之远离客人身体、座位、桌子，另一只手将水续入。

在续水时，不要续得过满，也不要使自己的手指、茶壶或者水瓶弄脏茶杯。如有可能，应在续水时在茶壶或水瓶的口部附上一块洁净的毛巾，以防止茶水"自由泛滥"。

四、品茶的方法

在正式场合，饮茶应当文明、礼貌。具体而言，需要在下述两个方面特别加以注意。

1. 态度谦恭

既然以茶待客是一种礼仪，既然主人在以茶待客时处处以礼待人，那么作为接受款待的一方，客人在饮茶之时，也应对主人投桃报李，勿失谦恭与敬意。

当主人上茶之前，向自己征求意见，询问大家“想喝什么”的时候，如果没有什么特别的禁忌，可以在对方所提供的几种选择之中任选一种，或告之以“随便”。在一般情况下，若向主人提出过高的要求，是很不礼貌的。

如果自己不习惯饮茶，应及时向主人说明。若自己尚未说明，而茶已上来了，不喝就是了。千万不要面露不快，直接因此而责怪主人或为自己上茶的人。

若主人，特别是女主人或者长辈为自己上茶时，在可能的情况下，应当立即起身站立，双手捧接，并道以：“多谢。”不要视若不见，不理不睬。当其为自己续水时，亦应以礼相还。其他人员为自己上茶、续水时，也应及时以适当的方式向其答谢。

如果对方为自己上茶、续水时，自己难以起身站立、双手捧接或答以“多谢”时，至少应向其面含微笑，点头致意，或者欠身施礼。不喝的凉茶、剩茶，千万不要随手泼洒在地上。

在正式活动中，与交往对象正在交谈时最好不要饮茶。不论是自己或交谈对象正在讲话时，自己要是突然转而饮茶，不但会打断谈话，而且也会显得自己用心不专。只有在自己不是主要的交谈对象时，或是与他人的交谈告一段落之后，才可以见机行事，喝上一口茶润润嗓子。

2. 认真品味

在饮茶时，要懂得悉心品味。这样做，不仅体现着自身的教养，而且也是待人的一种礼貌做法。

在饮茶之时，应当一小口、一小口地细心品尝。每饮一口茶汤后，应使其在口中稍作停留，再慢慢地咽下去，这样品茶才香。无论如何，饮茶时都不要大口吞咽，一饮而尽，喝得口中“咕咚咕咚”直响，茶水顺着腮帮子直流。以这种方法喝茶，只能解渴，却丝毫谈不上对茶的美妙之处的品味。

在端起茶杯时，应以右手手持杯耳。端无杯耳的茶杯，则应以右手手握茶杯的中部。不要双手捧杯、以手端起杯底，或是用手握住茶杯杯口。那样做，或是煞有介事，或是动作粗鲁，或是不够卫生。

使用带杯托的茶杯时，可以只用右手端起茶杯，而不动杯托。也可以用左手将杯托连茶杯托至左胸高度，然后以右手端起茶杯饮之。

饮茶的时候，忌连汤带茶叶一并吞入口中，更不能下手自茶中取出茶叶，甚至放入口中食之。万一有茶叶进入口中，切勿将其吐出，或是嚼而食之。

饮盖碗茶时，可用杯盖轻轻将飘浮于茶水之上的茶叶拂去，不要用口去吹。茶太烫的话，也不要去吹，或是用另一只茶杯去折凉茶水，而最好待其自然冷却。

饮用红茶或奶茶时，不要用茶匙舀茶，也不要将其插放在茶杯中。不用时，将茶匙放在杯托上即可。

若主人告之所饮的是名茶，则饮用前应仔细观赏一下茶汤，并在饮用后加以赞赏。不要不予理睬，或是随口加以贬低。

第五节 咖 啡

长期以来，咖啡一直是欧美国家饮料之中的主角。在那里，咖啡不仅被用来提神、解渴，而且还频频现身于各种各样的社交聚会。它所受欢迎的程度，绝对不亚于在中国被视为国粹的茶水。

根据礼仪规范，饮用咖啡，需要特别注意饮用的时机、咖啡的种类、饮时的举止三个方面的问题。

一、饮用的时机

饮用咖啡，应当把握适当的时机。具体而言，饮用咖啡的时机，包括饮用的时间与饮用的场合两个方面的具体问题。

1. 饮用的时间

如上所言，饮用咖啡，实质上是一种礼仪活动，所以在具体时间的安排与选择上，有必要细心斟酌，切勿贸然而行。一般而言，饮用咖啡的时间，不外乎有如下几种具体选择。

一是自己饮用。自己饮用咖啡，原则上不必受到时间的限制。想要饮用的话，随时都可以。只要记住不要因饮用咖啡过量，从而影响休息即可。

二是家中待客。在家中以咖啡待客，不论是借饮咖啡这种形式会友，还是纯粹将其视作饮料，大体上不应当超过下午 4 点钟。因为有很多人在此时间之后不习惯再饮咖啡。

三是外出会客。邀人外出，在咖啡厅会客时饮用咖啡，一般应当避开上午。最佳的时间有二：第一是周末；第二是午后。可根据具体情况，协商安排。

四是宴会待客。在正式的西式宴会上，往往以咖啡作为其“压轴戏”。而正式一些的西式宴会大都在晚间举行，故此在宴会上饮用咖啡通常是在晚间。不过为了照顾个人嗜好，在宴会上上咖啡的同时往往还会提供红茶，而由来宾自选其一。

2. 饮用的场合

饮用咖啡，讲究具体场合的选择。具体场合不同，饮用咖啡时的礼仪要求往往也会有所不同。一般而言，饮用咖啡最常见的场合主要有客厅、写字间、花园、餐厅、咖啡厅、咖啡座等。

一是客厅。在客厅内饮咖啡，主要适用于招待客人。有些时候，自己与家人饮咖啡也会选择此处。

二是写字间。在写字间里饮咖啡，主要是在工作间歇自己享用，意在提神解乏。此时要求不多。

三是花园。在自家花园饮咖啡，固然适合于自己与家人消闲休息。此外，也适于招待客人。西方有一种专供女士社交的咖啡会，就是在主人家的花园或庭院中举行的。它不排位次，时间不长，重在交际与沟通，饮咖啡只不过是其一种表面形式。

四是餐厅。在西方，咖啡往往是正餐中最后出现的一道“菜点”。在餐厅里用餐时，人们往往会选用咖啡佐餐助兴。

五是咖啡厅。咖啡厅，有时又叫咖啡屋、咖啡室，它是一种装饰高档、气氛温馨的饮食服务点。除供应咖啡外，还可提供其他餐饮。在此处饮咖啡，往往与鲜花、乐曲、红烛相伴，故经常有一些人选择来此会友。

六是咖啡座。它是一种露天的“咖啡厅”，多设于街道两侧，仅为客人提供桌椅与遮阳伞，适合于自我休息或与友人聊天。在西方国家里，它随处可见，讲究的主要是自由自在、休息观景。

二、咖啡的种类

与茶叶一样，咖啡的种类也非常之多。在非正式场合，选择何种咖啡均可。但在正式场合，它却不仅仅是一个个人习惯问题，而是一个涉及选择者身份、教养、见识的问题。故此应当对这一问题充分了解，认真对待。

由于依据的标准不同，咖啡可分为多种。目前，区分咖啡的种类，主要依据的是其配料的添加与制作的方法。

1. 根据配料区分

依据饮咖啡时添加配料的不同，咖啡可被分为多个品种。其中，最为常见的有下述六种。

一是黑咖啡。它所指的是既不加糖也不加牛奶的纯咖啡。在正统的西餐里压轴的，就是这种宜于化解油腻的咖啡。直至今日，饮用此种咖啡仍被西方人视为身份高或出身于上流社会的一个标志。

二是白咖啡。它指的是饮用之前加入牛奶、奶油或特制的植物粉末的咖啡，有人亦称之为法式咖啡。饮用这种咖啡时，加糖与否完全可以自主。它适合在各种情况之下，尤其是在非正式场合饮用。

三是浓黑咖啡。它的全名叫意大利浓黑咖啡。它以特殊的蒸汽加压的方法制作，极黑极浓，不宜多饮。在饮用时，可加入糖或少量的茴香酒，但不宜加入牛奶或奶油。

四是浓白咖啡。它的全名叫做意大利式浓白咖啡。其制作方法基本上与浓黑咖啡相类似，只是加入了用牛奶打制出来的奶油或奶皮，故此显得又稠又浓，口味甚佳。在饮用时，不宜再添加牛奶，加入少许柠檬皮榨取的汁液则是允许的。至于是否加糖，则可由自己来决断。

五是爱尔兰式咖啡。爱尔兰式咖啡的最大特点，是在饮用咖啡之前不加入牛奶，而是加入一定数量的威士忌酒。加不加糖，则请君自便。它的味道浓烈，非常刺激提神。

六是土耳其式咖啡。土耳其式咖啡大致与一般咖啡类似，在咖啡之中可以酌情加入适量的牛奶与糖。但是，与其他种类所不同的是，它的咖啡渣并未除去，而是被装入杯中与咖啡一起上桌，供人饮用。它的杯大量大，稍显混浊，深受中东地区人民的喜爱。

2. 根据制作区分

根据制作方法的不同，咖啡大体上可被分为现煮的咖啡、速溶的咖啡、罐装的咖啡三种。

一是现煮的咖啡。现煮的咖啡，这里所指的是在饮用咖啡之前，当场将一定数量的咖啡豆放入特制的咖啡具、现磨现煮的咖啡。与速溶的咖啡相比，它费时费力，并且不好把握火候，技术水平要求较高。

在习惯饮用咖啡的西方国家里，会不会煮咖啡，通常是一位家族主妇是否称职的一大标准。因此，西方人家里来了客人，往往要待之以现磨现煮的咖啡，并且由女主人亲自为客人煮咖啡、上咖啡。这既是一种礼遇，又体现着一种档次。所以，遇上女主人这般厚待时，来宾无论如何都不能忘了当面称道一下女主人为自己所煮的咖啡“味道好极了”，否则就是不礼貌的。

二是速溶的咖啡。它是以现代工艺将咖啡提纯、结晶、装罐，饮用时只需冲入适量的热开水即可，因此非常方便省事，深受快节奏的现代人欢迎。不过，它仍属于一种方便食品，口味比较单一，档次上难与现煮的咖啡相提并论。在较为正式的场合，一般难觅其身影。

应当切记，自己喝速溶咖啡没什么不妥。但在款待重要客人时，却最好不要上这种咖啡，尤其是不要把它视为一种高档咖啡，而正式介绍给客人。

三是罐装的咖啡。它指的是将煮好的咖啡装入罐内，可随时饮用。其饮用方便，但口味稍差，不适合用以待客。

三、饮时的举止

在较为正式的场合，特别是在大庭广众之前、众目睽睽之下饮用咖啡时，务必要在个人举止方面好自为之，处处谨慎，依礼而行。其中最主要的，是要在饮用的数量、配料的添加、饮时的方法三个具体方面多加注意。

1. 饮用的数量

饮用咖啡的具体数量，在正式的场合，应注意如下两点具体的讲究。

一是杯数宜少。在正式场合饮咖啡，与其说咖啡是一种饮料，不如说它是一种休闲或交际的陪衬，所以完全可以说人们饮咖啡时多是“醉翁之间不在酒，而在乎山水之间”。在一般情况下，饮咖啡一杯足矣，至多不应多于两三杯。

二是入口宜少。饮咖啡既然不是为了充饥解渴，那么在饮用时则切勿饮相粗鲁，令人见笑。端起咖啡杯扬脖一饮而尽，或是大口吞咽咖啡，喝时响声大作，都是十分失礼的。饮咖啡时，一杯咖啡总要喝上十来分钟，并且应分为十来口慢慢地喝。唯有一小口一小口慢慢地品尝咖啡，才能悟出其难言之妙，并且显得自己举止优雅脱俗。

2. 配料的添加

在某些情况下饮咖啡时，需要饮用者自己动手，根据个人需要和爱好，往咖啡里面添加一些诸如牛奶、方糖之类的配料。遇到这类情况，一定要牢记自主添加、文明添加这两项要求。

一是自主添加。在添加咖啡的配料时，要求自主添加，就是要求大家自己替自己负责，不要越俎代庖地去为他人添加配料。因为个人的需要和偏好往往相去甚远，唯有自己才最了解。自作主张地为他人添加配料，弄不好就会强人所难，令对方反感或者不快。当然，若他人为自己添加配料时，还是应当真诚地向其道谢，而不宜责怪对方多事。

二是文明添加。在添加咖啡的配料时，要求文明添加，就是要求大家在具体操作时自然大方，温文尔雅，尽量避免不卫生、不得体的做法。例如，若大家同时需要添加配料，彼此要相互谦让，不要你争我抢。若某种配料用完、需要补充时，不要大呼大叫，责备侍者。需要加牛奶时，动作要稳重，不要洒得满桌都是。打算加糖时，应用专用的糖夹或糖匙去取，而不要用自己所用的咖啡匙去取，更不要直接下手去取。

3. 饮时的方法

饮用咖啡时，有许多讲究与禁忌。其中，在礼仪方面要求最多的有杯的持握、匙的使用、甜点取食、交谈须知四个方面的具体问题。

一是杯的持握。饮用咖啡时，不可以双手握杯，不可以用手托着杯底，不可以俯身就近杯子去喝，不可以用手端着碟子而且去吸食放置于其上的杯中的咖啡。

持握咖啡杯的得体方法是：伸出右手，用拇指与食指握住杯耳之后，同时轻缓地端起杯子。若是用一只手大把握住杯身、杯口，或者将手指穿过杯耳之后再握住杯身，都是不正确的方法。

在正式场合，咖啡都是盛入杯中，然后放在碟子上一起端上桌的。碟子的作用，主要是用来放置咖啡匙，并接收溢出杯子的咖啡。若碟中有溢出的咖啡，切勿泼在地上或倒入口中。可以纸巾将其吸干，或将其倒入杯中。

饮咖啡时，是否需要同时端起碟子，不好一概而论。若坐在桌子附近饮咖啡，通常只端杯子，而不必端碟子。若距桌子较远，或站立、走动时饮咖啡，则应用左手将杯、碟一起端起，到齐胸高度，随后再以右手持杯而饮。这种方法又迷人，又安全。说它迷人，是因为姿势好看。说它安全，则是可以防止溢出杯子的咖啡弄脏衣服。

二是匙的使用。作为咖啡用具大家族中的重要一员，在正式场合饮咖啡时，人手一只的咖啡匙其实作用不大。穷尽其极，它也只能够作以下三件小事。

其一，加入牛奶或奶油后，可以之轻轻搅动，使其与咖啡相互融合。

其二，加入方糖之后，可以之略加搅拌，促使其迅速溶化。

其三，若嫌咖啡太烫，可待其自然冷却，或以匙稍作搅动，促使其变凉。

咖啡匙的使用，有两条非常重要的禁忌：其一，不可以用它去舀起咖啡来饮用。在公共场合那么做，必定会令人瞠目。其二，不可以让它在咖啡杯中立正。不使用它的时候，可将其平放在咖啡碟里。

三是甜点取食。在饮用咖啡时，为了不伤肠胃，往往会同时备有一些糕点、果仁、水果之类的小食品，供饮用者自行取用。

需要取食甜点时，首先要放下咖啡杯。而在饮用咖啡时，手中也不宜同时拿着甜点品尝。切勿双手左右开弓，一边大吃，一边猛喝。这种做法，会显得吃相不雅。此外，切勿只吃不喝，弄得本末倒置。

四是交谈须知。在饮用咖啡时，应适时地与交往对象进行交谈。在交谈时，务必要细语柔声、降低音量，千万不要大声喧哗、乱开玩笑，更不要与人动手动脚、追追打打。那样做，会破坏饮咖啡的现场氛围。

当他人饮咖啡时，不要向其提出问题。自己饮过咖啡、需要开口讲话以前，最好先用纸巾揩一揩嘴，免得咖啡顺嘴流淌或搞脏嘴角，显得自己模样难看。

后记

2009年初，在中国人民大学出版社郭晓明先生的策划、推动下，我的“礼仪面对面丛书”得以正式出版。迄今为止，它已累计重印近10次，印数达数十万册，获得了广大读者的一定认可。现在，应广大读者与中国人民大学出版社的要求，该丛书经过修订，第二版即将问世。在此，我略做如下说明：

首先，“礼仪面对面丛书”的第二版，在对原有《职场礼仪》、《接待礼仪》、《交际礼仪》进行认真修订的同时，又增加了《行政礼仪》与《国际礼仪》。《行政礼仪》主要面向各类行政人员，《国际礼仪》则以我国涉外人员为读者。这样一来，“礼仪面对面丛书”将更全面、更充分地面向社会各界不同层面的读者。

其次，除新增的《行政礼仪》、《国际礼仪》之外，对本丛书原有三册的修订在坚持与时俱进、适应读者需求的同时，注重规范性，关注对象性，强调可操作性。因此，此次修订对原有的三册各自进行了较大篇幅的调整、补充、完善。具体而言，它们既有一定章节的增加，也有一定篇幅的删除；同时还有一定数量的纠错与更正。

最后，本次修订的最终目的，是力求令本丛书“知”、“行”合一，更好地为广大读者服务、为社会服务、为国家服务。尽管本人为此不遗余力，然而个人的水平与精力毕竟有限，在此恳请广大读者与专家、学者对我本人、对本丛书的第二版不吝指教。《礼记》有云：“礼，以时为大。”今后，我将恪守前贤这一教诲，持续不断地对本丛书进行完善。

值此机会，再次感谢广大读者的信任与支持，感谢专家、学者、同行们的鼓励与指教，感谢中国人民大学出版社各位领导与本丛书策划编辑郭晓明先生的帮助与督促！

金正昆

2014年10月23日于北京香山

图书在版编目（CIP）数据

行政礼仪/金正昆著．—北京：中国人民大学出版社，2015.4
（礼仪面对面丛书）
ISBN 978-7-300-21027-8

Ⅰ．①行… Ⅱ．①金… Ⅲ．①行政-礼仪 Ⅳ．①D035

中国版本图书馆 CIP 数据核字（2015）第 064988 号

礼仪面对面丛书
行政礼仪
金正昆 著
Xingzheng Liyi

出版发行	中国人民大学出版社		
社　　址	北京中关村大街 31 号	**邮政编码**	100080
电　　话	010－62511242（总编室）		010－62511770（质管部）
	010－82501766（邮购部）		010－62514148（门市部）
	010－62515195（发行公司）		010－62515275（盗版举报）
网　　址	http://www.crup.com.cn		
经　　销	新华书店		
印　　刷	天津中印联印务有限公司		
规　　格	160 mm×230 mm　16 开本	**版　　次**	2015 年 4 月第 1 版
印　　张	19.25	**印　　次**	2023 年 4 月第 3 次印刷
字　　数	264 000	**定　　价**	76.00 元